本书由郑州中华之源与嵩山文明研究会资助出版

中华之源与嵩山文明研究系列丛书

宋代嵩山人文历史研究

鲍君惠　著

科 学 出 版 社
北　京

内 容 简 介

本书系统梳理了宋代嵩山的人文状态，完整考订了宋代嵩山的人文历史进程，从细处着眼考察宋代历史和嵩山文明，既呈现了宋代一个具体区域的历史发展状况，又呈现了嵩山文明在宋代的辉煌成就，丰富和深化了古代历史研究与嵩山文明研究。

本书适合历史学专业师生、文史爱好者及其他读者阅读参考。

图书在版编目（CIP）数据

宋代嵩山人文历史研究 / 鲍君惠著. —北京：科学出版社，2017.6
（中华之源与嵩山文明研究系列丛书）

ISBN 978-7-03-052879-7

Ⅰ. ①宋…　Ⅱ. ①鲍…　Ⅲ. ①嵩山-文化史-研究-宋代　Ⅳ. ①K928. 3

中国版本图书馆CIP数据核字（2017）第108872号

责任编辑：郝莎莎　徐若冰 / 责任校对：彭　涛
责任印制：肖　兴 / 封面设计：北京美光制版有限公司

科 学 出 版 社 出版
北京东黄城根北街16号
邮政编码：100717
http：//www.sciencep.com

中国科学院印刷厂 印刷

科学出版社发行　各地新华书店经销

*

2017年6月第　一　版　　开本：787 × 1092　1/16
2017年6月第一次印刷　　印张：15
字数：355 000

定价：128.00元

（如有印装质量问题，我社负责调换）

"中华之源与嵩山文明研究系列丛书"

《宋代嵩山人文历史研究》

作　者： 鲍君惠

序

程民生

历史一词，是一个以时间为线索的概念。在以时间为线索的历史研究之外，自古以来，就有零零星星的以空间为重点的历史研究，并不断发展，以至于形成了历史地理学。既然独立了，便成为另一个新学科，而历史学者从本学科角度从事的相关研究实际上仍然一直进行着，王子今的《秦汉区域文化研究》以及拙作《宋代地域经济》《宋代地域文化》即是。学界还在不断地开拓发展，成果多多，新见迭迭，形势喜人，与历史地理学交相辉映。

又如该书，仅题目而言即让人耳目一新。以一座山的历史为题，非常罕见，至少就历史学科而言，以我所见，《宋代嵩山人文历史研究》是此类研究的独一份。

君惠博士是位十分执著的人，也是位十分热爱家乡的人。她生长在郑州，对郑州充满赤子之情。她的硕士学位论文就是《宋代郑州研究》，博士论文所选的研究对象嵩山，则是郑州境内最著名的全国性的圣山，是郑州的最高峰和空间终端，无疑是前文的聚焦和继续——尽管在宋代嵩山不属于郑州。与宋代的政治、经济、文化、军事、外交等内容相比，对象小了、高了，却是一个非常具体的物质存在，现在以及将来仍看得见、摸得着，可攀登、可游览。如此研究起来，有便利更有难度。

便利在于，得以开展人类学、考古学普遍运用的田野考察。为此，她不惮劳苦，先后八九次深入嵩山考察，以年轻弱小的身躯，攀树根而登峰，踏岩角而入谷，在雄伟古老的大山中感受现场、领略历史、访碑寻古。可以尽情做田野，实在是让古代史学者艳羡的事情啊。

这样的题目，成果贵在精致与全面，然而，应该与实际之间有太大的距离，史料的有限制约着目标的实现。由于研究对象小，有关宋代文献资料尤其是有历史价值的资料不多。例如，当代大名鼎鼎的嵩山少林寺，就没有一条可靠的记载，至于少林武功，更是如此，诚如学者所言："整个唐宋时期，史籍均未见有少林僧徒习武演棍的只言片语。"这实在是令人沮丧和无奈的事情，更是让现代大众大跌眼镜的"秘史"。所以，从历史学的角度、从博士学位论文的角度而言，许多应该研究、应该涉及的问题未能展开，非不为也，实不能也。史学研究是有一分材料说一分话，无证不立，该书题目的这些遗憾，有些固待进一步挖掘史料来弥补，有些恐怕是永久的了。

尽管如此，该书仍然取得了好成绩，首次比较系统地梳理论述了宋代嵩山的人文状态，完整展现了宋代嵩山的人文历史进程，突出宋代一个具体区域的历史发展状况，从细处着眼观察宋代，丰富和深化了宋史研究。

作者的成就，如书中指出的那样：北宋时期，位于国家统治中心区域内的嵩山，在优越的地理位置及宋代政治特色等因素的综合作用下，人文历史发展迅速，形成了不同于以往的面貌。作为欧阳修、梅尧臣等文学家的游览胜地，嵩山游对其文学观产生了重要影响，进而影响了整个宋代文坛。作为邵雍、二程等思想家静思悟道的场所，理学思想在这里不断升华。作为晁说之、刘居中等隐士修身养性的宝地，嵩山隐居如前代“终南捷径”那样又是仕途捷径。作者还发现，嵩山是南宋人魂牵梦绕的地方，南宋人的嵩山情结是中国古代思想史中绝无仅有的一个特例。儒、释、道三教荟萃于此地，发端于此时，宋代学术海纳百川的包容精神在这里得以彰显，这在中国的名山中是少见的。嵩山屡屡出现在国家的政治、文化以及思想活动中，证明了宋代嵩山人文发展的开放性和扩散性，不仅仅影响自身区域的发展，更在全国范围内产生影响，甚至对整个中国思想、文化史的发展都有一定的影响。

史学研究的宗旨是以史为鉴、古为今用。许多课题并非可以直接与现实有联系，但其学术价值不可忽视，更有许多课题具有直接的现实意义。例如，该书研究宋代嵩山的人文历史，彰显嵩山在号召广大人民为统一祖国而奋斗的积极作用，夯实嵩山作为中岳文化名山的底蕴，可以在继承和弘扬中华传统文化、提高民族自信心、促进祖国统一、促进社会经济文化的和谐与发展等方面发挥积极作用。此外，研究世界文化遗产——登封“天地之中”历史建筑群中的宋代建筑及其深厚的文化内涵，能够充分体现嵩山作为全人类共同财富的遗产价值，扩大其在世界范围内的影响。

所有这些，对于一个青年学子来说，都是值得称赞的。现如今，这篇博士论文、这项郑州中华之源与嵩山文明研究会资助的课题成果，就要出版面世了，更是值得祝贺！

作者的专著《宋代的郑州》以硕士学位论文为基础，该书是以博士学位论文为基础，都是学业成绩，都是起步之作。此后如何呢？能否继续？能否柳暗花明？能否步步登高？是提问，是企盼——让我们在另一座山头，拾松枝、煮瀑布，品茗等待。

2015年7月于河南大学

目　录

绪　论

第一节　研究意义

嵩山，处中原腹地，居五岳之中，自古以来一直被视为“天地之中”“群岳之宗”[①]，其周边地区是中华民族繁衍生息的重要场所之一。历史悠久的华夏文明在这里发源、成长，蔚为大观。更迭不休的政权王朝从这里产生、壮大，统一四海。从距今3000多年前的殷商王朝开始，直至1000年前的赵宋王朝，嵩山地区一直在古代中国的政治、经济和文化发展中占据重要地位。历代帝王将相、墨客骚人、高僧名道多来嵩山游览祭祀、著书讲学、吟诗题铭、隐居布道，正所谓：“历代之圣君贤相名儒，无不游历其地，寻渊溯源，圣贤之道统萃焉。”[②]嵩山地区存留了星罗棋布的名胜古迹和数不胜数的文物典故，成为中国古代历史发展的缩影，被世人誉为“嵩山天下奥”。一个“奥”字，说不清，道不明，发人深省，引人入胜，激起了一代又一代研究者的探索兴趣，成为中国历史研究中不容忽略的组成部分。

宋代嵩山的各种发展状况，至今并未引起中国古代史学界的关注。虽然嵩山隶属于陪都西京（今河南洛阳），距国都东京（今河南开封）近在咫尺，是国家统治中心区域内唯一的名山、大山，但有关宋代嵩山整体的人文历史研究论著尚未出现。宋代嵩山的人文历史进程，并不被世人所重视。赵宋时期的嵩山，究竟发生了哪些人文历史事件？都有哪些人来到嵩山？他们来到嵩山所为何事？他们在嵩山开展了哪些活动？这些发生在嵩山的人文活动，对宋代政治、文化、思想等产生了什么样的影响？上述多个疑问，正是本书提出并着力解决的问题。虽然前辈学者对嵩山的旅游活动已有一定的研究，但作为闻名遐迩的游览胜地，宋人对此留下了丰富的记载，宋代嵩山旅游史尚存在大量的研究空间，有进一步研究的必要。选择宋代嵩山人文历史作为研究对象，全面考证嵩山在宋代的风景面貌、宋代嵩山的旅游、隐士、宗教等状况，论述嵩山这一区域在宋代政治、文学和思想等发挥的作用，完整展现宋代嵩山的人文历

---

① （清）耿介撰，李远校点：《嵩阳书院志》卷1，嵩岳文献丛刊（第四册），中州古籍出版社，2003年，第13页。

② （清）张埙：《嵩阳书院记》，《嵩阳书院志》卷2，第93页。

史进程，突出宋代一个具体区域的历史发展状况，可谓是从细处着眼观察宋代历史，丰富和深化中国历史研究。此外，宋代嵩山人文历史研究是嵩山历史研究中的首次尝试，对整个史学研究不无裨益。

古往今来，位居中天的嵩山博得了诸多美誉。科学家曾以“众山之祖、天下之中、三水之源、五岳之宗”①16个字来为嵩山题词。1982年，嵩山风景名胜区被国务院批准列入第一批国家级风景名胜区名单。2001年，嵩山成为首批国家地质公园。2004年，嵩山被联合国教育、科学及文化组织生物与地学部评选为世界地质公园。2007年，嵩山少林景区经国家旅游局正式批准为国家5A级旅游景区。2009年，嵩山世界地质公园被国土资源部命名为中国首批国土资源科普基地。2010年，第34届世界遗产大会宣布登封“天地之中”历史建筑群正式成为世界文化遗产，成为我国第39处世界遗产②。鉴于嵩山举世闻名的崇高地位，本书选择宋代嵩山的人文历史作为研究对象，阐释宋代嵩山在嵩山文明史中的作用和地位，以史为镜，加深对嵩山现状的理解。同时以史为鉴，有助于提高嵩山的管理水平，促进嵩山的可持续发展。更为重要的是，研究宋代嵩山的人文历史，彰显嵩山在山河破碎之时号召广大人民为统一祖国而奋斗的积极作用，夯实嵩山作为中岳文化名山的底蕴，可以在继承和弘扬中华传统文化、提高民族自信心、促进祖国统一、促进社会经济文化的和谐与发展等方面发挥积极作用。此外，研究世界文化遗产——登封“天地之中”历史建筑群中的宋代建筑及其深厚的文化内涵，能够充分体现其作为全人类共同财富的遗产价值，扩大其在世界范围的影响。

综上所述，嵩山历史源远流长，文化博大精深，天水一朝更是其发展史上的辉煌时期，以宋代嵩山的人文历史为题进行研究，其成果具有一定的学术价值和强烈的现实意义，值得研究者全面发掘和深入探讨。

第二节 研究范围

一、内容范围

第一，本书研究的是宋代嵩山的人文历史，包括北宋和南宋。在北宋政权存在的167年间，嵩山作为国家统治中心区域内最为高大的山岳，同时也是最为知名的山岳，

---

① 周昆叔：《嵩山行》，文物出版社，2010年，第325～326页。

② 登封“天地之中”历史建筑群，位于河南省登封市，包括周公测景台和登封观星台、嵩岳寺塔、太室阙和中岳庙、少室阙、启母阙、嵩阳书院、会善寺、少林寺建筑群等8处11项优秀历史建筑。

在北宋社会中发挥了重要作用。北宋灭亡之后，南宋人依然对嵩山念念不忘，坚定不移地将嵩山地区视为自己的领土，如同他们依旧将东京称为国家的首都，而将杭州称为“行在”一样。嵩山虽然不在南宋的实际管辖范围之内，但依然对南宋历史的发展产生了比较重要的影响。鉴于此，本书的嵩山人文研究，包括北宋和南宋两个时间段，故而命名为宋代嵩山人文历史研究。当然，本书将北宋部分作为研究重点，南宋部分则为次要。

第二，本书研究的是宋代嵩山整体的人文历史。人文的含义较为宽泛，但大体是指人类社会的各种文化现象，是人类文化中的先进部分和核心部分。本书所研究的宋代嵩山人文历史，落脚点在于宋代嵩山的各种人文活动，注重宋人在嵩山的所作所为，与宋代嵩山的自然活动或称其为自然史相对应。宋代嵩山人文活动包括诸多方面，如嵩山的人文风光、嵩山的旅游、隐士以及儒、释、道三教的状况。嵩山与宋代文学、政治的关系以及南宋人的嵩山情结等方面，是宋代嵩山的整体人文历史，“举凡该区域曾经出现过的人以及因人的活动而形成的经济、文化、社会等各种事物均属其研究范畴”①。这些内容，看似松散，实际上它们有一个共同点：它们都是同一个区域——嵩山的人文历史，与其他区域无关。一个特定区域的人文历史是丰富的，包括这个区域内所有人文活动的发展历程，如政治、经济、文化、思想等，正所谓“麻雀虽小，五脏俱全”，缺少其中的任何一个部分，都无法完整地展现这个区域的人文历史发展状况。正如前辈学者对区域史的论述：“区域史研究是建立在一定时空坐标下，以客观的史实为背景，以凸显的问题为划分区域的尺度，以区域社会整体历史作为研究对象，以多学科交叉为研究方法，探寻一个时代和一定的地域空间中呈现出来的社会面相和人文精神。”②多种多样的宋代嵩山人文活动，既是继承宋代之前嵩山文明的发展结果，又是对宋代嵩山的客观反映，与嵩山在宋代发挥的重要作用相呼应。因此，本书的研究主要包括宋代嵩山的风貌，嵩山与政治，嵩阳书院的相关状况，儒、释、道三教的状况，嵩山的旅游活动以及隐士的状况，还有南宋人的嵩山情结。此外，为了更为清晰地展现研究对象，本书还简单叙述了嵩山的形成以及北宋之前嵩山的人文历史进程。

二、地域范围

嵩山主脉在河南省登封市境内，东西横贯登封市北部，连绵30多千米，位于北纬

① 唐力行：《超越地域的疆界：有关区域和区域比较研究的若干思考》，《史林》2008年第6期。

② 汤文博：《宋代区域史研究的现状及其特点》，《中州学刊》2009年第5期。

34°23′ ~34°33′ 、东经112°53′ ~113°11′ ，距离古都洛阳89千米，距离古都郑州70千米，距离古都开封120千米。嵩山以少林河为界，东为太室山，西为少室山，嵩山是其总名。嵩山从大范围来说，属于伏牛山系。伏牛山系位于河南西南，西北—东南走向，东西绵延400余千米，属于秦岭山脉东段。伏牛山自西向东来，入河南登封境后，分为三个支脉，即嵩山支脉、箕山支脉和熊山山脉。嵩山一脉呈东西走向，山脉绵延起伏，环山地跨新密、登封、巩义、偃师、伊川等市县，北瞰黄河、洛水，南临颍水、箕山。

历来人们对嵩山以及嵩山地区的范围持有不同的见解。现代旅游者一般认为，嵩山为太室山和少室山所专享，甚至为登封市所专有。这当然与眼下登封市大力开展嵩山旅游密切相关。正如前文所述，嵩山地跨新密、登封、巩义、偃师、伊川等市县，绝不仅仅位于登封一市之内。张松林等先生认为："嵩山像一条巨龙横卧于黄河之滨的中原大地上，自西向东依次排列有万安山、三尖山、安坡山、马鞍山、挡阳山、少室山、太室山、五指岭、尖山等，嵩山主体东西绵延100余千米，南北宽约60千米，面积达6000多平方千米。如果把依近山地而形成的冲积扇、冲积平原、沉积盆地和台地计算进来，其范围应当包括今河南省登封市、偃师市、新密市、荥阳市、巩义市及相邻地区，如果根据人类活动辐射区域计算，嵩山文化圈的区域更大，大致可达数万平方千米，基本上囊括古黄河以南（指汉代以前古黄河）、长江以北、华山以东、徐州以西的及中原地区。"①吕宏军先生认为："嵩山是一个山系，除太室山、少室山外，还含其他山峰，从洛阳龙门石窟，也就是伊水东岸的香山起，向东依次是安坡山、马鞍山、少室山、太室山、五指岭、尖山到荥阳的浮戏山。这些山，峰峰相连，走向稍向东北偏斜，构成了嵩山山系。而在嵩山山系南约20千米，与之平行、稍低于嵩山山系的，是熊山山系。熊山山系自伊水东岸的小熊山起，向东依次是大熊山、箕山、荟萃山、具茨山。无论是过去还是现在，在写《嵩山志》时，熊山山系都被纳入其内。"周昆叔先生认为："从文化概念而言，嵩山地区是伊水以东、贾鲁河以西、黄河以南、箕山（熊山山系）以北的区域。"许顺湛先生认为："嵩山以北的偃师、巩义、荥阳、郑州都在嵩山脚下，从考古学、文化学而言，都应归于嵩山地区。"②众多学者虽然对嵩山地区给出了不同的区域范围，但就嵩山这一座山而言，绝大部分是以太室山和少室山为主要研究对象，间或涉及一些嵩山山系中的其他山体。本书遵

① 张松林、宋柏松、张莉：《嵩山文化圈在中国古代文明进程中的地位和作用》，《郑州商都3600年学术研讨会暨中国古都学会2004年年会论文选编》，中州古籍出版社，2005年，第167页。

② 于茂世：《大哉嵩山》，《大河报》2006年7月30日。

从前辈的研究习惯，对宋代的太室山和少室山浓墨重彩，对其他地方简单描述，与前辈的研究范围相吻合。为了使研究区域更为清晰，本书对涉及的地名特意注明其地理位置。

需要说明的是，古人以太室山为嵩山主山，习惯称呼太室山为嵩山或崧山（嵩同崧），与少室山合称为嵩少（或崧少），宋人也不例外，而现在则将太室山与少室山合称为嵩山。

如图一所示，宋代的太室山和少室山，主要位于河南府（今河南洛阳），具体来说是在河南府登封县（今河南登封），与登封县相邻的偃师（今河南偃师）、永安（今河南巩义）二县，也有部分嵩山余脉①。

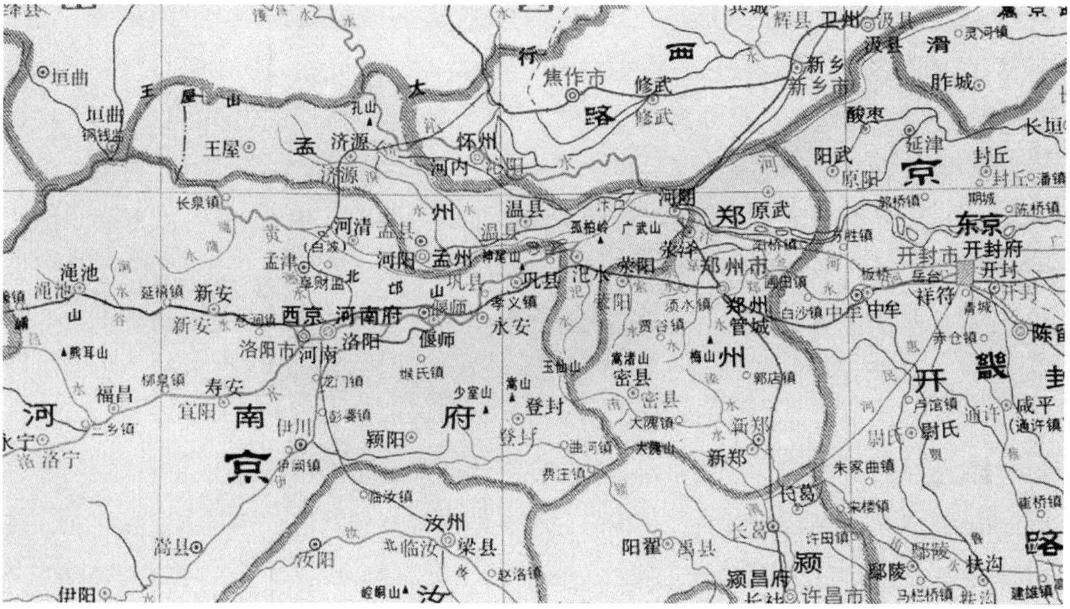

图一　宋代嵩山位置图

第三节　研究方法

本书属于历史学著述，进一步划分是宋史，具体来讲是宋代区域史。宋朝地域辽阔，各地发展极不平衡，要勾勒出一幅宋代历史全面、细密而又轮廓分明的画面，就必须分别对各个区域进行深入的研究。另外，区域是全国的细胞形式，认真解剖一个区域社会，能够以小见大，获得整体社会的全信息。从这个意义来说，对嵩山这一区域的人文历史进行研究，是中国古代史研究中的有机组成部分。

---

① 谭其骧主编：《中国历史地图集》第6册（宋、辽、金时期），中国地图出版社，1982年，第12～13页。

目前史学界对于区域历史的研究，从时代来看，以明清和民国时期较为活跃，宋代则远未充分；从地域来看，以都城、东北、巴蜀、江南、边疆等地较为突出，中原地区则相形见绌；从学科文化来看，以藏学、徽学、敦煌学较为引人注目，嵩山文化则鲜为人知。故此，对宋代嵩山的人文历史以区域史的方式进行史学研究，具有一定的积极意义。

具体而言，本书主要利用了以下三种研究方法。

（1）历史考据法。考据方法是史学工作者基本功的组成部分，史学作品成就的高低，同这个基本功息息相关。笔者将在历史唯物主义的指导下，以唯物辩证法的方法论为基础，广泛搜集资料，具体问题具体分析，通过对宋代嵩山各种资料的搜集、考订和总结，论述嵩山在宋代社会中的作用，对宋代历史的影响。

（2）实地考察法。每一个地区都有自己独特的文化资源，只要留心，过去的痕迹无处不在。实地考察，身临其境，能够使人深刻地感受到历史的真实和魅力。我国一直有“读万卷书，行万里路”的说法。两千年前，伟大的史学家司马迁遍游名山大川，一方面是开阔了眼界和神思，形成了峭拔雄健的文风；另一方面是在有意识地从事实地调查访问，从遗老口中得到历史的记忆，书写下来使之焕发新的青春，从历史遗迹中观察、感受当年的社会生活，集万千史实素材于胸中。司马迁的访查，教导我们不能单纯地满足于文献记载，而要从对社会的广泛接触中获得更多鲜活的知识材料。这并不是将书本置之不理，而是为了更好地读懂书本知识，并获取书本中没有的知识。区域史研究，走向田野和社会是必经之路。笔者多次攀登嵩山，欣赏嵩山的自然和人文景象，获得了有益的直观认识，将实地考察与文献记载相互印证和补充，在探讨问题时多了有力的实践证据。

（3）跨学科研究法。本书使用的研究方法不拘一格，而是多种方法的综合运用。诸多学科互相交叉，互相激荡，互相借鉴，对拓宽研究领域和深掘研究话题是大有裨益的。笔者在方法论问题上不抱有任何倾向性，以历史学为基础和主体，将自然和人文社会科学各相关学科的知识体系、理论方法和研究手段融入具体的历史研究过程，使之纳入历史学的研究体系，丰富、充实历史学的研究，如座座山丘，连绵起伏而成巍巍嵩山。严格依据所论问题的需要和资料等条件的可能，选择最佳方法，而不是在一本严肃的古代史研究著述中加入几个当下流行的新术语，夺人眼球，哗众取宠，一味地为了引进而引进，而是为了发现问题和解决问题才引进和选择方法。笔者无须改行成为社会学学者或自然科学家等，要做的只是跨越学科边界，熟悉其他学科（尤其是自然科学）的术语、理论和方法，以便更好地理解和阐释区域历史。在固守历史学阵地的前提下，笔者尽可能地拓宽知识结构，扩大史料收集的范围，并提高处理各类资料的能力。正所谓，观察庐山时，横看成岭侧成峰，远近高低各不同，各种方法都有自身的独特性，但不管如何观察，研究出的结果都只能是庐山，不会因为所采取的观察手段和方法不同，庐山就成了嵩山。笔者期待上述研究方法接受了宋代嵩山人文历史研究的实践检验后，证明本书对宋代区域史的研究是有益的。

第四节　研究现状

嵩山以悠久的历史、丰富的文化被称为中华民族的神圣之岳。它在各个时期的发展变化，都得到了世人的瞩目。遗憾的是，回顾嵩山研究史时却发现，虽然有关嵩山历史的科普类文章多如繁星，见诸本地各类报纸杂志，介绍嵩山的通俗读物如雨后春笋，由多家出版社不断出版，但史学意义上的论著严重不足。宋代嵩山人文历史的状况，尚未引起中国古代史学界的重视。以下便是与宋代嵩山人文研究相关的论著。

1. 嵩山历史文化的综合研究

这方面的著述层出不穷，其关注点集中在华夏文明的萌芽时期，即远古和三代，这里仅选取与本书关系较为密切的论著。张国臣、李鄂荣、吕江水三位先生的著作《嵩山》[①]，不仅对有关歌咏嵩山风光的诗作加以搜集编选并注释，而且专门对嵩山名胜、有关自然景观的形成原因，做了通俗、生动的解释，既是中岳名胜的知己，又是广大游人的向导。崔炎寿先生的著作《中岳嵩山》[②]，分为地理概况、自然景观、文物名胜、儒学与宗教、少林寺、金石、人物、艺文和附录九编，突出了嵩山从自然景观到人文景观的特色和优势，是一本融资料性、科学性、可读性为一体的佳本好书。张国臣先生所著的《神奥嵩山》[③]，从多角度、多方位对嵩山进行介绍与描绘，为读者呈奉出丰富多彩的嵩山自然美景、历史人文等多方面知识。周昆叔等先生的论文《论嵩山文化圈》[④]，论述了嵩山文化圈的提出、内涵及其形成机制、意义与研究课题。张翼、洪国良两位先生编写的《嵩山》[⑤]，以通俗易懂的文字，结合地图、素描图和大量

① 张国臣、李鄂荣、吕江水：《嵩山》，地质出版社，1983年。

② 崔炎寿：《中岳嵩山》，黄河水利出版社，2000年。

③ 张国臣：《神奥嵩山》，河南大学出版社，2003年。

④ 周昆叔等：《论嵩山文化圈》，《中原文物》2005年第1期。

⑤ 张翼、洪国良：《嵩山》，中华地图学社，2007年。

优美的图片，把嵩山世界地质公园全面地介绍给读者，主要内容包括纵览嵩山、嵩山地史的演化、嵩山人文历史、游览嵩山、嵩山周边旅游、旅游咨询等。张松林、宋柏松、张莉三位先生的论文《嵩山文化圈在中国古代文明进程中的地位和作用》①，论述了嵩山以其特殊的地理位置、地理环境及各方面的自然条件，在生物起源、人类起源、文明起源中均占有重要地位。郑兢业先生的著作《嵩山文化遗存》②，主要讲述了嵩山地区的历史与文化遗存，包括少林寺、永泰寺、峻极峰、观测台等。张维华、吴凤池、贾敏仁三位先生的合著《嵩岳——中华文明的摇篮》③，从嵩山文化圈形成的环境、条件、发展机制入手，选取在我国传统文化中占有重要地位的河图洛书、儒家文化、道家文化、佛教文化、天文科技等几个重要方面作为标本，揭示出嵩山文化和以嵩山文化为主体的中原文化是中国文明的源头，是华夏文明的发动机和孵化器，对中华民族精神和民族性格的形成起了至关重要的作用。孙玮、常松木两位先生主编的《历代名人与嵩山》④，分“岳生篇”“帝王篇”“名宦篇”“隐士篇”“游学篇”“高僧篇”和“仙道篇”7部分，讲述了黄帝、韩非、杜甫、汉武帝、司马迁、蒋介石等名人与嵩山的故事。周昆叔、齐岸青两位先生主编的《中华文明与嵩山文明研究》第1辑⑤，是近20年来对中原文化核心区——嵩山和周边地区古文化、古环境及其相互关系的多学科综合研究成果，收录了31篇论文，分为综合研究、文物考古研究、史学研究、地质地理研究、相关研究5部分，在环境与人、与文化的关系系统分析的基础上，提出了“嵩山文化圈”的科学概念，促使深化理解以嵩山为中心形成的中原古文化在中华文明形成中所起的主源与核心作用。王寿元先生的著作《嵩山七十二寺探秘》⑥，对嵩山的多座寺庙进行了介绍，包括寺庙的变迁、修复、传说故事和佛教知识等内容。张爱图先生主编的《嵩山文化丛书》⑦，包括《嵩山历史纪事》《天地之中历史建筑群》《嵩山诗画》和《嵩山历代碑刻选》四本书，以嵩山历史建筑群、历代碑刻、历代诗词以及历史纪事为主线，向人们展示了博大精深的嵩山历史文化。特别是《嵩山历史纪事》，介绍了从古至今嵩山的大事记，包括公元前2100年前后大禹居

---

① 张松林、宋柏松、张莉：《嵩山文化圈在中国古代文明进程中的地位和作用》，《中国古都研究》第21辑，三秦出版社，2007年，第27～35页。

② 郑兢业：《嵩山文化遗存》，中国工人出版社，2008年。

③ 张维华、吴凤池、贾敏仁：《嵩岳——中华文明的摇篮》，河南人民出版社，2008年。

④ 孙玮、常松木：《历代名人与嵩山》，河南人民出版社，2009年。

⑤ 周昆叔、齐岸青主编：《中华文明与嵩山文明研究》第1辑，科学出版社，2009年。

⑥ 王寿元：《嵩山七十二寺探秘》，大象出版社，2010年。

⑦ 张爱图主编：《嵩山文化丛书》，河南文艺出版社，2011年。

于嵩山脚下、公元前1046年周武王在嵩山举行封天祭地大典、公元71年修建法王寺、2010年8月1日登封“天地之中”历史建筑群列入《世界遗产名录》等历史事件。《天地之中历史建筑群》则是对嵩山的8处11项世界文化遗产做了全面的介绍。《嵩山诗画》选取了历史上各代著名诗人描写嵩山的数十首著名诗篇，根据其诗意拍出照片。《嵩山历代碑刻选》以图文并茂的形式，从众多的嵩山碑刻中精选出70余品，基本代表了嵩山历代碑刻中的精品，对全面研究嵩山的金石文化，具有重要的参考价值。朱大勇等先生主编的《中华文化软实力——2011年嵩山论坛文集》①，是“天地之中——嵩山国学与软实力建设论坛”论文集，收录论文50多篇，分为国家软实力专题、传统文化专题和嵩山文化专题3个部分。

2. 宋代登封的上级政区——西京洛阳的地域环境的研究

宋代的嵩山，位于西京河南府，即现在的河南省洛阳市，其中的主要山脉太室山和少室山，大部分位于河南府登封县，即现在的河南省登封市。解析宋代的洛阳，是研究宋代嵩山的切入点，主要有以下论著。王水照先生的论文《北宋洛阳文人集团与地域环境的关系》②，论述了北宋洛阳的文化环境为文人集团的文学活动提供了广阔的舞台，其颇富魅力的文化氛围，塑造了文人的艺术气质、文化性格和审美心理，从而对其文学创作发生深刻的潜移默化的影响。程民生先生的论文《宋代洛阳的特点和魅力》③，论述了宋代洛阳在新的历史条件下，淡化政治，成为历史上典型的陪都，不仅是皇家圣地和士大夫的休闲乐园，还是人才辈出的文化宝地。张祥云先生的著作《北宋西京河南府研究》④，全面考订了北宋西京河南府陪都地位的确立及变迁、城阙和宫殿、留守司职官制度、行政制度、水陆交通、经济和治安状况、文化风俗等。

3. 少林寺历史的研究

这是嵩山研究中的热门话题。赵宝俊先生的著作《少林寺》⑤，从少林古寺、禅宗祖庭、寺院地主庄园、少林武术、少林僧兵、文化艺术宝库6个方面介绍了少林寺的历史。无谷和刘志学两位先生编写的《少林寺资料集》⑥和无谷、姚远两位先生编写的

① 朱大勇等主编：《中华文化软实力——2011年嵩山论坛文集》，红旗出版社，2011年。

② 王水照：《北宋洛阳文人集团与地域环境的关系》，《文学遗产》1994年第3期。

③ 程民生：《宋代洛阳的特点和魅力》，《河南大学学报》（社会科学版）1994年第5期。

④ 张祥云：《北宋西京河南府研究》，河南大学出版社，2012年。

⑤ 赵宝俊：《少林寺》，上海人民出版社，1982年。

⑥ 无谷、刘志学：《少林寺资料集》，书目文献出版社，1982年。

《少林寺资料集续编》[①]，都汇集了少林寺历史的多篇介绍和大量少林拳法图谱。徐长青先生的著作《少林寺与中国文化》[②]，系统介绍了少林寺的历史及其与中原文化的关系，除了少林寺的建筑、各时期的发展、变迁及少林武术、寺僧外，还汇集了关于少林寺的诗词及少林寺内的碑文等。温玉成先生根据对少林寺多年的考古研究而掌握的一手资料，所著的两本书，《少林访古》[③]和《少林史话》[④]，以活泼生动的语言讲述了北魏至当代少林寺一千多年以来厚重、苦涩、文化内涵丰富的大历史。吕宏军先生所著的《嵩山少林寺》[⑤]，采用史志体例，以少林名胜为主线，全面地反映了少林的历史、文化、武术、宗教、建筑、艺术、旅游等各个方面，是研究少林文化、观赏少林名胜的向导。徐长青先生的著作《少林历史与文化》[⑥]，以翔实的史料、科学而细致的考证和生动的描述，展示了少林寺1500多年以来发展的历程，对少林文化的许多方面进行了新的探讨，并提出了作者独到的见解，对历代文人吟咏少林寺的部分诗词，进行了简明而富有禅味的解释。张冬先生的硕士学位论文《宋金、元时期的少林拳研究》[⑦]，调查了宋金、元时期的少林拳状况，分析了它的发展概况和形成此时期少林拳状况的基本原因。此外，牛建强、栗胜夫、赵长贵等先生对少林寺的研究，也对本书的研究有一定的参考价值。

4. 碑刻、建筑研究

这是嵩山研究中的另一个热门话题。王雪宝先生所著的《嵩山、少林寺石刻艺术大全》[⑧]，全面反映了嵩山地区石刻的现存面貌，不仅收录了汉代至现代的碑碣、造像、塔铭、石坊等，还记录了这些石刻的碑首、碑额、撰者、规格和艺术评价等相关内容，具有较高的文物资料价值。赵富海先生的著作《嵩山艺术大观》[⑨]，介绍了嵩山的艺术成就，涵盖了寺庙书院等古建筑艺术，尤其是汉阙、碑石和宗教绘画。郑州市嵩山古建筑群申报世界文化遗产委员会办公室编写的《嵩山历史建筑群》[⑩]，是嵩山历

① 无谷、姚远：《少林寺资料集续编》，书目文献出版社，1984年。

② 徐长青：《少林寺与中国文化》，中州古籍出版社，1993年。

③ 温玉成：《少林访古》，百花文艺出版社，1999年。

④ 温玉成：《少林史话》，金城出版社，2009年。

⑤ 吕宏军：《嵩山少林寺》，河南人民出版社，2002年。

⑥ 徐长青：《少林历史与文化》，河南人民出版社，2008年。

⑦ 张冬：《宋金、元时期的少林拳研究》，河南大学硕士学位论文，2011年。

⑧ 王雪宝：《嵩山、少林寺石刻艺术大全》，光明日报出版社，2004年。

⑨ 赵富海：《嵩山艺术大观》，中国工人出版社，2008年。

⑩ 郑州市嵩山古建筑群申报世界文化遗产委员会办公室：《嵩山历史建筑群》，科学出版社，2008年。

史建筑群申报世界文化遗产的文本资料，就嵩山历史建筑群中的太室阙、少室阙、中岳庙、少林寺、塔林、观星台等8组历史建筑进行了详细的描述，同时介绍了嵩山历史建筑群的地理环境、历史沿革及其保存现状和历史意义。王少辉先生主编的《嵩山历史建筑群读本》①，主要介绍了嵩山历史建筑群中的太室阙、启母阙、少室阙、中岳庙、嵩岳寺塔、少林寺、会善寺、嵩阳书院、观星台等重要历史建筑。任伟先生主编的《嵩山古建筑群》②，着重从文化遗产保护的角度，既介绍了嵩山古建筑群及其圣山背景、发展阶段、研究现状和不同类型的建筑实例，也对其建筑特点、文化内涵、遗产价值等进行了深入的探讨。齐岸民先生的著作《嵩山古建》③，介绍了嵩山地区现存古建筑的历史和现状。范文娟先生的硕士学位论文《嵩山古建筑群研究》④，从文化上、宏观上将嵩山古建筑群加以整体考订，对其多样化、完整性的形成原因进行粗略的探讨，并对其进行简单的分类研究。

5. 宋代嵩山旅游研究

刘磊先生的硕士学位论文《北宋洛阳钱幕文人集团与诗文革新》⑤，以钱幕文人集团的交游和其文学特质的形成为基点，结合这个集团所处的思想文化和文学背景来探索它在北宋诗文革新运动中的坐标和轨迹，其中涉及了钱幕文人集团的嵩山之游。张英俊先生的硕士学位论文《北宋西京地区景观资源与旅游活动研究》⑥，考订了北宋西京地区的景观资源和旅游活动，指出西京地区旅游资源丰富，吸引了数量众多的旅游者，带来了丰富的成果和广泛的社会影响。荆建璞先生的硕士学位论文《唐宋时期嵩山地区景观资源与旅游活动研究》⑦，研究了唐宋时期嵩山地区的旅游景观资源、旅游活动内容和活动群体等方面。王延东先生的硕士学位论文《从游记视角探寻嵩山的旅游开发》⑧，立足于游记视角，对古代的嵩山游记以及当代的嵩山网络游记进行了搜集整理和分析解读，归纳游记中反映的嵩山旅游开发的不足之处，进而提出切合实际的措施。此文简析了古代嵩山游记的基本情况，对旅游者的游览动机和路线进行了分

---

① 王少辉：《嵩山历史建筑群读本》，河南人民出版社，2008年。

② 任伟：《嵩山古建筑群》，河南人民出版社，2008年。

③ 齐岸民：《嵩山古建》，中华书局，2009年。

④ 范文娟：《嵩山古建筑群研究》，郑州大学硕士学位论文，2010年。

⑤ 刘磊：《北宋洛阳钱幕文人集团与诗文革新》，陕西师范大学硕士学位论文，2000年。

⑥ 张英俊：《北宋西京地区景观资源与旅游活动研究》，河南大学硕士学位论文，2006年。

⑦ 荆建璞：《唐宋时期嵩山地区景观资源与旅游活动研究》，河南大学硕士学位论文，2007年。

⑧ 王延东：《从游记视角探寻嵩山的旅游开发》，复旦大学硕士学位论文，2008年。

析，绝大部分是明清时期的游记，顺带提及宋代嵩山的游记。萧根胜、刘继增两位先生的论文《苏辙的“圣山”情结——苏辙在中岳嵩山的行踪和诗文创作初探》[①]，寻觅了苏辙在嵩山的行踪、诗文，探究嵩山在苏辙心中的表征意义和“圣山情结”，对于认识苏辙的内心世界和心理路径具有特殊的意义。

6. 宋代嵩阳书院的研究

安国楼先生的论文《嵩阳书院与二程理学》[②]，论述了嵩阳书院是中国四大书院之一，在二程学说的传播过程中发挥了重要作用，最终形成完整的程朱理学体系而上升到官学地位，向后代又发展为宋明理学，对中国社会产生了久远深刻的影响。宫嵩涛先生所著的《嵩阳书院》[③]一书，以明晰的结构体系对嵩阳书院的历史沿革、教育史话、旅游胜迹以及相关碑刻等进行了总结和收录。张显运先生的硕士学位论文《简论北宋时期的河南书院》[④]，整体研究了北宋时期河南书院的兴起与发展、书院教育的内容、书院的特点以及北宋中后期书院的衰落等。叶宪允先生的论文《浅论嵩阳书院的教育及其影响》[⑤]，论述了嵩阳书院形成了完备的教育教学思想，在书院教育史以及中国古代的教育史上，有着重要的影响，是北宋二程理学的开创之地，对二程的理学教育思想的形成起了重要作用，其后理学教育思想一直是它的中心教育内容。赵国权先生的论文《宋代河南书院制度的确立与经营管理模式》[⑥]，谈及了嵩阳书院的建置以及人才培养情况。刘畅先生的论文《嵩阳书院的历史沿革及其特色》[⑦]，论述了嵩阳书院是我国创建最早、影响最大的著名书院之一，有着深厚的文化传统，完备的教育制度、管理制度和学规学约，曾先后荟萃了程颢、程颐等一大批著名学者，培养了大批人才，在儒学、理学及书院发展史上有着举足轻重的作用。李珊珊先生的硕士学位论文《嵩阳书院研究》[⑧]，在还原嵩阳书院历史沿革、院舍、藏书与刻书、经费来源等历史概貌的同时，主要着眼于对嵩阳书院教育活动方面的探讨，探讨其对当今高等

---

① 萧根胜、刘继增：《苏辙的“圣山”情结——苏辙在中岳嵩山的行踪和诗文创作初探》，《苏辙研究——全国首届苏辙学术研讨论文集》，四川大学出版社，2012年，第382～389页。

② 安国楼：《嵩阳书院与二程理学》，《郑州大学学报》（社会科学版）2000年第5期。

③ 宫嵩涛著，登封市文物管理局编：《嵩阳书院》，当代世界出版社，2001年。

④ 张显运：《简论北宋时期的河南书院》，华中师范大学硕士学位论文，2003年。

⑤ 叶宪允：《浅论嵩阳书院的教育及其影响》，《开封大学学报》2004年第4期。

⑥ 赵国权：《宋代河南书院制度的确立与经营管理模式》，《大学教育科学》2005年第3期。

⑦ 刘畅：《嵩阳书院的历史沿革及其特色》，《开封教育学院学报》2005年第3期。

⑧ 李珊珊：《嵩阳书院研究》，河南大学硕士学位论文，2008年。

教育的启示。吴风池先生的论文《嵩阳书院在理学发展中的地位》[①]，论述了嵩阳书院是我国古代四大书院之一，其深厚的文化渊源不但使到此讲学的二程丰富完善了理学思想，还培养了大批中坚人才，对理学尤其是二程学说的传播、宋代儒学新体系的形成和发展起到了重要作用。周保平先生的论文《简论北宋时期河南书院的教学与管理》[②]，论述了北宋时期河南书院的教学、人事、藏书管理以及经费来源等方面的内容。此外，张正藩、白新良、陈谷嘉、邓洪波等先生编著的一系列有关中国书院史的著作也有利于本书的研究。

7. 宋代山岳的研究

程民生先生的论文《论宋代神祠宗教》[③]，分析了宋代祠神与社会政治、经济、思想的关系。王曾瑜先生的论文《宋辽金代的天地山川鬼神等崇拜》[④]，综合考证了宋辽金代的天地山川鬼神等崇拜现象。刘云军先生的博士学位论文《两宋时期东岳祭祀与信仰》[⑤]，考证了两宋时期的东岳祭祀与信仰。杨柳先生的硕士学位论文《北宋的北岳研究》[⑥]，论述了北岳恒山以其居宋辽边境的特殊地理位置、深厚的历史积淀等因素，对北宋政治、军事和文化的影响。金洁先生的硕士学位论文《宋代泰山的政治文化功能》[⑦]，论述了泰山在宋代的政治、文化和宗教功能。

此外，海外学者施坚雅，国内学者谭其骧、侯仁之、朱士光、李孝聪、葛剑雄、韩茂莉、辛德勇、蓝勇等先生有关中国区域历史的研究也有助于本书的思路开拓。

前人的研究嘉惠学林，或对本书的内容检索有一定的参考作用，或对本书的写作思路有一定的积极影响，为本书的研究提供了极大的便利。通读上述论著可知，宋代嵩山的状况，尚未得到学术界的重视，研究成果寥寥无几，且有失之简略之嫌，主要表现在以下三个方面：第一，有关嵩山历史的著述，随笔性较浓，有宏大叙事的特点，成果颇丰，但阅其内容，不难发现，其中所涉及的宋代部分如浮光掠影，有价值的成果如凤毛麟角。第二，上述研究对嵩山的某一方面进行了论述，缺乏整体的把握，给人以“只见树木不见森林”的遗憾，对区域整体历史的思考认识不足，并且对

① 吴风池：《嵩阳书院在理学发展中的地位》，《黄河科技大学学报》2009年第6期。
② 周保平：《简论北宋时期河南书院的教学与管理》，《安阳师范学院学报》2011年第3期。
③ 程民生：《论宋代神祠宗教》，《世界宗教研究》1992年第2期。
④ 王曾瑜：《宋辽金代的天地山川鬼神等崇拜》，《云南社会科学》1997年第1期。
⑤ 刘云军：《两宋时期东岳祭祀与信仰》，北京师范大学博士学位论文，2008年。
⑥ 杨柳：《北宋的北岳研究》，河北大学硕士学位论文，2009年。
⑦ 金洁：《宋代泰山的政治文化功能》，山东大学硕士学位论文，2011年。

某些热门论题的重复阐述较多，可惜未取得实质性的突破。各位前贤所利用的史料和研究思路等并无较为明显的区别，只是各自的论述角度稍有不同而已。第三，由于学人的知识背景不同等原因，上述一些论著在资料引用、内容表述以及结论分析等方面出现了许多瑕疵和差异。

需要说明的是，嵩山作为旅游胜地，其旅游状况一直是学术界的论述热点，本书自然不会对此置之不理。宋代嵩山的旅游状况，史料繁多，前贤已经以此为题做出了部分考订，除了上文提到的论文，还有一部分论著也涉及了宋代嵩山的旅游活动，如《宋代旅游研究》[①]《宋仁宗朝士大夫旅游活动研究》[②]《宋仁宗朝文人雅集唱和与宋诗变革》[③]等。这些论文所述的内容并不冲突，各有各的论述角度和侧重点。笔者在“宋代嵩山旅游”一章中，既有补充、加深前贤研究的部分，也有纠正前贤研究中的错误之处，更有另辟蹊径，运用新材料、开辟新课题的内容。然而这些对于车水马龙、人来人往的宋代嵩山旅游，还是远远不够的。无需讳言，宋代嵩山的旅游活动，经过前贤和笔者的研究后，剩余的研究空间还是很大。笔者并非不愿做出进一步的考证工作，只是担心论述内容头绪繁杂，面面俱到难免轻重不分、主次不明，贪多求大而失之于琐碎散乱。

综上所述，对宋代嵩山的人文历史进行研究，并非易事。要真正地推进研究，既要努力发掘新鲜的史料，又要转变研究思路、开拓研究视野。虽然前贤的研究筚路蓝缕，弥足珍贵，可惜宋代嵩山的人文历史尚未呈现在世人眼前。对宋代嵩山人文历史进行研究，是十分必要和迫切的，本书愿为之做出努力。

第五节　资料来源

前人对嵩山历史的研究，多依据明清时期的嵩山地方志，如明人的《嵩岳志》《嵩岳文志》《嵩书》，清人的《嵩山志》《嵩阳石刻集记》《说嵩》《嵩岳庙史》《嵩阳书院志》《少林寺志》等。纵观其著述，参考文献无不出其右。诚然，这些方志中保存了大量的史料，并将这些史料分门别类予以收录，是后辈学人进行研究的重要资料。这是因为，古人普遍认为圣人之义乃在“述而不作”，志书“述史”“备记”即可，而并非“史”，所以这些嵩山志书是研究嵩山历史的资料，而不是史学研

① 王福鑫：《宋代旅游研究》，河北大学出版社，2007年。

② 张文瑞：《宋仁宗朝士大夫旅游活动研究》，河南大学硕士学位论文，2006年。

③ 汪国林：《宋仁宗朝文人雅集唱和与宋诗变革》，西北师范大学硕士学位论文，2007年。

究著述。不过，作为某个具体时期内的地方志，这些嵩山志书所注重的是当时嵩山的状况，其他时期嵩山的状况，尽管也有所涉及，但毕竟不是写作的主旨以及所要表达的主要内容。明、清二朝，相距北宋已是数百年时光，志书作者虽然下了较大的工夫来收集宋代嵩山的史料，但囿于体例等原因，其中的宋代部分仍给后人留下了相当大的空白。正如徐长青先生在研究嵩山少林寺历史时，引用了宋代僧人道潜的诗《登岳顶呈试可邦直》，特意说明："因为这首诗夹在流传不多的《参寥子集》中，躲过了历代嵩山诗作选本者和历代的嵩山志书、登封志书编纂者的法眼。"[①]宋人诗文集、笔记小说中包含了大量的嵩山史料，但由于其流传不广，名气不大，资料琐碎、分散，阅读困难等原因，古代和现代嵩山历史研究者有意无意地忽视了。更重要的是，地方志陈陈相因，尤其是其中对前代历史的记述，文字往往承袭，令人有似曾相识之感。笔者粗略统计，几乎每一本明清嵩山志中都囊括了欧阳修和梅尧臣的几首较为知名的嵩山游诗，其他宋代人物的诗歌则很少提及。此外，明清嵩山志书有一定的错讹之处。正如陈斌和李红岩两位先生在点校清代登封知县叶封和登封学者焦贲亨的《嵩山志》时，特别指出："本书的最大缺憾是编纂者所引诗文多转抄于其他志书，未认真稽考原书，加之叶封早已离任，由他人督刊，校对不精，以致错讹之处较多。"[②]笔者在下文也有对其错误之处的更正。这些都是明清嵩山志书对宋代嵩山人文历史研究较为不利的状况。

不可否认，明清嵩山地方志在本书中仍然占据一定地位。尽管这些方志存在上述诸多不尽如人意之处，但它们毕竟是基于嵩山这一特定的地理空间而开展的专题资料收集。笔者不会错过对这些地方文献的解读和利用，不仅是参阅其中的宋代部分，对后人回顾的宋代史实也要充分发掘，注重历史的连续性。

在本研究中占据重要地位的是宋代史籍。举凡宋代的正史、诗文集、笔记小说等皆在视线范围内。借助便利的交通、强大的电脑与发达的网络，尽可能地全面接触那些前人奢望的宋代文献。

首先是研究宋代的基本史籍，如《续资治通鉴长编》《宋会要辑稿》《宋史》《文献通考》等。这些基本史籍，为宋史研究提供了最可靠的文献基础，本书的宋代嵩山人文研究也不例外，在最大程度上帮助笔者回到千年之前的时光，感受宋人的生活场景。

其次是宋代的诗文集和笔记小说。这是本研究必须倚重的资料宝库。虽然前人对

① 徐长青：《文明之光》，大象出版社，2004年，第122页。

② （清）叶封、焦贲亨撰，陈斌、李红岩校点：《嵩山志》，嵩岳文献丛刊本，中州古籍出版社，2003年，第2页。

欧阳修、梅尧臣的诗文已有一定的收集，但这些对于宋代数量庞大的诗文来说，仅是九牛一毛。不光是欧、梅二人，其他较为知名的宋代大儒，如范仲淹、司马光、邵雍、程颢、程颐、李廌、苏洵、苏轼、苏辙、晁说之等人的诗文中也留下了大量有关嵩山的不朽篇章。很多官员和学者，他们或是宦游途经嵩山，或是远道慕名而来嵩山，或者仅仅是听到有关嵩山的传闻，便挥毫泼墨、下笔记录。因此，宋代的诗文集和笔记小说中记载了众多有关嵩山的诗歌、游记和传说等。这些著述清晰无误地吐露了宋人的心声，是本研究最重要的资料来源。

最后金石和口碑资料也出现在本研究当中。嵩山留有很多金石碑刻。淳朴的嵩山居民，对千年之前的宋代历史并不陌生，至今仍然念念不忘有关宋代嵩山的传说。比如，嵩山中岳庙的四大铁人，本是北宋中期铸造的镇库铁人，但当地人口口相传他们是北宋末年赶赴战场的抗金义士。为了获得这些鲜活的材料，笔者多次前往嵩山，亲身体验了21世纪嵩山地区居民的生活状态，对区域发展的特殊性有了更深、更多的思考。

综上，本书尽力将史料搜集的范围在传统古籍四部分类的体系内，向更为深广的方向延伸，并在注意力集中于宋代的同时适当地向其他时代扩展，在注重文献版本源流的基础上，通过深入阅读来获取嵩山在宋代的人文历史发展状况、嵩山在宋代社会中的作用和意义、嵩山对宋代社会的影响等。

第六节　创新之处

一、内容的创新

首先，本书题目比较新颖，选择宋代嵩山人文历史作为研究对象，弥补了中国古代史研究和嵩山研究中的重大不足。前人所进行的嵩山人文历史研究，大多选择远古和先秦三代时期作为研究阶段，宋代嵩山的人文状况则鲜为人知。

其次，本书把嵩山的自然风貌、人文景观，宋人在嵩山的游玩和祭祀活动，宋代登封知县的为政措施，南宋人的嵩山情结，嵩山对宋代文学、政治的影响等一并纳入研究范畴，进行多角度、综合性的考证，改变了嵩山历史研究领域狭窄——侧重于嵩山旅游史的现状。

最后，本书选取一座大山作为研究区域，对其人文状况做出考证和分析，这在历史研究中是不多见的，丰富了区域史的研究内容，不失为一种较新的研究思路。

二、方法的创新

一方面，本书以历史学的视角来考证宋代嵩山的人文历史，主要运用历史学的研究方法。以往的嵩山人文活动研究，多以现存景点为切入点来追踪溯源，其主要目的是服务于当今的旅游业，大部分作品不属于史学论著。本书论述的是千年之前嵩山的人文历史过程，希望能为历史研究添砖加瓦。

另一方面，本书在继承历史学研究传统的基础上，适当引入了地理学、社会学等学科的研究方法，使研究对象更加鲜活，避免枯燥之感，不囿于以往单一的文献解读法，拓展了宋代山岳人文历史的研究方法。

三、观点的创新

第一，本书详细分析了宋代嵩山在宋代历史，包括宋代政治、文学、思想中所发挥的重要作用。这是前人不曾涉足的研究范畴，也是中国古代史和嵩山研究史中第一次出现的观点。

第二，本书展现了宋代嵩山多个景点的具体风貌以及宋人游览嵩山的史实，对前人的研究内容有所扩充和加深。

第三，本书提出了嵩山儒、释、道三教研究的多维视角这种研究方式，深化了之前的嵩山儒、释、道三教研究内容，扩充了嵩山历史研究的方式。

第四，本书对宋代嵩山建筑物、旅游景观以及流传在嵩山的各种历史传说等进行细致考证，并得出确凿结论，或是加深了该项研究的力度，或是纠正了以往研究的错误。

第五，本书首次提出了“嵩山情结”这一概念，论述了嵩山在思想史中的作用和意义。

本书虽然力求尽可能地展现宋代嵩山人文历史发展的整个过程，但受到现存史料、研究时间、笔者学识等诸多因素的限制，必定还有不少方面未能涉及，或有待深入。本书的研究区域仅仅限制在嵩山，而对于宋代其他山岳或区域等未能展开探讨，而这些都是本书的可持续性研究方向。不足之处，定然良多，敬请方家谅解。

第一章　宋代之前的嵩山

第一节　嵩山的形成

“天地始融结，此山已高极。”[①]宋代哲学家邵雍的这句诗，形象地道出了嵩山与天同寿的古老历史。据地质学家的考察，地球的年龄约在46亿年左右，而嵩山距今已有36亿年的历史。36亿年前，嵩山地区的海底发生了来自地幔的基性熔浆喷发和酸性岩浆侵入，共同堆积了以基性火山岩和酸性侵入岩为主的被称作登封群的花岗绿岩系，铸就了嵩山的结晶基底。嵩山就是在这次地球运动中，成为地球上最早的陆块之一。嵩山以及其他古陆块的出现，宣示了地球成陆时代的来临。距今25亿年前后，嵩山地区发生了剧烈的“嵩阳运动”，海底沉积的花岗绿岩系受到应力作用、温压效应而发生褶皱隆起，慢慢露出海平面，形成山脉，这是嵩山首次露出峥嵘。后来经过长期的风化剥蚀，嵩山渐渐被夷平，加上地壳不断下降，嵩山又被淹没在海水之下，形成滨海和浅海环境，接受了被称作嵩山群的碎屑物质、泥质及钙、镁等物质的沉积。距今18亿年前后，嵩山地区发生了被称为“中岳运动”的全球性地壳运动，海底底层在应力作用和温压效应的作用下又一次露出海面，形成山脉，这是嵩山第二次屹立于地球。之后嵩山依旧经历风化、剥蚀、夷平和下降，逐渐被海水吞噬，形成滨海、浅海、山间盆地等环境。距今 5.43 亿年前后，嵩山地区再次发生地壳运动——“少林运动”，使嵩山一带大范围地升出海面，形成了嵩山山系。后来虽然发生了古生代广泛的海浸，但嵩山主要山峰始终未被海水淹没，嵩山从此笑傲天下，扬眉吐气。距今2.3亿年前后，在中国的版图上，发生了一次延续很长时间、影响地域广阔的“燕山运动”，嵩山地区受到南北方向的推挤，形成了太室山、少室山和五指岭等嵩山峰岭的基本地貌特征。距今6500万年前的“喜马拉雅运动”，使嵩山进一步隆升并遭受风化剥蚀。历尽沧桑的嵩山终于显现出当今的面貌。

经过太古代、元古代、古生代、中生代和新生代五个地质时代的变质岩和沉积岩地层序列，嵩山呈现出罕见的“五世同堂”地质面貌，成为一部完整的地球历史石头

---

① （宋）邵雍著，郭彧整理：《邵雍集·伊川击壤集》卷5《登封县宇观少室》，中华书局，2010年，第244页。

书。大自然的鬼斧神工，造就了不胜枚举的奇景。这里的山峰峻峭挺拔，峡谷沟壑纵横，洞穴清净神秘，奇石兀立嵯峨，瀑布飞流直下，碧潭清澈见底，山泉翻涌吐波，林木根深叶茂，花草纷红骇绿。

嵩山地处北半球温带，属北温带季风气候，年平均气温14.3℃，四季分明并各具特色。一年中7月最热，平均气温27.3℃，1月最冷，平均气温0.2℃，平均降水量为640.9毫米。嵩山地貌类型以高丘陵、低丘陵所占的面积最大，其次为低山和浅低山，深中山和浅山的面积最小。嵩山周边具有良好的山前台地和河旁冲积台地，且覆盖着具有自然肥力的深厚黄土、褐土、潮土和棕壤土。嵩山的植被类型多种多样，有阔叶林，也有针叶林，森林覆盖率达60%以上。嵩山河流众多，地下水水质优良且藏量丰富，如图二、图三所示①。

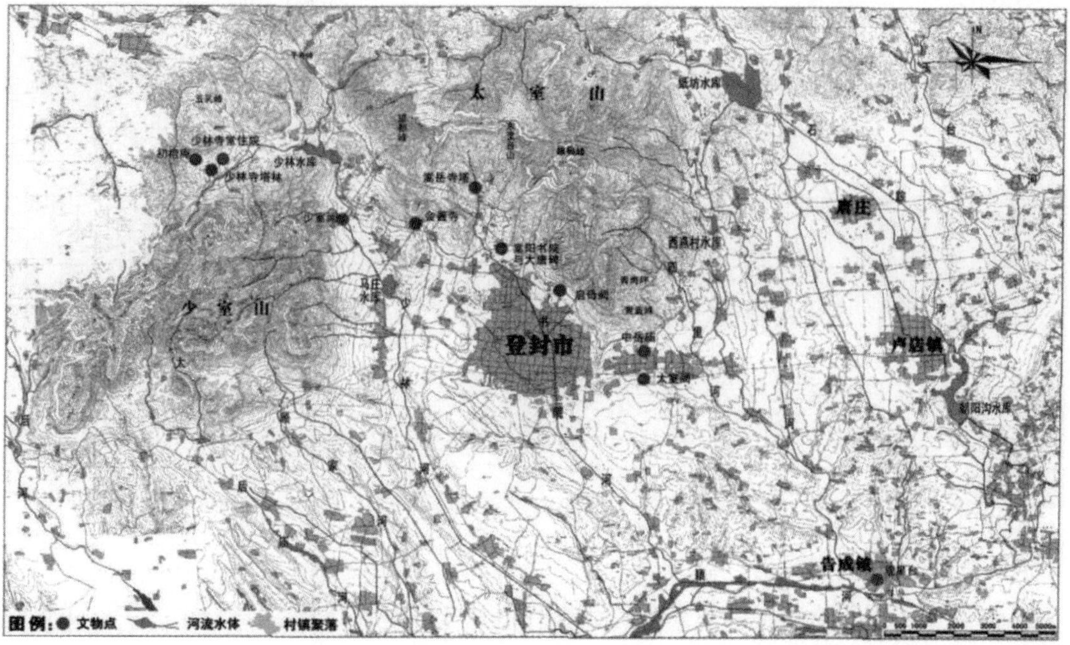

图二　嵩山地形地貌图

① 图二出自郭黛姮：《“天地之中”的嵩山历史建筑群》，《中国文化遗产》2009年第3期。图三为笔者在嵩山拍摄。另外，本书中未注明出处的图片，均为笔者拍摄制作。

图三　嵩山“天地之中”导游图

第二节　宋代之前嵩山的人文历史

优越的位置，宜人的气候，肥沃的土地，使嵩山地区成为宜居之地，为原始人类的生活提供了理想的场所。盘古开天、女娲补天、伏羲画八卦、二郎担山赶太阳等众多创世神话传说，在以嵩山为中心的中原地区留下了众多遗迹，数千年以来一直在当地人口中流传不衰。早在旧石器时代，华夏先祖就在此地繁衍生息，留下了众多文化遗存，以织机洞遗址为代表的旧石器时代遗存有360多处。进入新石器时代以后，环嵩山分布的文化遗址更为繁多，裴李岗文化时期的遗址有新郑裴李岗遗址、登封双庙沟遗址、新密莪沟遗址等，仰韶时期的遗址有大河村遗址、西山遗址等，龙山时期的遗址更是星罗棋布，证明嵩山地区是世界农业重要起源地之一。

嵩山处于中国史前文化交流的十字要冲，高度发达的史前文化和独特的文化交流格局，使这里诞生了中国最早的国家文明。相传人文始祖黄帝诞生于嵩山余脉风后岭下的轩辕丘。他战胜蚩尤、一统华夏后定都于嵩山脚下。相传唐尧、虞舜、大禹都曾在此巡狩，他们的重大政治活动也都围绕嵩山开展。新石器时代后期至青铜时代早期，嵩山地区是夏、商、周三代的建都之地、立国中心。史学大师司马迁称："昔三代之居皆在河洛之间，故嵩高为中岳。"[①]他的这一论述，得到了现代考古成果的证明。嵩山脚下的王城岗遗址，极有可能是禹都阳城所在。位于嵩山东北的郑州商城遗址是商代早中期的都城，嵩山北麓的偃师商城遗址也是商代前期的重要王都。嵩山西麓的洛阳成周遗址、东周王城遗址分别是西周的东都洛邑和东周国都。

公元前11世纪，"周武王在克商之役结束返回西土的途中，曾在嵩山举行封禅和望祭山川的重大典礼。这次宗教活动说是周朝的开国大典亦无不可"[②]。铸造于西周初年的天亡簋铭，记载了这次中国历史上第一次的封天祭地大典。这次大典开创了中国历史上最高等级的封禅礼制的先河。周成王继位后，周公在嵩山地区测量四时方位，认为此地是天下之中，并大规模营造新都洛邑，统率天下。

东周时期，相传太子晋因不满父亲周灵王的政策，居住别宫修道，后被道教神仙浮丘公接引上嵩山，在缑山驾鹤升仙。为纪念王子晋成仙，嵩山人"亦立祠于缑氏山下，及嵩高首焉"[③]。嵩山峻极峰以东的白鹤观，即为纪念王子晋而建。

元封元年（前110年），汉武帝巡游嵩山时，"御史乘属，在庙旁吏卒咸闻呼万岁者三。登礼罔不答"。三声洪亮的"万岁"之声回荡于山谷之中，可是众人均说自己没有呼喊万岁。于是汉武帝认为自己是真龙天子，来到嵩山惊动了上苍，使大山高呼万岁。"山呼万岁"或"嵩呼万岁"的成语便由此得来，并一直被后世所沿用。他下令"祠官加增太室祠，禁无伐其草木。以山下户三百为之奉邑，名曰崇高，独给祠，复亡所与"[④]。也就是说，汉武帝下令扩建了祭祀山神的太室祠，并划嵩山下三百户为崇高县（今河南登封），免除一切徭役赋税，专职奉祀太室山。

神爵元年（前61年），汉宣帝下诏太常以礼百川之大者为岁事，"自是五岳、四渎皆有常礼"。又确定五岳四渎的祭祀地："东岳泰山于博，中岳泰室于嵩高，南岳潜山于潜，西岳华山于华阴，北岳常山于上曲阳，河于临晋，江于江都，淮于平氏，济于临邑界中，皆使持节侍祠。唯泰山与河岁五祠，江水四，余皆一祷而三祠云。"[⑤]由此，嵩山确立为中岳。

东汉初年，佛教正式传入中国，首先在都城洛阳和地处京畿的中岳嵩山落迹，并

① （汉）司马迁：《史记》卷28《封禅书第六》，中华书局，1959年，第1371页。

② 林沄：《天王簋"王祀于天室"新解》，《史学集刊》1993年第3期。

③ （汉）刘向：《列仙传》卷上《王子乔》，上海古籍出版社，1990年，第9页。

④ （汉）班固撰，（唐）颜师古注：《汉书》卷6《武帝记第六》，中华书局，1962年，第190页。

⑤ 《汉书》卷25《郊祀志第五下》，第1249页。

且开始由洛阳、嵩山地区向全国传播。永平十四年（71年），汉明帝下令在群山环绕的嵩山玉柱峰下，为天竺僧人迦叶摩腾、竺法兰译经传教而建造大法王寺。摩腾、法兰先后译出《十地断结经》《佛本性经》《佛本行经》等经典著述，对佛教的传播起了奠基作用。同时，汉明帝为了使佛教在中国得以传播，特许阳城候刘峻落发出家，而刘峻剃度为僧的事例，被宋代僧人赞宁称为“僧之始也”①。这就为佛教在嵩山乃至全国的传播与发展拉开了帷幕。

元初五年（118年），阳城长吕常主持修建了太室祠前的神道阙——太室阙。延光年间，颍川太守朱宠主持建造了少室阙和启母阙。此汉三阙是中国现存仅有的三座庙阙和最早的礼制建筑实物。少室阙和启母阙是中国最古老的国家级祭祀礼制建筑典范；中岳庙和太室阙是中国古代礼制建筑格局最全面的代表。雕刻于汉三阙上的图画、篆书、铭文十分精美，是研究建筑史、美术史和东汉社会史的珍贵资料。汉三阙是1961年3月4日公布的首批国家级文物保护单位，其中太室阙是中国古建筑国家级文物类1号保护单位，少室阙、启母阙分别为2号和3号文物保护单位。

南北朝时期，北魏政府借助佛教来巩固其统治秩序，因嵩山地接京城洛阳，皇帝多次巡幸游狩，成为佛教活动的重要场所，建寺蔚然成风。北魏洛阳佛寺的地理著作《洛阳伽蓝记》明确记载：“嵩山中有闲居寺、栖禅寺、嵩阳寺、道场寺，上有中顶寺，东有升道寺。”②太和八年（484年），生禅师在嵩山之阳“建造伽蓝，筑立塔殿，布置僧坊，略深梗概”③，嵩阳寺由此开始。太和十九年（495年），北魏孝文帝为安顿天竺高僧跋陀，在少室山密林之中建立寺院，故名“少林寺”。永平二年（509年），北魏宣武帝命令冯亮、沙门统僧暹与河南府尹甄琛等人“同视嵩山形胜之处，遂造闲居佛寺”④。正光二年（521年），为安置梁武帝之女明练公主而创建了明练寺，后因北魏宣武帝之女永泰公主出家于此改名永泰寺。正光年间，为纪念佛祖释迦牟尼而建造的嵩岳寺塔，是嵩山地区历史上建造的第一座塔，也是中国历史上唯一的

① （宋）赞宁：《大宋僧史略》卷1，《大正藏》卷52，佛陀教育基金会，2001年，第237页。阳城，今河南省登封市告成镇。

② （北魏）杨衒之：《洛阳伽蓝记》卷5，中华书局，1991年，第248页。

③ （清）严可均辑，金欣欣、金菲菲审订：《全后魏文》卷58《中岳嵩阳寺碑》，台湾“商务印书馆”，1999年，第574页。此碑又名中岳嵩阳寺造像碑、中岳嵩阳寺伦统碑，现位于河南省登封市嵩阳书院高山仰止牌坊后中轴甬道东侧，天平二年（535年）刻。碑首雕有6条盘龙，龙爪相互扭结形成一个弧拱形佛龛，龛内浮雕佛像一尊。碑正面上半部雕刻大佛一尊，数尊小佛像环绕其周。下半部为八分隶书撰写的《中岳嵩阳寺碑铭序》，全文共956字，主要介绍了生禅师开辟嵩阳寺，建造佛殿、塔庙的功德及雕刻造像的经过。

④ （唐）李延寿：《北史》卷88《冯亮传》，中华书局，1974年，第2910页。

一座十二边形塔，还是中国现存最早的砖塔。北魏灭亡后，孝文帝在嵩山积翠峰下的离宫也成了澄觉禅师的精舍，开皇五年（585年）被赐名会善寺。

北魏时期的嵩山，同样在道教发展史上扮演了重要角色。“隐处中岳三十余年”[①]的寇谦之，“守志嵩岳，精专不懈”，潜心修道。神瑞二年（415年），寇谦之在嵩山“忽遇大神……称太上老君”，授予他天师之位，赐下《云中音诵新科之戒》二十卷，并要求他“清整道教，除去三张伪法，租米钱税，及男女合气之术”。寇谦之“专以礼度为首”，对天师道进行了较为彻底的改革，制定乐章、诵诫新法，使道教摆脱了原始宗教粗陋浅薄的风貌，从形式到内容都得以健全和充实。始光初年，寇谦之将《录图真经》献给朝廷，深得魏太武帝的崇信。于是魏太武帝遣使祭祀嵩山，北魏政府“崇奉天师，显扬新法，宣布天下，道业大行”[②]。道教从此得到政府的认可，从民间进入殿堂。太延六年（440年），寇谦之在嵩山为皇帝祈福，并称太上老君复降，授皇帝太平真君之号，魏太武帝逐改元太平真君，表达了皇帝对道教的诚心。寇谦之代张陵为天师，被称为北天师道，嵩山成为北天师道的发祥地。其实早在道教形成以前，嵩山地区就有很多神仙活动。嵩山东部的浮戏山神仙洞，又称“崆山洞”，相传是神仙广成子居住之处，轩辕黄帝曾来此向广成子问道。此外，相传早期道教五斗米道始祖张道陵也曾在嵩山修炼。

普通年间，天竺僧人菩提达摩（又名达磨）为了弘扬大乘佛法，不辞艰险，航海来到中国。因与梁武帝谈论佛法时见解不同，达摩渡江北行，辗转来到嵩山，在五乳峰上的山洞里面壁九年，与徒弟慧可在嵩山传播大乘禅法。达摩“深信含生同一真性，客尘障故”。意即人皆有佛性，只是为物所障，认识不到而已，应当“舍伪归真”。为达此目的，就要修习佛法，“凝住壁观，无自无他，凡圣等一。坚住不移，不随他教”[③]。这种参禅方法简便易行，很适合当时许多平民欲禅难参，要求革新的心理，为佛教禅法拓宽了新路，并且一直为禅门后世所奉，演变为中国的禅宗。

大业年间，嵩山道士潘诞，“自言三百岁”，为隋炀帝合炼金丹。隋炀帝改建嵩阳寺为嵩阳观，“华屋数百间”[④]，作为潘诞炼丹之地，成为道教活动场所。

隋朝末年，天下大乱，群雄纷争，民不聊生。为了避免山贼的劫掠，嵩山少林寺

---

① 中岳嵩高灵庙之碑，现存河南省登封市中岳庙峻极门前东岳殿与南岳殿之间的四角亭内，立于太安二年（456年），撰、书者姓名不详。此碑历经千余年沧桑，碑文剥落大半，幸存五百余字。碑文内容为寇谦之修祀中岳庙并宣扬道教的事迹，不仅对了解中岳庙的变迁具有参考价值，而且具有极高的书法艺术价值。

② （北齐）魏收：《魏书》卷114《释老志》，中华书局，1974年，第3050～3053页。

③ （唐）道宣：《续高僧传》卷16《菩提达摩》，文殊出版社，1988年，第470页。

④ （宋）司马光：《资治通鉴》卷181《隋纪五》，中华书局，1956年，第5658页。

僧不得不拿起木棍进行自卫抵抗。武德二年（619年），王世充在东都洛阳自称大郑皇帝，命令他的侄子王仁则驻扎在少林寺柏谷坞的土地上，于是少林寺的土地就归王仁则所有。寺僧失去斋粮来源，度日更为艰难。在唐、郑两军决定胜负的柏谷庄大会战中，少林寺僧人志操、惠阳、昙宗等，“率众以拒伪师，抗表以明大顺”。他们帮助唐军对王世充作战，俘虏了王仁则，为唐朝的巩固立下了不朽的功勋。唐太宗“嘉其义烈，频降玺书宣尉”[①]，对参战有功的十三名武僧各有封赐，并赐予以少林寺为代表的嵩山佛寺多项特权。这段历史佳话被演绎为“十三棍僧救唐王”的故事，广为流传，经久不衰。

唐高宗一生和嵩山关系密切，曾在皇后武则天的陪同下游幸嵩山三次，亲谒嵩阳观、启母庙，拜访著名道士潘师正，并为其建隆唐观、精思观、寻真门、仙游门。潘师正“清净寡欲，居于嵩山之逍遥谷，积二十余年，但服松叶饮水而已”[②]，深得时人尊崇。除此之外，唐高宗还遣使祭祀嵩岳、少室、箕山、具茨山等。

大周女皇武则天对嵩山情有独钟。一向把嵩山作为精神寄托的武则天，在这里向世人展示了巾帼不让须眉的气概。证圣元年（695年），女皇武则天“将有事于嵩山，先遣使致祭以祈福助，下制，号嵩山为神岳，尊嵩山神为天中王，夫人为灵妃。嵩山旧有夏启及启母、少室阿姨神庙，咸令预祈祭”。到了天册万岁二年（696年）腊月，她率群臣浩浩荡荡开赴嵩山，“亲行登封之礼”。封禅嵩山礼毕，“便大赦，改元万岁登封，改嵩阳县为登封县，阳成县为告成县。粤三日丁亥，禅于少室山。又二日己丑，御朝觐坛朝群臣，咸如乾封之仪”。也就是说，为纪念封禅的业绩，她特意将年号改为“万岁登封”，将嵩山下的嵩阳县改为登封县（今河南登封），将阳城县改为告成县（今登封告成镇），以示女皇“登”嵩山，“封”中岳，大功“告成”。然后她又率众在少室山下建筑封祀坛，封禅少室山。她相信此次封禅日为嵩岳神祇所佑，“遂尊神岳天中王为神岳天中皇帝，灵妃为天中皇后，夏后启为齐圣皇帝；封启母神为玉京太后，少室阿姨神为金阙夫人；王子晋为升仙太子，别为立庙”。她尊岳神天

---

① （唐）裴漼：《少林寺碑》，《全唐文新编》卷279，吉林文史出版社，2000年，第3164页。皇唐嵩岳少林寺碑，位于河南省登封市少林寺大雄宝殿左侧十余米处，建于开元十六年（728年）七月十五日。此碑分上中下三部分，上部碑额“太宗文皇帝御书”七个字，系唐玄宗御书。中部是李世民于武德四年（621年）颁发的《告少林寺上座书》，内容是李世民告谕少林寺上座寺主等人的教文，表彰了少林寺僧助唐平定王世充的战功，右起第五行，有李世民亲笔草签的“世民”二字。下部是由裴漼撰文并书写的《皇唐嵩岳少林寺碑》，主要记述少林寺从创建到开元年间的历史。碑的背面是李世民为表彰十三棍僧而赐封少林寺的物品及参战有功的十三武僧的名字。

② （后晋）刘昫等：《旧唐书》卷192《潘师正传》，中华书局，1975年，第5126页。

中王为“神岳天中皇帝”，这是五岳神中第一个被封为“帝”者，还加封岳神之配偶天灵妃为“天中皇后”，并尊在嵩山成仙飞天的王子晋为“升仙太子”。她自撰自我歌功颂德的升中述志碑，“树于坛之丙地”[①]，也就是在嵩山之巅，峻极峰顶的登封坛。她封禅嵩山，向天地告成功、求福祇，不但可以粉饰太平，还可以证明武周政权是天命所归，她本人则是功高德厚的一代圣主。可以说，通过封禅，武则天给自己的政权蒙上了一层神圣的光环。而借助于武则天封禅，嵩山地位之崇高，令其他山岳难以望其项背。圣历二年（699年），武则天第五次动身驾幸嵩山，这次她撰文并行书了大周升仙太子碑。次年四月，武则天再幸嵩山三阳宫避暑，五月因疾病康复，遂宣布大赦天下，改元久视，大宴群臣于石淙河，并命随从的太子李显、相王李旦、梁王武三思、内史狄仁杰等16名随臣各赋应制游石淙诗一首。久视元年（700年）七月，武则天令道士胡超代其到嵩山峻极峰投龙斋醮金简一通，为她除掉罪名求得长生。以上种种，均显示了女皇对嵩山的喜爱和尊崇。

武周时期，博览经史的张遂不愿与武则天之侄武三思同流合污，被逼无奈，逃往嵩山会善寺落发为僧，法名一行。开元年间，一行奉命编撰新的历法，再次以登封阳城为中心观测点，开展大规模的天文测量，并编成结构严谨、条理分明的《大衍历》。

天宝初年，唐玄宗为求长生不老，“考灵迹，求福庭”，最终选定嵩阳观，特命观中道士孙太冲为其炼丹。之所以选择此地，就是因为“嵩阳观者，神岳之宅真，仙都之标胜。直中天晷景之正，记烈祖巡游之所。抱汝含颍，风交雨会，阴阳之所蒸液，偓佺之所往还”[②]。也就是说，此地地处天地之中，正是阴阳交会、人神通达之地，选择在此炼丹，正得天时、地利、人和。天宝三年（744年），为纪念仙丹炼成，嵩阳观立起了高达9米的大唐嵩阳观纪圣德感应之颂碑。

唐末五代时期，战乱频仍，不少有识之士归隐山水。嵩山以其深邃的文化背景接纳了大批人才。后唐进士庞式“肄业于嵩阳观之侧，临水结庵以居”，在这里收下了学生，“庵内唯薛生，东郡人也，少年纯悫，师事于式”[③]。南唐学者舒元曾和道士杨纳“讲习于嵩阳”[④]。周世宗敕命嵩阳观改为太乙书院，即是宋代大名鼎鼎的嵩阳书院。

---

① 《旧唐书》卷23《礼仪志三》，第891页。

② 大唐嵩阳观纪圣德感应之颂碑，位于河南省登封市嵩阳书院大门外西侧10米处，天宝三年立，李林甫撰文，徐浩书写。碑文内容为嵩阳观道士孙太冲为唐玄宗李隆基炼丹九转的故事。

③ （五代）王仁裕：《玉堂闲话》卷3《庞式》，《五代史书汇编》，杭州出版社，2004年，第1883页。

④ （元）脱脱等：《宋史》卷478《舒元传》，中华书局，1977年，第13864页。

本章小结

位于中州腹地，傍于黄河南岸的嵩山，历经几十亿年漫长的地质演变，在百余平方千米的范围内出露了太古代、元古代、古生代、中生代、新生代的地层，是中原大地沧桑巨变的历史见证，被誉为“天然地质博物馆”。这里是中华民族文明的重要发祥地。在这片土地上，适宜的气温，秀美的山川，肥沃的土地，孕育了大批先贤人杰。众多文化遗迹静静地彰显着中华民族从开辟鸿蒙到诞生文明的宏伟过程。从远古时期至唐末五代，嵩山地区形成了博大深厚的历史积淀和星罗棋布的名胜古迹。这一切为宋代的嵩山增加了亮丽的风景，为宋代的嵩山奠定了浓厚的历史文化基础。

第二章　宋代嵩山风貌

嵩山主要包括太室山和少室山两座大山。终北宋一代，对这两座山最为熟悉的人，非登封知县楼异莫属。要介绍太室山和少室山的风貌，不得不从他的诗（《嵩山二十四咏并序》）赋（《三十六峰赋》）中来叙述。而对于嵩山山上山下较为引人注目的一些景点，欧阳修、梅尧臣和范仲淹这三位文学大师都留下了光耀千古的嵩山游诗。太室山黄盖峰下的中岳庙，在宋代屡次修建，留下了丰富的石刻资料。太室山万岁峰下的崇福宫，既是宋代宫观之首，也是众儒云集之所。少室山五乳峰下的初祖庵，至今仍保留着宋代的建筑，宋人对此留下了详细的记载。介绍这些地点的宋代风貌，是宋代嵩山人文研究的前提，有利于下文对宋代嵩山人文活动的论述和分析。

第一节　太　室　山

元符二年（1099年），明州奉化（今浙江奉化）人楼异来到登封担任县令。嗜好游山玩水的他，在三年的知县任期内，近距离地与嵩山进行了全方位的接触，并写出了《嵩山二十四咏并序》和《三十六峰赋》。这一组诗和这一篇赋，全面展现了宋代嵩山60座山峰的风貌①，是宋代仅有的全面歌咏嵩山的佳作，也是研究宋代嵩山不容忽略的对象，还是后世嵩山研究者无法回避的内容。鉴于嵩山志书等有关嵩山历史文化的论著中很少收录楼异的诗赋，今人也没有对其进行分析研究，笔者在此详细解析。

楼异笔下的嵩山二十四峰，指的是嵩山主山——太室山的24座山峰。太室山在登封城北，东西长20千米，南北宽15千米，五指岭在其东，轘辕山居其西，颍河在其南，黄河、洛水在其北。此山绵亘横阔，高耸独立，正面仰望，浑沦端正，如巨龙盘卧，素有太室如龙眠之说。近则岭壑开绽，入则峭壁参差。南多悬崖，北多峻岭，东多断峤，西多重嶂。从东向西，依次为青童峰、黄盖峰、浮丘峰、三鹤峰、遇圣峰、

---

① 现在的嵩山有72峰之说，如图四所示。图四引自《登封市志》。登封市地方志编纂委员会编：《登封市志》，中州古籍出版社，2008年，第142页。明代登封知县傅梅，新增太室山12峰，共为36峰，与少室山等数，为后世沿用。事实上，嵩山山峰众多，绝不止于72峰，只是尚未起名而已。

万岁峰、玉镜峰、狮子峰、虎头峰 、起云峰、凤凰峰、金壶峰、华盖峰、玄龟峰、卧龙峰、会仙峰、子晋峰、玉柱峰、老翁峰、玉人峰、玉女峰、独秀峰、积翠峰和太白峰。这些山峰往往是根据其坐落方位、形状、外貌、名人遗迹或神话故事而命名的。楼异将较为深奥的峰名典故以及难以表述的山峰风景用活泼的诗歌生动地表现出来[①]。这也成为后人了解嵩山峰名来历的重要渠道。

图四　嵩山七十二峰图

首先来看太室山东部的青童峰、黄盖峰、浮丘峰、三鹤峰、遇圣峰、万岁峰、玉镜峰、狮子峰、虎头峰、起云峰、凤凰峰和金壶峰12座山峰。

青童峰，亦称青岗坪，在周道峰北，海拔905米，位于峻极峰138°18′方向、3051米处。此峰与下述的黄盖峰、会仙峰、玉人峰、玉女峰等，都和游玩嵩山的汉武帝密切相关。相传汉武帝游览嵩山至此时，两位青衣童子捧书迎驾。楼异用拟人的笔法将真实景色和神话传说结合起来，活灵活现地表现出了青童峰的风采，“崭新高髻掠云开，翠色罗衣一样裁”。这座山峰，恰似发髻高束的仙女，浮云而立，身披翠绿的罗

① 本书引用楼异的《嵩山二十四咏并序》，全部出自《嵩书》，下文不再一一说明。（明）傅梅撰，向东、关林校点：《嵩书》卷14，嵩岳文献丛刊本，中州古籍出版社，2003年，第299～303页。本节不再全文抄录这些诗，而将其放在附录中。本书对嵩山山峰海拔高度及其方位的数字介绍，全部出自《嵩山志》。耿直主编，河南省嵩山风景名胜区管理委员会编著：《嵩山志》，河南人民出版社，2007年，第50～53页。

衣，“知有真仙此中住，故令天女捧书来”。仙女手捧仙书，送给嵩山的神仙。

黄盖峰，又名神盖山，海拔635.9米，在峻极峰152°48′方向、5377米处，中岳庙之北。此峰端正圆整，汉武帝游览嵩山时看到峰上黄云如盖，故而楼异称其“一片黄云驻不飞，中天帝子欲何知”。

浮丘峰，海拔880.9米，在峻极峰162°50′方向、4278米处。相传这里是西周浮丘公隐居修炼之地。楼异在诗中也提到了这个典故，“不到嵩山最高处，世人容易揖浮丘”。

三鹤峰，海拔1414米，在峻极峰136°40′方向、562米处。楼异在诗中称“昔有仙翁住此间”，所谓的“仙翁”，是指道教神仙李八百。相传他在此峰炼丹时，有三只白鹤翔集于峰顶，故而有三鹤峰之名。

遇圣峰，海拔930米，在峻极峰160°40′方向、3942米处。相传汉武帝在此遇到身高一丈二尺、两耳过肩的九嶷仙人，“汉家天子学神仙，曾遇真人耳过肩”。仙人将石上一尺九寸多长的菖蒲献给汉武帝，说吃下便可长生不老，说罢即不见踪影。于是汉武帝封这个山峰为遇圣峰。楼异在记录这个传说的同时，也表达了自己对长生不老的看法，“不待菖蒲长黑发，须知逸乐自延年”。也就是说，他认为菖蒲并不能延年益寿，闲适安乐的生活才能令人高寿。

万岁峰，海拔999米，在峻极峰167°20′方向、3360米处。元封元年（前110年），汉武帝游玩中岳路过此峰，惊闻山呼万岁，这就是“万岁”的由来。楼异称嵩山山灵知道汉武帝为真龙天子，是“万岁声中第一人”。

玉镜峰，海拔1068米，在峻极峰155°42′方向、3247米处。据传峰上有玉镜浮空，荧光四射，光彩夺目，故而楼异以“皎皎冰盘营百围”“浮翠光中一镜飞”等诗句来描述这座山峰。

狮子峰，海拔945.9米，在玉镜峰南，在峻极峰159°45′方向、3865米处。峰上有一块高耸的巨石，恰似一头哮吼的雄狮。楼异活灵活现地展现了这座山峰形似狮子的特点，“果解嚬呻作哮吼，窟中狐兔定魂飞”。

虎头峰，海拔964米，在峻极峰173°50′方向、2992米处。峰上有一块耸立的岩石，像一个伸颈的虎头，龇牙露舌，惊吓路人。即使是猛士，见到此峰也不免捋须定神，“轩牙露舌惊樵采，猛士还当捋尔须”。此外，楼异在诗中称“道人曾此获阴符”，此道人指的是唐代道士李筌，传说他在此处得到《黄帝阴符经》。

起云峰，海拔1334.7米，在峻极峰152°20′方向、1370米处。起云峰的得名与卜雨有关。相传嵩山每当降雨前，云必先起于此峰。楼异作为地方父母官，对嵩山的风云雷雨有一定的了解，故而在诗中叙述了起云峰兴云下雨的过程。

凤凰峰，又名凤凰台，海拔1005米，紧临金壶峰，在峻极峰168°05′方向、2510米处。相传唐高宗游览嵩山之时，有凤凰飞集其上。楼异用直白的语言叙述这个有美丽传说的地方，“今日飞鸣天外过，纷纷燕雀不须猜”。今日徘徊在凤凰峰上的，只是燕雀之流。

金壶峰，海拔1285.6米，在峻极峰174°06′方向、887米处。楼异说这里是老子（字伯阳）以金壶之墨撰写《道德经》的场所，并讲述了经书完成后的故事：老子将余墨洒向山林，故而此峰郁郁葱葱，“相见金壶写墨河，皂林余润郁嵯峨”，他向北翻山来到函谷关，并向关令尹喜传授此经，尹喜每天用鹅肉招待他，“伯阳当日传经后，肯向山阴与换鹅”[①]。

接下来看华盖峰[②]。这一峰名并不常见，可能令人不知所云，但它还有一个广为人知的名字——峻极峰，又称太室中峰、嵩顶、中顶等，后因清代乾隆皇帝在此赋诗立碑，故而得名御笔峰或御碑峰。此峰是嵩山主峰，是太室山最高的山峰。峻极峰，海拔1492米，山势高峻，似是插入云霄，与天上的扪参、历井两星宿等高，所以楼异称其“扪参历井到天中”。登上峰顶环顾四周，远近群峰如童子般矮小，“回头却顾人世间，但见群青似小童”，恰有一览众山小之势，正如范仲淹所说：“不来峻极游，何能小天下。”[③]从山下仰望，轻云袅袅，如纱似絮，仿佛给嵩山戴上了冠冕。山腰间峰回谷转，绿树葱茏，清溪横流，其间参差交错地点缀着宝塔和汉柏蓊郁的古书院。峰顶敞平开阔，犹如宝幢之盖，四周多悬岩陡壁、断峤重峰，唯峻极峰中居高巅。纵目远眺，雾海苍茫，云蒸霞蔚，山峰连绵，渺若烟云。晴霁之时，远处黄河明灭一线，稍近处则伊洛河如玉带般滚动。环顾群山，起伏如浪，尽收眼底，嵩山好似守卫中原大地的咽喉，而山脚下碧波荡漾的纸坊水库和少林水库则如同给嵩山嵌上的两面宝镜，银光闪耀。尤其当夕阳西下时，彩霞映射峰顶，景色更是瞬息万变，美不胜收。

---

① 传统观念认为，老子是在函谷关写作不朽名著《道德经》，近年来不少嵩山历史文明研究者对此提出异议，认为老子是在嵩山金壶峰下的老君洞撰写此经，其依据之一就是楼异的这首诗。邱延波、张朝晖：《〈道德经〉在嵩山写成？登封纪念〈道德经〉2580周年》，《东方今报》2009年11月23日。

② 因为华盖峰或称峻极峰是嵩山主峰，是嵩山最为重要的山峰，有必要对其进行全面叙述，所以这一部分内容中，既有楼异所作的《华盖峰》一诗，也有其他人，如范仲淹、梅尧臣、欧阳修、道潜的峻极峰诗，还有关于峻极峰的其他记载。

③ （宋）范仲淹著，李勇先、王蓉贵校点：《范仲淹全集·范文正公文集》卷2《和人游嵩山十二题》，四川大学出版社，2002年，第37页。

站在峻极之顶可以极目远眺黄河。明道元年（1032年），梅尧臣、欧阳修和杨愈同登峻极峰，“及来步其巅，下见河如带”[①]。千里之外的滔滔黄河，也在峻极峰的视线范围之内[②]。

峻极峰常常呈现出神异现象。梅尧臣登上峻极峰后，注意到了这里天气的急剧变化，“安知最高顶，清浅水池开。有时片云出，倏忽生风雷”[③]。对此，范仲淹也表达了相似的看法：“岳顶见天池，神异安可度。勿谓无波涛，云雷有时恶。”[④]如果说这些只是文学家对嵩山风谲云诡的夸张描述，并不是真正的奇闻怪事，那么北宋末期隐居嵩岳二十年的刘居中，他的亲眼所见（当然是宋代志怪小说中他所看到的），不得不令人惊叹峻极峰的神奇：此峰半山腰有数百只大蜥蜴，“皆长三四尺”[⑤]，皮肤如脂般细腻光滑。它们围着水池吸水，但水刚入口就立即吐出。即便如此，它们吐出来的东西也像弹丸一样又圆又结实，不一会就堆积很多。突然一声震雷，弹丸全部消失了。第二天山下来人说昨天山下雨雹大作。如此巧合之事，他认为这是那些奇怪的蜥蜴所为。如果要在这个神奇的事件上附会更为神奇的现象，那么就可以认为那些蜥蜴就是传说中兴风作雨的龙了，因为游览过嵩山的欧阳修曾留下嵩山水中有龙的记载：“五岳嵩当天地中……潭养千年蜕骨龙。”[⑥]对于这些神奇的现象，今人自然不必当真，只是古人的文学夸张描述罢了。

峻极峰上还生长着一些与众不同的松树，“松干如插笔，其间数株，上巨下细，枝柯似枯槎，皮或剥落，有半容者”。对于这些上粗下细、枝干枯槁的松树，僧人介绍说：“此是岳神为珪禅师夜移，天将晓，其鬼兵惧，遽倒植之而去。”[⑦]鬼兵夜间来此种植松树，因拂晓将近，慌乱之下，就把树倒着栽种了，这种的解释真是勉强。不

---

① （宋）梅尧臣著，朱东润编年校注：《梅尧臣集编年校注》卷2《登太室中峰》，上海古籍出版社，2006年，第45页。

② 笔者曾于2012年9月爬上嵩山之巅，无缘看到黄河飘飘如衣带般的壮美景色，颇为遗憾。一年之后，笔者在出席“纪念登封玉村二里头文化遗存发现60周年研讨会”会议时，有幸遇到登封史志办主任吕宏军先生，特意向他询问这一问题。吕先生告诉笔者，他曾多次攀登峻极峰，确实在峰顶看到了狭长如衣带的黄河，或是因为当今大气污染严重等原因，此景现在已是可遇而不可求。

③ 《梅尧臣集编年校注》卷2《天池》，第44页。

④ 《范仲淹全集·范文正公文集》卷2《天池》，第38页。

⑤ （宋）洪迈撰，何卓点校：《夷坚志·乙志》卷13《嵩山三异》，中华书局，1981年，第296页。

⑥ （宋）欧阳修著，洪本健校笺：《欧阳修诗文集校笺·居士集》卷14《赠隐者》，上海古籍出版社，2009年，第447页。

⑦ （宋）朱弁撰，孔凡礼点校：《曲洧旧闻》卷3，中华书局，2002年，第126页。

过，嵩山“石多而土少”①，生长于此的植物大都生命力顽强，形貌不同于寻常。直插云霄的峻极峰上生长着上粗下细、鬼兵倒值的松树，对于科学知识不发达的宋人来说，似是情理之中之事。其实对于嵩山的松树，值得相信的说法是，“嵩少之麓，万松郁然，偃高盖以鸣风，盘深柢而切天。却挥斤于睥睨，款化石而顽坚”②。虽然并不是鬼神所栽种，但它们生机盎然，笑傲于崇山顽石之间。

作为中岳主峰，峻极峰被宋人赋予了积极而深刻的寓意。当哲学家邵雍登上一千多米的峰顶后，九州大地尽收眼底，一种感慨天下的豪情壮志油然而生：

登嵩顶

九州环绕若棋枰，万岁嵩高看太平。四海有人能统御，中原何复有交争。

长忧眼见奸雄辈，且愿身为尧舜氓。五十三年芜没事，如今方喜看春耕。③

站立嵩顶，放眼九州的宋人还有很多，苏辙也曾与友人相约“同上嵩高望九州”④。最值得浓墨重彩的是北宋末年一位诗才出众的僧人站在这里所作的一首长诗：

登岳顶呈试可邦直

伟哉中国擅五岳，巍巍崧高据其尊。
四时百辟尽朝会，云幢烟盖来追奔。
自余众阜何足数，扰扰罗列真儿孙。
秋霖乍开原野净，隆曦破海浮朝暾。
渊明旷达不事事，胜日结客游山樊。
山腰下马蹑风磴，杖屦诘曲跻巑岏。
窗经玉女援鸟寂，石漱飞浏鸣潺湲。
长松吟风和哀响，肌肤凛栗凄神魂。
行穷绝顶已晡侧，云烟为我开余昏。
昂头去天惊尺五，星斗历历俯可扪。
超然拟与人世绝，仿佛有路通昆仑。
洛阳奇峰三十六，领略并入一眼吞。
平生方寸喜壮观，兹游气豁殊轩轩。
二豪词笔有余地，请赋杰句留山巅。

① 《曲洧旧闻》卷4，第133页。

② （宋）宗泽：《宗泽集》卷5《抚松堂赋遗王居士》，浙江古籍出版社，1984年，第62页。

③ 《邵雍集·伊川击壤集》卷5《登嵩顶》，第244页。

④ （宋）苏辙著，陈宏天、高秀芳校点：《苏辙集·栾城集》卷4《和顿主簿起见赠二首》，中华书局，1990年，第73页。

风流便可付千载，欧梅尹谢相与传。[①]

这是僧人道潜所作的诗。道潜生于宋仁宗庆历年间，卒于宋徽宗政和年间，俗姓何，於潜（今浙江杭州）人，初名昙潜，好友苏轼将其改名为道潜，字参寥，自号参寥子，赐号妙总大师。建中靖国元年（1101年），道潜应楼异之邀来到嵩山游玩。诗名“登岳顶呈试可邦直”中的“试可”，是楼异，字试可；“邦直”是李清臣，字邦直。从“二豪词笔有余地，清赋杰句留山巅”一句可看出，这首诗应是三人同登峻极峰后，参寥子写下呈给两人看的。

嵩山的巍峨壮观，深深地震撼了这个游历四方的僧人。他站在高高的峻极峰顶，俯视四周，浮想联翩，思如泉涌，文笔如飞。他用篇幅宏放的长诗、开阔纵横的笔触、隽秀流畅的语言，抒发了自己对五岳之一的中岳嵩山的尊崇和热爱。

鉴于嵩山文化研究者徐长青先生已经仔细分析了这首诗，故而笔者简单叙述后，抄录徐先生的精彩分析：

参寥子把嵩山比作“朝暾”，表明在中华诸岳当中有独居其尊的地位。“四时百辟尽朝会，云幢烟盖来追奔。”既是写的自然景观，又是对嵩山历史文化地位的艺术展示，那“云幢烟盖”队中，有黄帝封禅的车马，有秦代祭天的仪仗，有汉武帝登山时的黄盖紫烟，有武则天銮驾的威风凛凛，有四方诸侯中原逐鹿的征尘，有夺取中原后才得以改朝称帝的英雄们的冕旒。所以，连这位“平生方寸喜壮观”的和尚，虽遍游名山，却在登上嵩山之后，“气豁殊轩轩”，在他眼中，其他山丘只能堪称“儿孙”了。人们不会相信他是在夸张嵩山最高、最险或最秀，而是诗人在抒发他站在山顶的最高的精神享受，他站在了历史精神的最高峰上。这自然又让我们想到了《诗经》中的赞美，“崧（嵩）高维岳，峻极于天。维岳降神，生甫及申。维申及甫，维周之翰。四国于蕃，四方于宣”。“崧高”只是一种比喻起兴，说明高大的山岳钟灵毓秀，能产生神灵一样的大圣贤，辅佐王室，藩国以他为屏障，天下以他为城垣。中国人对于山川的赞美，自古就是把神灵的崇拜、国家的稳固、民族的强盛、圣贤的辈出等诸多情感融入其中。[②]

最后来看楼异在诗中对玄龟峰、卧龙峰、会仙峰、子晋峰、玉柱峰、老翁峰、玉人峰、玉女峰、独秀峰、积翠峰和太白峰的记载。

---

① （宋）释道潜：《参寥子诗集》卷11《登岳顶呈试可邦直》，文渊阁四库全书本，第1116册，台湾“商务印书馆”，1986年，第76页。

② 《文明之光》，第122～123页。

玄龟峰，又称元龟峰，取北方玄武之义，海拔1477.8米，在峰极峰347°48′方向、410米处，楼异在诗中称此峰得名已久，“玄武名峰古所传”。

卧龙峰，海拔1440.2米，位于立隼峰西北，在峻极峰294°55′方向、3783米处，楼异称其峰势蜿蜒，状似卧龙，“头角低回薜蔓封，蜿蜒端似卧真龙”。干旱时节在此求雨，多有应验，“旱干岁祷多灵应，时见油云出此峰”。

会仙峰，海拔1441米，在峻极峰298°13′方向、2113米处。相传汉武帝登嵩山时见有八仙围棋于此，“想应汉武题花品，留作人间聚八仙”。其实八仙之名形成于唐代，峰名虽传说形成于汉武帝时，但实际上是唐代才有的。

子晋峰，海拔1073米，在峻极峰209°42′方向、5582米处。相传周灵王之子太子晋，善于吹笙，跟随浮丘公在这里学道三十余年。此峰上有饮鹤池，下有太子沟、太子庙、太子池。正因为子晋峰是太子晋修炼成仙的住所，所以楼异联想到“二十四峰明月夜，玉笙须向揖仙听”的人间仙境。

玉柱峰，又名卓尔峰、千佛崖，海拔1229.4米，在峻极峰217°55′方位、911米处。此峰矗立陡峭，远看如玉，近观接天，故而楼异称其“玉柱一峰天外高”。他还借此展示自己的宏大抱负：“自古大材须大用，扶持广厦岂辞劳。”正所谓大材大用，为国出力不辞劳苦。

老翁峰，又名老人峰，海拔1010.9米，在峻极峰222°25′方向、1288米处。峰巅有一块巨石，青苍瘦劲，佝偻天成，酷似一老翁，故而楼异称其“翳雾埋云皓首翁……化作中天一石峰”。

玉人峰，海拔1443.7米，在峻极峰215°50′方向、310米处。相传汉武帝在峰上得到一个五寸高的玉人，色泽光润，故称此为玉人峰。楼异对此峰所作的诗，正反映了这个传说。

玉女峰，海拔1365.3米，在峻极峰229°05′方向、563米处。因为有玉女在此峰居住的美丽传说，所以难免令人想象出“日薄纱窗映雪肤”的美女图。峰上有大篆七字，无人能识，楼异猜测这是玉女所画的玄符，“七字天书人不辨，定知玄女手中符”。

独秀峰，又名金匮峰，海拔1405米，在峻极峰290°50′方向、2921米处。此峰山石嶙峋，色如黄金，故而楼异称其“孕玉怀金”。这里林木茂盛，与其他山峰相比更为秀丽，所以他才用“天教秀拔诸峰上”的诗句来歌咏它。

积翠峰，海拔892米，在峻极峰258°12′方向、4192米处。名刹会善寺在其峰下。积翠峰虽不高，然林密、石奇、景秀，草木独茂，独树一帜，故而楼异称其“翠幄笼云自一家，萝梯夜碾七香车”。

太白峰，海拔936米，为太室山36峰最西的一座山峰，在峻极峰295°40′方向、6571米处。因为太白峰上有很多白玉，所以楼异称其“绝顶光芒”。至于他所说的“太白”，指的是太白金星，因为太白乃庚星，五行中属金，而此峰位于太室之西，同样属金，所以才有“太白此中栖”的传闻。

以上二十四首诗对于后人了解宋代太室山的山峰景色、传说故事大有裨益。或许正是因为楼异注重诗歌的实用价值，如实勾勒太室山的面貌，语言质朴，不太注重文采，故而后人对这组诗的评价不高，如清代登封县令叶封称这组诗“殊不足观”[①]，他所编撰的《嵩山志》也没有收录该二十四首诗，“楼异《二十四咏》俱不佳，不录”[②]。目前有关嵩山风景介绍的书籍中也很少出现这二十四首诗，更没有对这些诗的深入解析。笔者在此特意解析，既是在叙述太室山的风貌，又是为了太室山的名地名典能为今人所开发利用，从而传承历史留给后人的财富。

第二节 少室山

楼异所作的《三十六峰赋》[③]，全面反映了宋代少室山36座山峰的风景、特征和典故等。这篇赋的文学色彩较为浓烈，颇得好评，“是古代唯一一篇描写少室山形胜的赋作，弥足珍贵。就题材而论，此赋可归为地理风土赋的范畴，但其文学性又较一般的此类作品要强得多”[④]。从这篇洋洋洒洒的赋中，今人能够在脑海中较为直观地浮现出宋代少室山的面貌。

这篇赋开门见山地表明了作者一直以来对洛阳山水，尤其是对嵩山的仰慕，引出自己有机会来到登封任职，进而发现，境内诸山，“尽观其峰，未有过少室者”。少室山险峻挺拔的气质令他大开眼界。于是他欣然提笔，“作三十六峰赋以自广”。虽然他自称“不敏”，作此赋只是让自己增长见识，不敢与别人的诗歌相比，但这些显然是谦虚之词。因为在下文，他便毫不吝惜地展示了自己娴熟的文字驾驭能力以及高

① （清）叶封撰，宋学清校点：《嵩阳石刻集记》卷下，嵩岳文献丛刊本，中州古籍出版社，2003年，第63页。

② （清）叶封、焦贲亨撰，陈斌、李红岩校点：《嵩山志》卷4，嵩岳文献丛刊本，中州古籍出版社，2003年，第47页。

③ （宋）楼异：《三十六峰赋》，《全宋文》卷2273，上海辞书出版社、安徽教育出版社，2006年，第193～197页。下文所引赋文，均出于此，不再一一注明。附录中有全文。

④ 张如安：《北宋宁波文化史》，海洋出版社，2009年，第109页。

超的文学写作能力。

一开始，楼异在结构上匠心独具，运用层层推进的方法引导读者渐入佳境。他先叙述浮云公子漫游四岳的经历，“东升于岱顶，而西谒于华麓。虽衡阳之南兮，与夫恒山之北，靡不穷探历践兮，游心而骋目”。东、西、南、北四岳，都在浮云公子的脚下。有一天，他来到了中原，“徐睥睨以四顾兮，意惚恍而有失”。虽然游历四方，多少名山美景如过眼烟云，但这次，中岳嵩山的景象震撼了他，“虽华以九而巫以十二兮，曾未睹奇峰之六六”，令他意识恍惚了。为什么他会如此失态呢？悬念产生了。楼异谋篇布局的手段可见一斑。接下来，便是嵩高丈人与浮云公子以主客问答的形式铺陈描述少室山的整体状况以及36座山峰的具体风貌。首先介绍少室的山川之雄、物产之饶、古迹之盛、传说之异，笔触纵横变幻，景象迭出，令人目不暇接。其次以丈人雄辩“名”“义”之分，进一步拓写了少室的种种名胜古迹，极力描摹了岩石的奇形怪状以及祭祀鼎盛、神灵荟萃等热闹的情景，用丰富巧妙的比喻和设想之辞，从不同角度对少室三十六峰的胜迹作了尽情地夸饰。最后以浮云公子听了嵩高丈人的言语而如痴如醉，并请从之游览少室而结束全篇，曲终奏雅，表达了一种与世无争、归真山林的高洁恬淡心境。这样的结构安排，层次井然，匠心独具，似是楼异化身导游，将游客由远方慢慢带入中原，由少室山脚徐徐进入少室腹地，先获得对少室山的大致印象，而后身临其境，细细体会少室山峰峦参差、峡谷纵横的壮观风景。此外，楼异在语言上精挑细选，辞藻华丽，韵律自由，并用骚体、骈体、散句，熔叙事、写景、抒情、说明等多种写作手法为一炉，句式参差不齐而灵活多样，具备宋代文赋的典型特征，少室山危峰兀立的神奇景象由此铺排出来。

正是有了楼异的这篇佳作，少室山的景色得以浮现在世人眼前。以下便是对赋中36峰的具体分析。

朝岳峰：“东朝岳祠，俨百神兮。”朝岳峰，海拔976米，在连天峰116°40′方向、2516米处。东望岳祠，形似朝贡。

望洛峰：“西望洛邑，郁千宫兮。下瞰洛阳，其形如拱揖岳祠。”望洛峰，海拔1393.8米，逶迤在西，在连天峰292°30′方向、867米处。登峰顶依稀可见洛阳。

太阳峰、少阳峰：“太阳少阳，山之明兮。在山之南，明月峰之左，日月之象，故名太阳，居众峰之南，故云少阳。”太阳峰，海拔1086.5米，在连天峰49°00′方向、2678米处。山峰顶部平坦宽敞，日光普照。少阳峰，海拔1077米，在连天峰63°35′方向、2162米处，比太阳峰稍低，早晨太阳出来普照全峰。

石城峰、石笋峰：“石城石笋，天所形兮。上有石，天然峭如城壁状，似笋秀拔万寻。”石城峰，海拔1250米，在连天峰293°41′方向、1821米处。山石壁立，望如城墙。石笋峰，海拔1177米，在连天峰339°10′方向、1358米处。石立如笋，尖直挺出。

檀香峰、丹砂峰："檀香丹砂，宝所钟兮。山多出檀峰，皆红色光明，亦云出朱砂。"檀香峰，海拔1271米，在连天峰50°15′方向、1483米处。山峰有檀树，木紫而香。丹砂峰，海拔886米，在连天峰34°02′方向、3767米处。山峰色为红色石英岩，也产丹砂。

钵盂峰、香炉峰："钵盂香炉，状所肖兮。形如钵盂覆其上，状若香炉然。"钵盂峰，海拔958米，在连天峰350°00′方向、2080米处。峰顶圆平，状如钵盂。香炉峰，海拔1234.6米，在连天峰262°45′方向、3090米处。形似香炉。

连天峰、紫霄峰："连天紫霄，势之穹兮。以最出群峰，上插于天汉，以差低于连天，亦接云霄。"连天峰，为少室主峰，海拔1512.4米，峰势独高，望之若与天接。从峰巅看，无限风光尽收眼底：远眺南天，山河拱卫；东望太室，争艳夺魁；北视伊洛，自如银链；近观峰顶，林幽峰翠。连天峰周围，云雾缭绕，群峰耸立。紫霄峰，海拔1488米，在连天峰78°40′方向、575米处。自东望去，两峰相依并矗，直刺云天，亦称并玉峰。

罗汉峰、七佛峰："罗汉七佛，像设留兮。上有罗汉洞，隐现莫测，岩中有铜像七尊。"罗汉峰，海拔1256米，在连天峰25°10′方向、1565米处。状如罗汉。七佛峰，海拔963米，在连天峰12°00′方向、2390米处。峰峰连接，似七尊佛像。

灵隐峰、来仙峰："灵隐来仙，洞府深兮。皆是圣所隐之处。古老云：此峰是神仙洞，时有见者。"灵隐峰，海拔1166米，在连天峰255°48′方向、3269米处。传为群仙隐居之地。来仙峰，海拔1064米，在连天峰248°05′方向、3400米处。峰上有大洞，传为仙灵居住之所。

清凉峰、宝胜峰："清凉宝胜，梵刹标兮。昔有清凉寺居其下。又云：尼寺名宝胜云。"清凉峰，海拔1159米，在连天峰206°27′方向、1157米处。峰下有清凉寺。宝胜峰，海拔729米，在连天峰207°18′方向、2662米处。峰下原有尼姑寺，名为宝胜寺。

瑞应峰、琼碧峰："瑞应琼壁，祥光纷兮。峰多祥瑞，夜有神人，通体红色，面东一壁，日出而色若银彩。"瑞应峰，海拔1018.5米，在连天峰157°13′方向、798米处。曾有神人在其上，遍身红色。琼碧峰，海拔1487米，在连天峰232°50′方向、388米处。峰上的石头光滑玉润，日光照射时明亮耀眼。

紫盖峰、翠华峰："紫盖翠华，烟霭凝兮。色紫秀宛若幢盖，以其翠霭华茂，故云。"紫盖峰，海拔1499米，在连天峰74°50′方向、758米处。此峰紫色，亭亭如幢盖，云烟中像仪士挺立。翠华峰，海拔1507米，在连天峰34°58′方向、242米处。此峰翠霭华茂，以其形状及颜色而得名。

药堂峰、紫薇峰：“药堂紫微，花草灵兮。多生奇药，若王屋药匮，峰上生紫微花。”药堂峰，海拔1273.1米，在连天峰92°58′方向、772米处。此峰多产草药，亦称之为药匮峰。紫薇峰，海拔1451.5米，在连天峰197°28′方向、297米处。此峰多长紫薇花。

白道峰、天德峰：“白道天德，名字伟兮。昔有道人白道猷隐此，上有天然‘帝’字，一云帝字峰。”白道峰，海拔1485米，在连天峰69°28′方向、430米处。古时有隐士白道居此峰。山峰上有一石洞，人迹罕至。天德峰，海拔1019.4米，在连天峰88°00′方向、2160米处。山峰上有石呈天然“帝”字，旧名帝字峰，后改为天德峰。

卓剑峰、白云峰：“卓剑白云，形实纪兮。状若卓剑。峰上四时多起白云。”卓剑峰，海拔1495米，在连天峰11°40′方向、361米处。山峰形如宝剑，卓立地上。白云峰，海拔1499米，在连天峰5°35′方向、413米处。山峰不时出现白云，山民祈雨，若见岩谷生雾，三日内必下雨，屡屡应验；若见片云朵朵，油然入谷，白云转瞬忽失，知天必晴。

金牛峰、明月峰：“金牛明月，色像起兮。色若黄金，其状若牛，峰中时现圆像如月。”金牛峰，海拔642米，在连天峰128°45′方向、3040米处。颜色金黄，状如卧牛。明月峰，海拔1240米，在连天峰40°00′方向、1958米处。在太阳峰的西边，因相对峙，故名明月峰。

凝碧峰、迎霞峰：“凝碧迎霞，天光聚兮。上多翠碧石，在众峰之东，而迎其朝霞。”凝碧峰，海拔1410.2米，在连天峰46°24′方向、1162米处。山峰上多白色石英石，远望光洁明亮。迎霞峰，海拔1138.1米，在连天峰95°50′方向、2182米处。为朝霞最先照到的山峰。

玉华峰、宝柱峰：“玉华宝柱，金石莹兮。□皆玉石，华茂于诸峰，而形如柱，皆五色，或云有金玉故。”[①]玉华峰，海拔1039.8米，在连天峰65°28′方向、1917米处。峰上有质地细腻的白色云母，闪光发亮。宝柱峰，海拔1387米，在连天峰209°28′方向、800米处。石头多色，高耸如柱。

系马峰、白鹿峰：“系马白鹿，神仙众兮。下有子晋□马涧，峰如马柱，或云仙人系马于上，峰上多白鹿，或云仙鹿，其色皆白。”[②]系马峰，海拔1228.7米，在连天

① 引文“□皆玉石”中所缺之字为“上”。据《嵩山志》卷5（第65页）补。

② 引文“下有子晋□马涧”中所缺之字为“拜”。系马峰下为子晋拜马涧。

峰266°17′方向、3428米处。峰像拴马柱子，峰下是子晋拜马涧。白鹿峰，海拔1456.7米，在连天峰307°25′方向、610米处。当地人曾见有白鹿在山峰上，寻又不见，疑是仙鹿。

作赋之人常常在赋中展现自己丰富的知识，"北宋后期的许多赋家以学问相尚，在辞赋中骋才斗学"[①]，楼异也不例外。除了结构和语言上的可圈可点之处，更为重要的是，楼异用四字骈文简洁形象地说明了少室山36峰的名物掌故，可说是"叙述详赡，可备参考"[②]，充分体现了宋代重学重理的文风。这篇赋，篇制长大，内容宏富，颇有汉大赋的遗风，用华丽的辞藻和多样的修辞详细介绍了少室山的36座山峰，集文学性与知识性于一体，深得世人好评，不断地被历代嵩山志书所收录。这篇赋被刻石立碑，先是安放在河南登封少林寺山门外甬路东侧，现已移入少林寺碑廊加以保护。此碑刻高223、宽89、厚17厘米，共有26行，每行66个字，碑额横列"三十六峰赋"楷书五字，如图五所示。从碑文可知，此碑刻于建中靖国元年（1101年）九月二十三日，由"四明楼异试可"撰文，"武林僧昙潜参寥书，住持少林禅寺传法沙门清江上石，监寺僧宗证题额，洛阳张士宁刊"。建中靖国元年（1101年），道潜（又名昙

图五　三十六峰赋碑

① 刘培：《北宋辞赋研究》，山东人民出版社，2009年，第207页。

② 《嵩阳石刻集记》卷下，第63页。

潜、参寥）应楼异之邀来到嵩山游玩期间书写此碑文。道潜在诗坛颇具盛名，其书法也深受好评。明代举人赵崡在他的碑刻集录中称："赋不足道，而书者为武林僧参寥，极得坡公卧笔法，遒劲古雅，即令坡公见之，亦当首肯。"[①]赵崡宣称楼异的文赋不值一谈，而道潜的行书与苏轼类似，值得玩味，自然是见仁见智之言。

第三节 嵩山十二景

明道元年（1032年）春季，欧阳修、梅尧臣和杨愈三人，前往嵩山游玩。他们从洛阳出发，来到了嵩山脚下的公路涧、拜马涧，在山涧游玩之后，经过了太室山和少室山两山之间的山路，然后进入太室山，开始攀登峻极峰，先来到了峻极中院，然后看到了玉女窗、玉女捣衣石，继续向上攀登，来到天门，欣赏了天门泉和天池的奇妙风景，在三醉石上休憩后，最终来到了峻极寺，登上了峻极峰。这样的游览线路，虽然并未囊括宋代嵩山的所有景点，但他们所经过的公路涧、拜马涧、太室山与少室山间的山路、从峻极中院到峻极峰顶的山路、玉女窗、玉女捣衣石、天门、天门泉、天池、三醉石、峻极寺和峻极峰顶，都是宋代嵩山较为知名的景点。欧阳修与梅尧臣在诗中详细记叙了这些景点的面貌[②]，各自命名为《嵩山十二首》[③]和《同永叔子聪游嵩山赋十二题》[④]，引发了世人对嵩山美景的向往。对此，范仲淹作唱和诗，名为《和人游嵩山十二题》[⑤]。从欧、梅、范三人的诗中，可以看到宋代嵩山这十二个景点的风光。

首先来看公路涧的风光。[⑥]公路涧，又名袁公涧，位于偃师之南、少室之阴，向北注入洛水。相传东汉末年，袁术和袁绍曾屯兵于此，与曹操对垒，因为袁术字公路，

---

① （明）赵崡：《石墨镌华》卷5，中华书局，1985年，第62页。

② 从梅尧臣日后对此次游山经过的回忆来看，欧阳修、梅尧臣和杨愈三人都写了同名的嵩山唱和诗，可惜现在只能看到欧、梅二人之诗，杨愈的嵩山诗已是无迹可寻。

③ 《欧阳修诗文集校笺·居士外集》卷1《嵩山十二首》，第1265～1267页。下文所引诗文，均出于此，不再赘述。原诗详见附录。

④ 《梅尧臣集编年校注》卷2《同永叔子聪游嵩山赋十二题》，第42～45页。下文所引诗文，均出于此，不再赘述。原诗详见附录。

⑤ 《范仲淹全集·范文正公文集》卷2《和人游嵩山十二题》，第36～39页。下文所引诗文，均出于此，不再赘述。原诗详见附录。

⑥ 此处引用的欧阳修《公路涧》最后一句"渐下四峰照"，其他版本都写为"渐下西峰照"，如（宋）欧阳修著，李之亮笺注：《欧阳修集编年笺注》卷51《公路涧》，巴蜀书社，2007年，第355页。笔者未曾听说嵩山地区存在"四峰"之地，而"西峰"非常符合欧诗的上下文意思，故而特意提出这一问题。

所以此山涧得名公路涧。欧阳修的诗“驱马渡寒流，断涧横荒堡。槎危欲欹岸，花落多依草。击汰翫游鯈，倒影看飞鸟。留连爱芳杜，渐下四峰照”，以动词“驱马”开篇，表示自己亲临其境，敏锐地观察了残破的木筏和凋谢的花朵等，接下来又用“击汰”“看飞鸟”等动词描述在此地的旅游活动，最后依依不舍地离开此地，虽然通篇动感十足，但仅是描述自己的所见和行动，并未形成一个鲜明的意境。通读此诗，没有一定古代文化知识的人可能会感到拗口。因为诗中运用典故颇多，雕琢较为华丽，如“击汰”（划船）、“游鯈”（游动的鱼）、“芳杜”（代指植物）等，明显体现了宋初流行的西昆体习气。与之相比，梅尧臣的诗则浅显易懂，以名词“断岸”“残堡”“僵柳”“新蒲”“古台”“鸡犬”和“深坞”等意象勾勒出一幅清幽古雅的山水图，“僵柳远临湾，新蒲初出水。行行古台近，两两惊禽起”，读后令人颇有春风拂面的清新舒适之感。虽未像欧阳修那样直抒胸臆，但从这些平淡的诗句中不难体会到梅尧臣对此地风景的喜爱。与欧、梅细腻描述公路涧的纪实写法不同的是，范仲淹的诗从大处着手，前两句叙述了公路涧发源于嵩山高处，向北流向洛阳，一路上云雾缭绕，似是连接了银河仙境，中间两句先回忆袁术和曹操在此地驻扎百万大军，与题注“曹公与袁绍常争据此地”相照应，最后两句回归现实，表示近世没有发生战争，平常人在此地来去自如，“嵩高发灵源，北望洛阳注。清流引河汉，白气横云雾。英雄惜此地，百万曾相距。近代无战争，常人自来去”。以此观之，此诗对前两诗中出现的古堡、花草等具体风景只字不提，不注重细节描述，用较为夸张的语言来展示公路涧的风貌，但其重点并不在于写景，而在于抒情。

离开公路涧后，他们来到拜马涧①。拜马涧位于偃师县之南、少室山之北。欧、梅、范的三首诗，不约而同地讲述了王子晋在此成仙的传说。王子晋，东周灵王之子，本姓姬，名晋，字子乔，世称太子晋，亦称王子晋。他不但聪明博学，温良忠厚，而且不同于凡人，有仙人之风。他喜欢吹笙，作鸾凤之音，声贯行云。相传王子晋成仙之日，人们看到“子晋弃所乘马，于涧下饮龁如初，子晋乘白鹤升天。是时，群官拜别。回拜所乘马，马亦飞空而去”②。因为拜马涧有王子在此成仙的美丽故事，所以三人均以此为主题作诗。不同之处在于，欧、梅都有景物细节描述，“玉蹄无迹久，涧草但荒烟”“依稀日夜笙，声入寒泉泻”，均是耳闻目睹的结果，表明了拜马

① 梅尧臣《拜马涧》第一句诗，《梅尧臣集编年校注》中写的是“王子昔临霓”，然其他版本，大都写为“王子昔凌霓”，笔者感觉“凌霓”比“临霓”更为贴切地表达了王子晋升天成仙的传说，也较为符合梅尧臣遣词用字的技巧。

② 《嵩书》卷2《峙胜篇》，第34页。

涧的荒芜和空寂。范仲淹的诗仍是以抒情为主，以王子晋弃马升天的故事，联想到了“一人得道，鸡犬升天”的典故。

再来看太室山和少室山之间的小道。三人的诗，都是纯粹的歌颂风景之作，然而侧重点有所不同。欧、梅的诗，均注意到了这里的山峰、道路和植物。范仲淹的诗，与他的《公路涧》一诗相同，都是大气磅礴之作，笼统描述了如仙境般的嵩山风景。有研究者认为，欧阳修的这首诗“留有白体的痕迹，毫无特色，真的让人难以想象欧阳修日后如何谈开创宋诗新面目”，而与之对比，梅尧臣的这首诗“就好很多”，“起句就紧紧抓住人的眼球，仿佛群山如在目前，可以感觉得到梅尧臣炼字的功力之深”①。依笔者愚见，梅尧臣的诗句“度岭失群山，千峰出天际”，确实是气势非凡，引人注目；欧诗虽带有西昆体特色，特别是第一句“二室对岧峣，群峰耸嶒直”，但第二句“云随高下起，路转参差碧”，却是对仗工整，文采不菲，两首诗各有千秋，都有独特的艺术魅力。范仲淹的诗，同样是不失水准之作。首句用“森耸”和“飞动”两词抓住了太室、少室两山的特征：太室山雄伟高耸，少室山凌空欲飞。第二句的想象恰如其分：两山相对，云霞弥漫其中，人游此地，恍如进入仙境。两句诗用简明的语言生动地表现了二室道的特点。

走出两山之间的小道后，从峻极中院攀登太室中峰这一路上的风光如《自峻极中院步登太室中峰》所述。诗名中的峻极中院和太室中峰，分别是指峻极寺中院和太室山中峰峻极峰。欧、梅、范的三首诗，描述的是从嵩山之麓的峻极中院前往嵩山主峰，也就是太室山中峰峻极峰这一路上的风光。欧、梅之诗，与《公路涧》类似，首联以“系马”“蹑屣”“税驾”“攀萝”这些动词来点明两人开始登山，后两联便是途中所见之景，使人读后产生跟随二人登山览胜的感觉。这两首诗风格类似，如同两幅古典山水画，优雅而灵动，不落尘俗。虽有欧、梅诗作珠玉在前，但范仲淹的诗，仍是匠心独具，高人一筹。他的诗，轩昂风格一如既往，尤其是最后一句“不来峻极游，何能小天下”，充分表现了诗人不畏艰难，敢于攀登绝顶，俯视一切的雄心壮志，成为歌咏嵩山的千古名句，与唐代杜甫歌颂泰山的名句“会当凌绝顶，一览众山小”②有异曲同工之妙。另外值得注意的是，欧阳修和范仲淹的诗，都有化用他人诗句的地方。“空山答人语”是指空山中响荡着人语声，化用了唐代王维的“空山不见人，但闻人语响”③；“洪崖与浮丘，襟袂安足把”，化用了魏晋时期郭璞的“左挹浮

① 韦恰：《梅尧臣早期诗歌与韦应物诗歌异同研究》，西南交通大学硕士学位论文，2011年，第53页。

② （唐）杜甫著，高仁标点：《杜甫全集》卷1《望岳》，上海古籍出版社，1996年，第2页。

③ （唐）王维撰，陈铁民校注：《王维集校注》卷5《鹿柴》，中华书局，1997年，第417页。

丘袖，右拍洪崖肩”[①]。

在攀登峻极峰的路上，他们经过了玉女窗。从“石乳滴空窦，仰见泬寥碧”这一句诗可知，玉女窗是太室山的一处钟乳石洞，洞顶有孔如天窗，能够仰望晴朗的天空。欧、梅的诗，与前几首诗的风格一致，都是纯粹描写风景的诗作。范仲淹的诗，仍是咏物寄兴，由幽洁雅静的玉女窗联想到漂亮的玉女，进而劝诫玉女不要做出诱惑君王的不良举动，体现出一名忠贞贤臣的心愿。

玉女窗的附近有玉女捣衣石。玉女捣衣石位于太室山青松岭，相传此石是仙女捣衣之石。三人之诗，都有纪实性的细节描摹。欧阳修感受到了这里的清冷之气与月宫遥遥相应，“山深风露寒，月杵遥相应”。梅尧臣欣赏了这里飘浮的白云和茂盛的树木，“云缨白飘飖，岩树长葱蒨”。范仲淹则留意到了捣衣石上呈铁色的古文字，“金文与铁色，璨璨知千古”。与欧、梅二人纯粹描述略带仙境的写景诗作不同的是，范仲淹的诗，有强烈的现实感。开头即对玉女捣衣的神话传说提出质疑：只看到一块石头，谁曾听过捣衣之声呢？结尾的提问更是发人深省：试问捣衣的仙女与补天的女娲相比又如何呢？如果说前面的几个景点，范诗的细节描述还不太明显的话，那么，这首诗可算是他细心观察之作。

走过玉女窗和玉女捣衣石后，来到了天门。天门位于太室山峻极峰之西，两岩对起，中豁一门，望之如同登天之门。这里奇峰怪石，犹如神造，唐代诗人宋之问有《嵩山天门歌》曰“登天门兮坐磐石之嶙峋”[②]。对此，欧阳修云：“石径方盘纡，双峰忽中断。”梅尧臣云：“前岩复后峰，阴晴状非一。”欧、梅两诗中，欧诗可谓用字工整，在意韵律，仍是西昆体习气；梅诗则不再注重音韵，更注重自己的观感，用散文化的白描手法歌咏自己看到的峭壁巉岩，已是宋诗以文入诗的表现。而范仲淹的《天门》诗，一如既往地先写景后抒情，先说天门为人间绝境，灏气熙然，再说原野、云雷皆在其下，最终由高高在上的天门引申出上天威严但并不远离大众，不能产生欺瞒上天之意，展现了一位伟大政治家的胸怀。这首诗对天门云雾“熙然揖灏气”，以及作者“下顾莽苍间”等的描述，似是在表明这是诗人身历其境后的作品。

天门附近的泉水，自然名曰天门泉。欧阳修的《天门泉》一诗，题目下加入了二十多字的题注，解释了天门泉的名称。上文范仲淹的《公路涧》和《拜马涧》，也都有简明扼要的题注。但与欧阳修的题注说明诗名来历不同的是，范仲淹的题注交代

---

① （梁）萧统编：《文选》卷21《游仙诗七首》，上海古籍出版社，1986年，第1020页。

② （唐）宋之问著，陶敏、易淑琼校注：《宋之问集校注》卷4《嵩山天门歌》，中华书局，2001年，第592页。

了题目蕴含的典故，并在正文中围绕这个典故来展开叙述，题注成为诗的主题。欧阳修的题注，与主题的关系不大，仅是说明天门泉的名称来历，接下来就描绘了天门泉云烟弥漫，草木茂盛的景况，最后叙述了自己在泉边松树下休憩片刻，酌饮清泉，心中的烦恼都被泉水洗涤干净了，极富神韵地表现出了天门泉的神妙。梅尧臣的这首诗，与《公路涧》一样，都运用了叠字，“行行古台近，两两惊禽起”“泠泠云外泉，的的岩光入”。叠字作为一种修辞方式，增加了语言的形式美和音节美，增进了感情的强度，渲染了鲜明的意境和强烈的气氛，最终加深了作品对读者的视觉冲击力和情绪感染力。叠字入诗一直是中国古诗中的优良传统，我国最早的一部诗总集《诗经》中就大量运用叠字，如脍炙人口的“桃之夭夭，灼灼其华”等。东汉时期的《古诗十九首》堪称叠字运用的典范之作，如《迢迢牵牛星》，全诗仅十句，用了六组叠词，“迢迢牵牛星，皎皎河汉女。纤纤擢素手，札札弄机杼。终日不成章，泣涕零如雨。河汉清且浅，相去复几许。盈盈一水间，脉脉不得语”①。唐代大诗人李白、杜甫和白居易的名篇中也都有叠字。然而在宋初，自觉运用这种修辞手法的文人并不多见，但在这一次唱和诗中，欧、梅、范却是一再使用叠字，上文欧阳修的《自峻极中院步登太室中峰》中的“云霞不可揽，直入冥冥雾”，范仲淹的《玉女窗》中的“皎皎月为鉴，飘飘霓作裳”，还有下文欧阳修的《中峰》等，都有叠字，“望望不可到，行行何屈盘”，充分显示了三人之间诗艺的相互研讨和借鉴。范仲淹的《天门泉》，前两联刻意描述天门泉的纯净和高洁，尾联就自然而然地引申出了只有像伯夷、叔齐这样碧血丹心之人，才无愧饮用天门泉水。看来，范仲淹时刻不忘道德操守，处处以前贤为典则，不光是天门泉，即使后来遇到令人产生贪念的“广州泉”②，仍是“酌以广州泉，不易伯夷志”③。

这里不光有天门泉，还有天池。欧阳修大步登上天池后，看到清澈的泉水不停地向外吐冒，但低头仔细寻找泉水源头，却又看不到，沉静的天池似是有神龙保护一般，“俯窥不可见，渊默神龙护”。夜间这里的各种天籁之音，令人觉得像是刮风下雨一样，“静夜天籁寒，宿客疑风雨”。梅、范之诗，同样反映出了天池的神异，但梅尧臣注意到了天池的天气反常，“有时片云出，倏忽生风雷”，范仲淹则注意到了池水时而平静，时而汹涌，“勿谓无波涛，云雷有时恶”。两人的最后一句诗也颇为类似，梅尧臣联想到了王维的诗句，“天路来兮双黄鹄，云上飞兮水上宿，抚翼和鸣

---

① 《文选》卷29《古诗十九首》，第1347页。

② 相传广州有一泉水非比寻常，人饮用后便会产生谋取千金的贪念，名曰贪泉。

③ 《范仲淹全集·范文正公别集》卷1《酬和黄太博》，第467页。

整羽族”[①]。范仲淹联想到了孟子的名句，“沧浪之水清兮，可以濯我缨”[②]。

离开泉水和池塘后，来到了三醉石，“三醉石在八仙坛上，南临巨崖，峰岫迤逦，苍烟白云，郁郁在下”。欧阳修、梅尧臣和杨愈三人，坐在三醉石痛快畅饮，如梦如痴，并题名留诗，颇有太白遗风。欧、梅所作之诗，风格华丽，语言铺张，文学色彩浓烈，同样具有太白诗的夸张浪漫风格。难怪他们的朋友谢绛，亲身游历过此地后，毫不客气地评价他们的诗“名过其实”[③]。这或许与谢绛为人“气和志直”，为文“谨于法度”[④]有关。也难怪范仲淹称他们是“高阳徒”，三醉石成了“华胥域”。只是因为叙述简单，所以目前尚不得知，诗中憔悴的“泽边人”，众人皆醉他独醒，是否就是诗人自称。

继续向上攀登，他们来到了峻极寺。峻极寺分为上、中、下三寺（院），欧阳修、梅尧臣所称的峻极寺和范仲淹所称的峻极上寺，都是位于峻极峰上的峻极上寺，简称峻极寺。在这三首诗中，梅尧臣的诗最为令人称道。诗中描述的场景，动静结合，以老僧“支颐”“缓步”的动作来反衬佛寺的空寂和闲适，“落日老僧闲，支颐古松下，缓步入禅庭，苔苍但萧洒”。这几句诗，色调浅淡，语气舒缓，令人读后就感受到了诗人平淡的心境已经与寂静的禅院和谐地融为一体了。但对此寺景色的描述，欧阳修的诗中体现得更多：“路入石门见，苍苍深霭间。云生石砌润，木老天风寒。”这就说明了峻极寺藏在深山云霭中，里面有润泽的山石和古老的树木。范仲淹也盛赞佛门风景：“高高人物外，犹属梵王家。”

最后来看嵩山主峰峻极峰的风光。欧阳修、范仲淹的诗命名为《中峰》，而梅尧臣的诗则为《登太室中峰》，指的都是峻极峰。欧阳修在诗的开头用“望望”和“行行”两个叠字，“望望不可到，行行何屈盘”，形象地表述出他看了又看、走了又走的爬山之途，山的高峻、路的崎岖以及登山者的急切心情也生动地展露出来。在夕阳西下之时，他们终于走出了树林，登上了峰顶。在登山途中，梅尧臣远眺峻极峰，只见高高的山峰如立天外，当他登上峰顶后，从上往下看，黄河狭小如同衣带，“及来步其巅，下见河如带”，山半腰还是云雾迷茫之时，山底已经滂沱大雨了，“半壁云树昏，山根已滂霈”。范仲淹自称“逸客”，登上了中岳嵩山的最高峰后，在这里旋转着身体观察日月影，验证了周公测影的位置，正好是天地之中，“回看日月影，正

---

① 《王维集校注》卷2《双黄鹄歌送别》，第141页。

② （清）焦循：《孟子正义》卷7《离娄章句上》，上海古籍出版社，1993年，第224页。

③ （宋）谢绛：《游嵩山寄梅殿丞书》，《欧阳修全集》附录卷4，中华书局，2001年，第2717页。

④ （宋）蔡襄著，吴以宁点校：《蔡襄集·蔡忠惠集》卷28《谢公堂记》，上海古籍出版社，1996年，第490页。

得天地心”。为了纪念这次非比寻常的登山旅游，范仲淹用夸张的语言表达了自己的欢乐心情，“念此非常游，千载一披襟”。范仲淹称这是他有生以来第一次敞开胸襟，反映了嵩山峻极峰对他的影响之大。

这12个景点，经过欧阳修、梅尧臣和范仲淹的讴歌后，声名大增。此后宋人纷纷来此游玩，感受嵩山风景的壮美和神奇。

第四节　中　岳　庙

中岳庙位于太室山东麓黄盖峰下，在登封城东4千米处。中岳庙背倚黄盖峰，面对玉案山，西有望朝岭，东有牧子岗，四周群山环绕，丘陵罗列，高低起伏，风景秀丽，殊为胜地。

中岳庙的前身是太室祠，初建于秦代，为祭祀太室山神的场所。元封元年（前110年），汉武帝游览嵩山时，听到山呼万岁之声。贪恋长寿的汉武帝听后十分高兴，于是下令“祠官加增太室祠，禁无伐其草木。以山下户三百为之奉邑，名曰崇高，独给祠，复亡所与”[①]。汉武帝命令祠官增建太室神祠，禁止砍伐山上的树木，以山下三百户封给神祠作为供奉之用。神爵元年（前61年），汉宣帝下诏太常以礼百川之大者为岁事，“自是五岳、四渎皆有常礼”[②]。五岳制度就此形成，太室祠成为祭祀中岳神的地方。南北朝时期，著名道士寇谦之在此改革“五斗米道”，创立“新天师道”，使道教得到政府的认可，从民间进入殿堂。现存中岳庙峻极门东侧的中岳嵩高灵庙碑即为当时刻立，记载了寇谦之修建中岳庙和传道的事迹。此后庙的规模随着历代帝王对嵩山中岳神的封祀，不断增修扩建。唐懿宗时期，中岳庙破败不堪，河南府尹支给登封县令府银10万两，令其大加扩修，“使海内神庙修洁崇盛，无逾于中岳”[③]，全国各地的神庙都无法望其项背，这座礼制建筑得到了进一步的发展。

北宋立国之初，便开始修缮因唐末五代战争而被破旧的中岳庙。乾德二年（964年），西京留守向拱派遣部下孙禧和登封镇将郭武等人，监修中岳庙，“杂用二十三处，行廊一百余间，莫不饰以丹青绘之。部从栽松植木，去故就新。不可一一尽纪”。修缮后的中岳庙，殿宇富丽堂皇，神像庄严圣洁，“足使谒者生肃然之礼，祭

① 《汉书》卷6《武帝记第六》，第190页。

② 《汉书》卷25《郊祀志第五下》，第1249页。

③ （唐）李方郁：《修中岳庙记》，《嵩书》卷20，第440页。

者敦如在之恭"[①]，增进了人们对中岳神的崇拜。

大中祥符四年（1011年）五月，宋真宗为五岳山神加封帝号，中岳山神为"中天崇圣帝"，帝后号"正明"[②]，并派遣官员来到中岳庙祭祀。大中祥符六年（1013年）夏季，河南府增修中岳庙殿宇，"增修殿宇，并创造碑楼等，共八百五十间；移塑尊像，及装修新旧功德画壁等，共四百七十所"[③]。经过这次增修后，中岳庙的建筑鳞次栉比，美轮美奂。

大中祥符七年（1014年）九月，宋真宗命翰林学士王曾撰写碑铭，记载他在三年前，也就是大中祥符四年（1011年），册礼中岳山神为帝之事。现存于中岳庙内的中岳中天崇圣帝碑，就是此事的实物见证[④]。他还亲自撰写了一千多字的《中岳醮告文》[⑤]。此文在天禧三年（1019年）被刻在中岳庙内的文幢上，现在仍然保留在中岳庙（见本书封底图）。

治平元年（1064年），中岳庙崇圣门东面的神库四周矗立起四位镇库铁人，根据铁人后背的刻字可知，四位铁人的铸造者为忠武军匠人董詹，如图六、图七所示。四位铁人身高2.5～2.65米，重三千余斤，是用一百多块生铁拼铸而成的。它们怒目挺胸，握拳耸臂，形象高大，气势威武，是研究宋代冶铸工艺和造型艺术的重要文物，弥足珍贵。

图六　中岳庙铁人

屡经修葺的中岳庙，环境优雅，殿堂高大，神像威严，带动了中岳庙香火的旺盛，一则奇异的事件便在中岳庙内发生了。长相俊美的江纬，得了痨病无法痊愈，"有道人教之休粮、不语、不衣，令入中岳观，但以木叶蔽体"。道士教江纬不吃饭、不说话、不穿衣，在中岳庙内只用树木的叶子来遮盖

① （宋）骆文蔚：《重修中岳庙记》，《嵩书》卷21，第486页。附录中有全文。

② 《宋史》卷102《礼志五》，第2486、2487页。

③ （宋）陈知微：《增修中岳中天崇圣帝庙碑铭并序》，《嵩书》卷21，第484页。附录中有全文。

④ 附录中有全文。

⑤ 现存中岳庙峻极门外的宋真宗御制《中岳醮告文》，刻于石幢八面，幢高2.27米，围径1.7米，行书，32行，每行38字。石幢平面呈八角，幢上饰柱状花纹，石雕宝珠幢刹，下为仰莲须弥座。此文由翰林待诏、少府监生簿刘太初书写，字迹俊秀，极似王羲之的字。附录中有全文。

图七　中岳庙铁人后背的铸字

身体，“如是者三载，观中道士以为奇货，每月游客必引令观之，号为仙人焉”[①]。道士宣称江纬是仙人，每逢游客来到庙内，就一定引导游客前来观看。三年之后，江纬的不治之症在中岳庙内神奇地治愈了。除去这则故事中的神异色彩，后人可以看出宋代中岳庙神灵的灵应、宋人对中岳神灵的信奉、中岳庙景观资源开发的多样性以及游客众多等信息。

中岳庙的兴盛还带动了中岳庙会经济的繁荣，“每至清明届候，媚景方浓。千里非遥，万人斯集。歌乐震野，币帛盈庭。陆海之珍，咸聚于此”[②]。清明时节的中岳庙会，吸引了数万人参加。庙会上既有歌舞表演，更有南北海陆的珍宝，经济活动非常发达。

北宋末年，中岳庙遭受靖康之难，损坏严重，“庙之基构仅存，而缮修不时。上漏旁穿，风雨骞剥，玩岁愒日，殆不能支”[③]。大定十六年（1176年），金朝进行大规模的修葺，中岳庙的状貌逐渐得以恢复。

金、元、明、清时期，中岳庙屡有废兴。现在的中岳庙，基本保留着清代重修之后的规模，面积十万多平方米，为中州祠宇之冠，既是河南省规模最巨、最完整的古代建筑群，又是五岳中现存规模最大、保存较完整的古建筑群。2001年6月25日，中岳庙作为清代古建筑，被国务院批准列入第五批全国重点文物保护单位名单。2010年8月1日，包括中岳庙在内的“天地之中”8处11项历史建筑被联合国教科文组织第34届世界遗产大会列为世界文化遗产。

① （宋）王明清撰，朱菊如校点：《投辖录》之《江彦文》，上海古籍出版社，1991年，第21～22页。

② （宋）骆文蔚：《重修中岳庙记》，《嵩书》卷21，第486页。

③ （金）黄久约：《重修中岳庙碑》，《嵩书》卷21，第502页。

第五节 崇 福 宫

崇福宫位于现在的登封市区北部环山旅游公路中段北侧。它背靠万岁峰，东有启母阙和启母石（相传大禹之子启出生的石头），西有嵩阳书院。古老的太乙泉水，缓缓从崇福宫北面流过。周围苍松翠柏密布，山清水秀，幽静典雅。

崇福宫初名万岁观，始建于西汉元封元年（前110年）。汉武帝游览嵩山之时，听闻山呼万岁之声，于是下令在山上修建万岁亭，在山下修建万岁观。后改名为太乙祠，唐时更名为太乙观，宋时更名为崇福宫。

崇福宫是宋代最为重要的宫观之一，与杭州洞霄宫“独为天下宫观之首”，“昭应、景灵、醴泉、万寿、太一、神霄、宝箓为比，它莫敢望在”[①]。如此显赫的地位，自然与崇福宫的建设息息相关。

天禧三年（1019年），章献明肃皇后，也就是宋真宗的皇后刘氏，“斥奁具，葺而治之，更宫名曰崇福”，并且修建了会元殿，“以严后土元天大圣后之象”。到了天圣、景祐年间，宋仁宗“永怀章圣皇帝建宝祥之殿，以奉晬容”[②]。崇福宫供奉宋真宗的御容，“威容凝粹穆，仙仗俨周围”[③]，是为宋真宗祭祀祈福的场所。这里也供奉刘皇后的塑像，“塑章献明肃皇后于殿之西阁”。这些宫殿的名称，“太一殿曰祈真，三尊殿曰会元，又有保祥殿奉真宗像”[④]。此外，崇福宫内还有北极紫微阁，供奉真武灵应真君。因为真武灵应真君在宋夏战争中帮助北宋战胜西夏，所以河南府官员“奉圣旨差殿使，及八作坊工匠，并赐金字牌一面，限一年，重新修盖”[⑤]。元丰年间，宋神宗的陈姓侍女派人来到崇福宫会元殿，祈求会元神助其生子。陈氏“夙闻嵩岳，多神异之纪，而嵩旁之宫，得太室瀍涧之胜，有灵明肸蚃之实，独崇福为第一”，于是便派人来此代为求子，“神享其请，赐以吉卜，再卜袭吉”。此后她的儿子，即宋神宗的第十一子，赵佶出生，她不忘感谢神灵相助之功，派人“自京师，命羽流盛芳，荐以伸昭报”。17年后，她的儿子入承大统，成为北宋第八代皇帝。正因

---

① （宋）陆游：《陆游集·渭南文集》卷16《洞霄宫碑》，中华书局，1976年，第2126页。

② （宋）李攸：《宋朝事实》卷3《西京崇福宫记》，中华书局，1955年，第47页。附录中有全文。

③ （宋）程颢、程颐著，王孝鱼点校：《二程集·明道先生文一》卷3《代少卿和王宣徽游崇福宫》，中华书局，1981年，第482页。

④ （宋）王应麟：《玉海》卷100《祠宫观》，江苏古籍出版社、上海书店，1987年，第1830页。

⑤ 不著撰人：《玄天上帝启圣录》卷3《毒蜂霭云》，《道藏》第19册，文物出版社、上海书店、天津古籍出版社，1988年，第594页。

为母亲与崇福宫有这么一段佳话，所以宋徽宗在继位之初，便下令重修崇福宫，“黄金之饰，瑰丽之器，皆尚方所作”。而宋徽宗这次对崇福宫的修建，一是为了给自己登上皇帝宝座而寻求天命神授的依据，二是在北宋末年，崇福宫有所破败，的确需要进一步的修缮，“图像之威，黯昧就灭，榱桷之制，腐剥挠折，殆非所以振显神之大庇”。在大观元年（1107年），宋徽宗“复诏洛师侈宫楹而大之，革故取新，华洁完固”，为之写下洋洋洒洒一千多字的《西京崇福宫记》，特意说明了崇福宫的神圣性，“王畿之西，琳官真馆，神圣所依，崇福为之冠”①。多次修缮的崇福宫，展现出一幅富丽堂皇的景象。清代登封学者景日昣称之为奢靡之举，“崇福之修离宫殿阁，不无侈靡”②。

崇福宫的兴盛，不仅仅在于宫观中的宋代皇帝御容，也不仅仅在于建筑物的美轮美奂，还在于这里是宋代著名官员、文士游宴的好地方。对此，明代河南按察副使张祚做了总结：

> 山之阳有万岁观……宋改崇福宫，其正殿曰“祈真保祥”。殿之左右，建真宗元辰、本命二殿。天圣中，保祥殿北又建真宗御容、像真二殿。别建三亭，以为士大夫游憩之所，曰“奕旗”、曰“樗蒲”、曰“泛觞”。山之巅又有甘泉亭，引流曲水，以娱登览者。其间多嘉木异卉、奇花灵药，可采而饵，真神仙之境也。终宋之世，奉祀若范文正公、吕献可、司马温公、程明道，皆当时之名臣。③

由此观之，崇福宫内有很多游玩设施。奕旗、樗蒲和泛觞三亭是士大夫的休憩之所。崇福宫北面的太乙泉水被引入崇福宫内的弯曲石渠，石渠的上游被放置酒杯，酒杯顺曲流动，司马光、程颐等人坐在水渠两旁，酒杯停在谁的面前，谁即取饮，彼此相乐。众人一边赏景，一边饮酒，一边吟诗作画，形成了九曲环绕、曲水流觞的梦幻之境。可惜的是，历经千年的风雨沧桑，宋代崇福宫的流杯渠、泛觞亭等遗址，现在已经难以寻觅。

明代以后，道教衰退，崇福宫逐渐倾废，大部分建筑多年失修，宫院渐小，今仅剩清代建筑玉宫殿、泰山殿、龙王殿、三元殿等古建筑30多间，古树名木50余株，历代碑石10余品。1963年6月20日，崇福宫被河南省人民政府公布为第一批文物保护单位。

---

① 《宋朝事实》卷3《西京崇福宫记》，第47～49页。

② （清）景日昣撰，周树德、吴效华校点：《说嵩》卷4，嵩岳文献丛刊本，中州古籍出版社，2003年，第63页。

③ （明）张祚：《重修崇福观记》，《嵩书》卷22，第519页。

第六节　初　祖　庵

初祖庵是宋人为纪念禅宗初祖菩提达摩而营造的纪念建筑，位于少室山五乳峰，距少林寺西北1.3千米。因达摩常游化于嵩洛之间，修禅的主要方式是面壁，所以此庵又名曰“达摩面壁之庵”。

天竺僧人达摩与嵩山结缘要从南朝梁武帝时期说起。普通年间，达摩为了弘扬大乘佛法，不辞艰险，航海来到中国，因与梁武帝论佛法所谈不契，所以渡过长江北行，辗转来到嵩山，在山洞中面壁而坐长达九年，潜心钻研佛法，创立了中国禅宗，被誉为禅宗初祖。大儒黄庭坚曾对此作词：

渔家傲

万水千山来此土，本提心印传梁武。
对朕者谁浑不顾。成死语，江头暗折长芦渡。
面壁九年看二祖，一花五叶亲分付。
只履提归葱岭去。君知否，分明忘却来时路。[①]

现存嵩山的面壁洞、卓锡井、炼魔台和立雪亭，相传就是达摩和他的嫡传弟子慧可传承大乘禅法的遗迹。唐宋以来，随着慧能一系所述的禅宗六祖地位的确立，达摩作为禅宗初祖的崇拜越来越明显。达摩在嵩山面壁九年的形象逐渐为社会所公认，浓郁的达摩崇拜氛围在嵩山形成了。

达摩面壁的具体地点是在少室山五乳峰的石洞中，见图八，“自少林行殿而西，林篁荫郁，千步而近，度密越阻，群山四临。前则少室诸峰，嵱嵷连层；后则五乳崒兀，拥掩如举。手内向中，峰之下乃其故处”。也就是说，从少林寺行殿向西，沿竹木荫郁的路走一千多步，穿过密林，越上山崖，在群山环抱之中有一个山头，站在这里，向前看则是少室诸峰，山峦层层，后面则是突起而险峻的五乳峰，五乳摊掩如举手五指向内，中间掌心这个峰便是达摩面壁的地方。达摩在这里进行了长达九年的修行坐禅。延至宋代，达摩面壁坐禅的具体地点已经慢慢被世人遗忘。元祐年间，西京留守张璪找到了五乳峰上的小洞，确认这里就是达摩面壁之处，并建亭以纪念。在建亭挖地的时候，发现了断砖碎瓦。这就说明了之前这里已有纪念达摩的建筑。十余年后，登封知县楼异希望在嵩山为达摩的修行地添砖加瓦，从而让更多的人知道这里是

① （宋）黄庭坚著，刘琳、李勇先、王蓉贵校点：《黄庭坚全集·宋黄文节公全集·正集》卷14《渔家傲》，四川大学出版社，2001年，第402页。

达摩修行之地，扩大达摩的影响力，正所谓“襄棘开道，始有人声。马迹再至，则治矣”。楼异向少林寺住持清江长老提出了修建面壁兰若的计划，得到了后者的支持，“于时众治泰陵休于次，异敬以请”。楼异借助朝廷在嵩山脚下修筑永泰陵的机会，请求以修永泰陵的余力建造纪念达摩的面壁兰若①，俗称初祖庵，得到了许可。楼异多方奔走，争取嵩山周边县的县令、县丞等人的支持，“于是智者谋，仁者施，壮效其力，工献其技，为堂为室，图像陈焉，守卫有次，门庑有列，盖十朝而具，既月而成”②，初祖庵很快就建成了。

图八　嵩山达摩洞

楼异的好友、著名文学家陈师道围绕初祖庵兴建的历史作了《面壁庵记》以记之，并在记文中明确记载了写作时间，“建中靖国元年九月十八日，居士陈师道撰”③。这也就说明，初祖庵的建成时间，最迟是在建中靖国元年（1101年）。前文所述楼异是借助朝廷在嵩山脚下修筑永泰陵的机会而建造的初祖庵，永泰陵是宋哲宗的陵墓，宋哲宗于元符三年（1100年）正月去世，故而永泰陵为元符三年（1100年）建造，从这又可以推论出初祖庵的建造时间，应该是在元符三年（1100年）或者是建中靖国元年（1101年）。

① 兰若，梵语阿兰若的省称，指佛寺。

② （宋）陈师道：《后山集》卷12《面壁庵记》，文渊阁四库全书本，第1114册，台湾“商务印书馆”，1986年，第634～635页。附录中有全文。

③ 《后山集》卷12《面壁庵记》，第635页。

初祖庵建成之后，少室山林中便出现了祥瑞现象，“林出芝十有二本，华各异色，茎如漆饰。甘露雨于泉池，夜有光气，四起属天，合为大练，东西数十里”①。山中的灵芝生出了十二个茎，有抱石黄、小紫团、胜金黄、双头黄、黑团等称呼，“盖拟行因色，扬厥采瑞，而定之名也”。西京守臣“图本奏状”②，将此事上达天听。

初祖庵大殿自元符三年（1100年）或建中靖国元年（1101年）建成之后，历经千年的风霜雨雪而巍然挺立。虽然历代多次增修，但主要构件仍为宋代原物。然而目前所见的多部介绍嵩山历史、文化、旅游的论著，如《少林寺》③《新编少林寺志》④和《少林访古》⑤等，却一再说明大殿建于宣和七年（1125年），依据的是大殿内前列东柱上部保留的一则题记：“广南东路韶州仁化县潼阳乡乌珠经堂村居奉佛弟子刘善，恭谨施此柱一条……大宋宣和七年，佛成道日焚香书。”这只是说明，远在广南东路的奉佛弟子刘善，在宣和七年，不远万里，来此布施了一条石柱。对此，已有前辈学者敏锐地指出：“初祖庵里‘宣和七年’的大石柱，应该是宣和七年换上的。从楼异初建到宣和七年，才二十五六年，不是重建，而是以石柱代木柱，最多算是重修。”⑥这同样是对初祖庵建于宣和七年的说法提出异议。

初祖庵大殿平面呈长方形，坐北朝南，面阔3间，进深3架，面积为118平方米，见图九、图一〇⑦。单檐歇山，琉璃瓦剪边顶。明间安板门两扇，两次间辟直权方窗，前檐立4根6棱石柱，柱面浮雕海石榴、卷草、飞禽和伎乐等。殿内石柱4根，上面浮雕天王、盘龙和殡迎等。殿上梁架为彻上明造，后金柱用移柱造。殿内明间置佛皇1座。大殿东、西、北三壁下部内外砌石护脚，刻云气、流水、龙、象、鱼、蚌、佛像、人物和建筑物等。大殿建在石砌高台上，前后青石踏道，大殿后壁辟门。

初祖庵大殿是木构建筑，采用制作规矩的斗拱承托着出檐，室内的木构架却尽其自然不拘程式，利用木材天然的弯曲顺势抵抗弯矩和剪力，转角节点部位巧妙地依靠悬挑的斗拱将荷载传给构架。这是目前河南省仅存的宋代建筑，是宋代建筑艺术的典范，其建成时间与宋代建筑法典《营造法式》的成书时间相近，大殿的梁架、雕饰很

① 《后山集》卷12《面壁庵记》，第635页。

② （明）陆柬撰，张万钧校点：《嵩岳志》卷上，嵩岳文献丛刊本，中州古籍出版社，2003年，第33页。

③ 张家泰：《少林寺》，中州书画社，1981年，第31页。

④ 登封县志办公室编：《新编少林寺志》，中国旅游出版社，1988年，第41页。

⑤ 《少林访古》，第170页。

⑥ 《少林历史与文化》，第98页。

⑦ 图一〇引自郭黛姮编著：《中国古代建筑史》第3卷《宋、辽、金、西夏建筑》，中国建筑工业出版社，2009年，第421页。

图九　初祖庵大殿

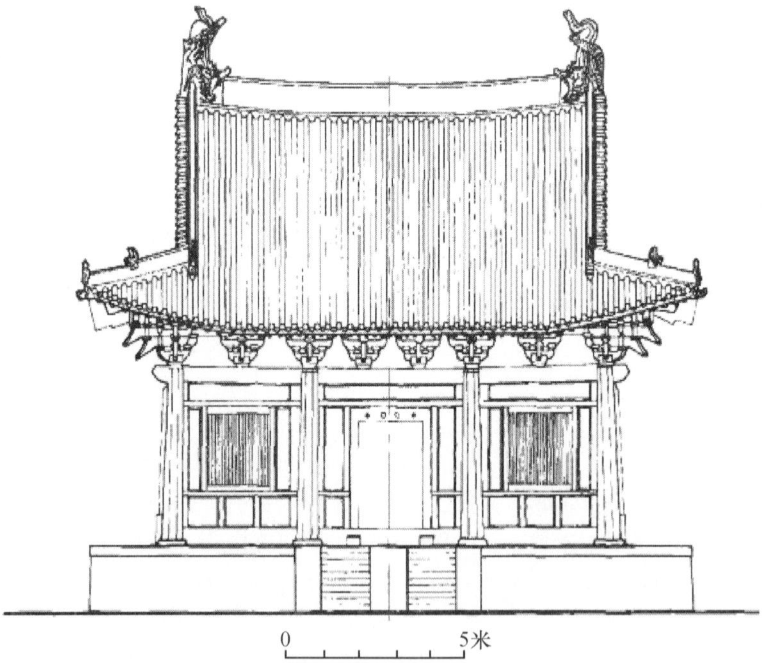

图一〇　初祖庵正立面

图一一　初祖庵大殿石雕

多与《营造法式》的范式制度相吻合，是《营造法式》木结构建筑方式的实物见证，反映了宋代木构建筑造型的优美和工艺的精巧，是人文意识的集中体现。其内在的典雅和外在的质朴，内在的丰实和外在的简明，内在的深邃与外观的庄严等相互融合并和谐统一，升华了建筑文化的熠熠光彩与文明的恒久魅力。

在初祖庵大殿檐柱、内柱、内外群肩石及神台四周均有精致的浮雕，这些浮雕均为宣和七年（1125年）所刻，内容丰富，构图巧妙，刀法粗犷，风格劲健，造型优美，是嵩山石刻艺术中的精品，具有很高的艺术价值，是研究我国石刻艺术史的重要实物资料，见图一一、图一二[①]。

图一二　初祖庵石柱天王像

① 图一一引自中国美术全集编辑委员会编：《中国美术全集·建筑艺术编》4《宗教建筑》，人民美术出版社，1988年，第73页。图一二引自《少林史话》，第106页。

初祖庵的重要碑刻现在被移入少林寺的碑廊内加以保护，见图一三、图一四、图一五。宋代文学家、书法家、政治家黄庭坚的祖源谛本碑：“少林九年，垂一则语，直至如今，诸方谦举。”书法家、政治家蔡卞的达摩面壁之庵碑以及书法家、政治家蔡京的面壁之塔碑，均显示了宋人对达摩的崇拜以及对初祖庵的重视。

图一三　祖源谛本碑

图一四　达摩面壁之庵碑

现在的初祖庵，除了宋代的大殿，还有山门、面壁亭、千佛阁等建筑。初祖庵于1966年被国务院公布为全国重点文物保护单位，2010年作为“天地之中”8处11项历史建筑之一被第34届世界遗产大会列入《世界遗产名录》，成为中国的第39处世界遗产之一。

图一五　面壁之塔碑

上文所述的太室山二十四峰，少室山三十六峰，欧、梅、范三人描述的嵩山十二景、中岳庙、崇福宫和初祖庵，远不足以囊括宋代嵩山的面貌。嵩山的其他地方如卢崖瀑布、会善寺、大法王寺和少林寺等，俱为风景秀丽之地，屡屡为世人所讴歌。如会善寺，翰林学士王著撰写了嵩山会善寺碑，展现了宋代会善寺重修的过程，“乃于旧址，特创新规。盖成大殿，一座七间。石柱森罗，宝阶萦绕”[①]。再如少林寺，梅尧臣游览之后称其“红旌过翠岑，林际瞻莲宇”“禅庭松色寒，石室苔痕古”[②]。可惜宋人的记载非常琐碎，不成系统，加之后世多次重建，殊难复原它们在宋代的面貌。从上述胜景，后人可窥见宋代嵩山的风采神韵。

本章小结

宋代的登封知县楼异，为太室山的24座山峰写了一组诗《嵩山二十四咏并序》，展现了宋代太室山的景致和典故等，还为少室山的36座山峰作了一篇长赋《三十六峰赋》，展现了宋代少室山的景致和典故等，是后人了解宋代嵩山的重要资料。欧阳修、梅尧臣和范仲淹三位大名鼎鼎的文学家，分别写作了同名的嵩山组诗，展现了宋代嵩山的12个景点的风光。宋代嵩山的中岳庙、崇福宫和初祖庵，虽然前人对其发展已有考述，但并不全面和精确，宋代文学家陈师道所作的《面壁庵记》等宝贵的史料，很少出现在前人对嵩山的历史研究中。对这些地方进行详尽的研究，可以得出宋代嵩山更为完整的人文历史发展状况。

① （宋）王著：《嵩山会善寺碑》，《嵩书》卷21，第488页。附录中有全文。

② 《梅尧臣集编年校注》卷1《少林寺》，第16页。

第三章　宋代嵩山与政治活动

远古时期，在强大的自然力支配下生活的人们，认为山岳能够出风云，导雨水，从而滋润大地，生长万物，养育人类。国家出现之后，人们将山岳和国家联系起来，“夫山者万民之所瞻仰也。草木生焉，万物殖焉，飞鸟集焉，走兽休焉，四方益取与焉。出云道风嵷乎天地之间。天地以成，国家以宁，此仁者所以乐于山也”①。山岳博大丰厚，养育生灵，蕴含万物，默默奉献，使国家安宁。山岳的高大与君子的情怀交相辉映，故而君子爱山，山岳与国家政权紧密地联系在一起。

历代统治者都对国家和山岳的关系十分重视。雄踞中原、峻极中天的嵩山，为先人的生活带来诸多便利，自古以来就是历代王朝极为重视的山岳。从周武王在嵩山举行中国历史上第一次的封禅大典，来宣告周朝的开国，到汉武帝游览嵩山时听到的山呼万岁之声，此后便以“万岁”来称呼皇帝，直至中国唯一的女皇武则天封禅嵩山，种种事例充分证明，在北宋之前，嵩山已经与政权紧密结合，在国家的政治活动中发挥不可估量的作用。

需要说明的是，本书所指的政治活动，涵盖各级统治者，上至皇帝，下至知县，围绕国家政权所进行的全部活动，意义较为宽泛。因为宋代的嵩山，主要位于登封县境内，登封隶属于陪都洛阳，洛阳与国都开封的距离并不遥远，故而嵩山是京畿地区唯一的大山，所以这一时期的嵩山，占尽天时地利，屡屡在国家的政治活动中发挥作用。

第一节　登封知县

目前可以考证事迹的宋代登封知县，主要有钱衮、马仲甫、庞元常、楼异四人。他们在登封的为政举措，或是改善了登封的交通状况，或是加强了登封的建设，或是为登封百姓兴利除弊。所有这一切政治活动，都与嵩山位于登封密切相关。

---

①　（汉）韩婴撰，许维遹校释：《韩诗外传集释》卷3，中华书局，1980年，第111页。

一、钱 衮

钱衮（生卒年不详），字去私，怀安军金堂县（今四川金堂）人。庆历六年（1046年）举进士，调任江陵节度推官，以刘沆推荐，授为京兆府掌书记，后为晏殊所赏识，召为宾佐，自随入朝，不久擢升著作郎，知河南府登封县。根据他在嵩阳书院内石柱上题名的时间“嘉祐己亥七月十九日”[①]来看，他是在嘉祐己亥年，也就是嘉祐四年（1059年）到嵩阳书院题名留念的。结合他的履历进一步推论，他很有可能是嘉祐年间的登封知县。

钱衮在登封最为令人称道的政举主要有两项。

一是复兴嵩阳书院。在他初来登封之时，嵩阳书院的发展并不令人乐观，“师席久倚，生徒尽散落”。于是他开始振兴嵩阳书院，挑选登封优秀的学子前往嵩阳书院学习，并招徕外来的优秀教师，“尽料邑人子弟之良者，遣往教之，四方之士来者皆留其中”。这项措施促进了嵩阳书院的兴盛，“嵩阳之学至今为盛，盖去私至后，始能如此”[②]。由此观之，嵩阳书院在宋代的大发展，与登封知县钱衮的大力支持密不可分。

二是促进登封农业的发展。在经济繁荣的时代大背景下，京畿人重视商业而忽视农业。正所谓：“京洛之民，窳堕事末利，不重垦稼。”钱衮到任后，不辞劳苦，“遍诣田间，相视指度，沟泉壠壤，艺食桑稻以法授其民饱暖之”。此举不仅保证了登封人的温饱，还引来了附近州县的流民，“颍许之人转流而占籍者，岁岁加益”[③]。可见钱衮在登封的善举，已经是远近闻名了。

当然，登封最为知名的美景胜地——嵩山，深深地吸引了这个来自巴蜀的士大夫，“嵩少天下山水最佳处：峦岭涧谷，幽深奥邃；道祠佛宇，布若联野；前朝高爽傲逸之士，遗迹如昨”。钱衮与嵩山隐士刘几，“为泉石之友，间常步入，以极其胜，连月忘反”。尽管他常常留恋于嵩山，但却从不耽搁政事，“县无废事”[④]。他施政水平之高，不得不令人叹服。

---

① 《说嵩》卷15，第300页。此书原话为“钱衮去私、张淮次公同游，嘉佑乙亥七月十九日，黄通介夫书”。因为嘉祐并无乙亥年而有己亥年，而“乙”与“己”字体相像，刻于石上更是容易令人分辨不清，故而笔者肯定《说嵩》的记载有误，钱衮的题名时间应为嘉祐己亥。

② 《丹渊集》卷37《都官员外郎钱君墓志铭》，第772页。

③ 《丹渊集》卷37《都官员外郎钱君墓志铭》，第772页。

④ 《丹渊集》卷37《都官员外郎钱君墓志铭》，第772页。

二、马　仲　甫

马仲甫（生卒年不详），字子山，庐江（今安徽庐江）人。宋英宗时期，他考取进士，担任登封知县。他深知道路交通的重要性，在登封及嵩山的道路建设方面做出了成就。位于太室山五乳峰之东、少室山之北的轘辕山，一名崿岭，俗称崿岭口，地处登封与巩县、偃师三县交界之处。这里崇山峻岭，千沟万壑，山路蜿蜒曲折，崎岖不平，然而却是登封通往偃师及洛阳最重要的通道。他“佣民凿平为坦途”，修整了这条山路，使之成为坦途。由此登封人的出行更为方便，为赞美他的善举，为他立碑，“人便其行，为刻石颂美”[①]。从下文考证的宋人来嵩山的旅游路线来看，轘辕道确实是他们从洛阳前往嵩山的必经之道，梅尧臣、谢绛、欧阳修、司马光、苏辙等人都曾经过此路。时至今日，这条古道已经屡次开凿重修，现已成为十八盘曲折、宽阔而平坦的公路，是许洛之间的交通要道。

马仲甫在登封的任职状况，史籍留下的记载只有这一例。离开登封之后，他在其他地方也展现了高超的施政能力而广受称赞，《宋史》专门为其立传。

三、庞　元　常

庞元常（生卒年不详），字懋德，是北宋名将庞籍的儿子，宋神宗时期以国子博士担任登封知县。他从小就志向高远，“齿发方盛彊，趣尚已高远”。在登封任职期间，他在寺院内建造了一座吏隐庵，声称自己“欲弃官隐嵩山”。他的好友司马光作诗劝告他不要放弃官职，只要不计较功名利禄，即使是身在官场也如同隐士一般，“贤人心如云，无迹有舒卷。不须惊俗目，卓荦乃求显。既知吏可隐，何必遗轩冕”[②]。他与张舜民、刘几等人交情甚好，曾于元丰二年（1079年）一道攀登峻极峰[③]。身为名将之子，心迹双清的庞元常提升了登封与嵩山的知名度。

---

① 《宋史》卷331《马仲甫传》，第10646页。

② （宋）司马光撰，李文泽编著：《司马光集》卷5《登封庞国博，年三十八，自云欲弃官隐嵩山，作吏隐庵于县寺，俾光赋诗，勉率塞命》，四川大学出版社，2010年，第133页。

③ （宋）张舜民：《画墁录》，中华书局，1991年，第2页。

四、楼　　异

楼异（？～1124年），字试可，明州奉化（今浙江奉化）人，元丰八年（1085年）进士及第，初任汾州司理参军，调任永兴军虞策幕府，又任东京文绣院监正，知大宗正丞。元符二年（1099年）任登封县令。三年任期结束后，迁度支员外郎，以养亲求知泗州。复为吏部右司员外郎、左司郎中、太府鸿胪卿，除直秘阁、知秀州。政和七年（1117年）以馆阁学士知随州事，因他在辞行面圣时陈述了自己对治理家乡明州的建议，得到了宋徽宗的赞许，改任明州知州。后加直龙图阁、秘阁修撰、徽猷阁直学士。宣和三年（1121年）知平江府，卒于官①。

楼异"性嗜山水，几成癖。所至虽假馆僦舍，莫不聚拳石环斗池，终日玩观，殆忘食寝"②。洛阳作为风景荟萃之地，其美名早为世人所熟知。年少时期身居江南的他即对西都的名胜赞叹不已，"余少闻洛邑之盛，在唐、宋为东西都，而山川形胜之富，视他州为杰观"。他也曾在前代文豪韩愈、白居易等人的诗文中领略到洛阳山水的秀丽，"昔韩退之、白乐天见于歌诗，形容胜概，有咏叹不足之意"。而与他同属宋代的欧阳修、梅尧臣和谢绛等人游玩嵩山的经历，更是令他对嵩山心驰神往，"欧阳文忠与梅、谢诸贤相继为僚友，数游嵩山间，至今以为美谈"③。及至他来到登封担任知县三载，与嵩山朝夕相对，故而对其山峰历历可数。他将官舍命名为仰嵩堂，在后圃开凿两个池塘，分别命名为芙蓉、菡萏，筑造了高高的平台，取名为辑仙亭，"北面嵩岳，西顾少室，南望许由，自余诸峰环拥轩槛于是，居高远眺尽山川之形势"④，嵩少风光尽在眼前。初来登封之时，他并不知道嵩山二十四峰的出处，甚至登封人也莫知其详。后来他听观明大师李胜之说出自道藏《吴天师灵踪记》，并且与实景相符合，于是雇人画下二十四峰图。正是因为楼异对嵩山的喜爱，对嵩山的细致观察，所以他写出了《嵩山二十四咏并序》和《三十六峰赋》，为后人留下了宝贵的宋代嵩山山峰的介绍。鉴于前文对此已有详细的解析，此处不再赘述，而继续论述楼异及其后人与嵩山的其他关联。

楼异与嵩山的渊源不光在于《嵩山二十四咏并序》和《三十六峰赋》这两篇文学作品。前文已述，他还让画师绘制了《嵩岳图》。令人深感可惜的是，此图已经毁于

① 《宋史》卷354《楼异传》，第11163～11164页。

② 《嵩山二十四咏并序》，《嵩书》卷14，第299页。

③ 《三十六峰赋》，《全宋文》卷2273，第193页。

④ 《嵩山二十四咏并序》，《嵩书》卷14，第299～300页。

兵火，否则就可以直观地展现出宋代嵩山的面貌。他写的《嵩山二十四咏并序》和画师画的《嵩岳图》都被刻在了嵩岳图碑上。

为嵩山作诗、作赋和作图，自然需要花费楼异不少的时间，但他在登封并非终日游玩山石林泉，而是在处理完政务后才进行这些活动的。初来登封，他便召见年高望重之人，询问民间疾苦，“甫下车，即延见耆旧，问民间所便苦，次第兴除”。了解了登封的基本状况后，他“躬行阡陌，劝课农桑”。不光是发展农业，他还注重德化，“民有争讼者，谕令私相和解，不傅以爰书”。这些为政举措极大地改善了登封的治安状况，“囹圄虚寂，几可罗雀”[①]。正是在发展了登封的地方经济，改善了登封的地方治安后，他才接触嵩山，游玩嵩山。

楼异对嵩山的热爱深深地感染了他的子孙。元符二年（1099年），他将在登封出生的儿子取小名曰嵩。离开登封后，他将《嵩岳图》随身携带。建炎三年（1129年），金兵进攻楼异的家乡明州，楼家文物惨遭毁灭，《嵩岳图》也不知所终。至于嵩岳图碑，它的经历更为曲折。一开始，它和三十六峰赋碑同立于少林寺，但到了嘉定三年（1210年），却现身于宋金边境的榷场上。在京西南路任职的明州人张致远，买下了这个碑刻并寄给了楼异的孙子楼钥。当楼钥看到失而复得的嵩岳图碑后，按捺不住内心的欣喜，为此图碑作诗和跋，从不同文体描述了这一块对楼家有重要影响意义的图碑的前后踪影，将这样一段曲折的经历，记录在自己的文集中[②]。从这些事迹中，可以感受到楼异及其后人对嵩山的眷恋之情。尤其是嵩岳图碑，楼钥对它寄予了深刻的感情。这是祖父的遗物，是楼氏家族文物的传承，为他重振楼氏家门提供了资料。而这一切，都是楼异在登封为官、喜爱嵩山的结果。

宋代登封的知县，数量当然不少，然而史料有限，比如说，嘉祐年间的登封知县燕若壮，仅知道他在嘉祐五年（1060年）四月一日为潞国公文彦博所撰的《宿少林寺诗》立碑[③]，熙宁年间的登封知县张琬，仅知道他在“熙宁辛亥三月二十四日”[④]游玩嵩山并留下题名，难以一一叙述他们在登封的施政举措，无从谈论他们与嵩山的关系。不过，从上述的登封知县钱衮、马仲甫、庞元常和楼异四人来看，宋代登封知县为嵩山的发展付出了努力，取得了成就。钱衮振兴了嵩阳书院，促进了登封农业的发展，马仲甫为登封的交通建设做出了贡献，庞元常提高了嵩山的知名度，楼异则较为

① 《嵩书》卷6，第105页。

② （宋）楼钥：《楼钥集》卷10《嵩岳图》，浙江古籍出版社，2010年，第239页。《楼钥集》卷74《跋先大父嵩岳图》，第1335～1336页。附录中有《嵩岳图》全诗以及《跋先大父嵩岳图》全文。

③ 《嵩山少林寺》，第207页。

④ 《说嵩》卷15，第299页。

全面地促进了登封的发展，并将其对嵩山的热爱传给了后世子孙。所有这一切，无不表明了宋代嵩山的发展，与登封知县的政治活动联系密切。

第二节　嵩山祭祀

山岳祭祀，自古有之。嵩山适于人类生存繁衍的生态环境和“天地之中”的神圣地理位置，成为历代帝王封禅、祭祀的圣地。

北宋建立后，山岳祭祀沿袭前代。随着各地割据政权陆续被消灭，北宋为消除原政权在当地影响力，确立宋政权统治的合法性，统一岳渎祭祀制度成为必要的选择：

> 太祖平湖南，命给事中李昉祭南岳，继令有司制诸岳神衣、冠、剑、履，遣使易之。[①]

宋太祖命令有司为岳神制作了衣、冠、剑、履，将道教的岳神纳入国家的祭祀体系中，岳神有了不同以往的装扮，展现了宋朝开国的新气象。

在建国初年，北宋“缘旧制，祭东岳泰山于兖州，西岳华山于华州，北岳恒山于定州，中岳嵩山于河南府”[②]。随着领土的南扩，祭祀南岳被提上了日程。开宝元年（968年）九月，有司建议在衡州（今湖南衡阳）祭祀南岳衡山，得到了宋太祖的许可。五岳共同祭祀出现在宋代的祭祀活动中。

开宝五年（972年）七月，宋太祖诏令五岳、四渎及东海等庙所在地的县令兼任庙令、县尉兼任庙丞：

> 诏五岳、四渎及东海等庙，并以本县令尉兼庙令、丞，掌祀事，常加案视，务在蠲洁，仍籍其庙宇祭器之数，受代日，交以相付，本州长吏，每月一谒庙检举焉。又命李昉、卢多逊、王祐、扈蒙等分撰岳、渎祠及历代帝王碑，遣翰林待诏孙崇望等分诣诸庙书于石。[③]

具体到中岳嵩山，中岳庙便由登封县令和县尉掌管。从“常加案视，务在蠲洁，仍籍其庙宇祭器之数，受代日，交以相付，本州长吏，每月一谒庙检举焉”这些规定措施来看，宋政府注重对祭祀五岳、四渎等庙的保护，对祭祀活动相当重视。至于宋太祖

① 《宋史》卷102《礼志五》，第2485页。

② 《续资治通鉴长编》卷9，开宝元年九月丁未，第209页。

③ 《续资治通鉴长编》卷13，开宝五年七月丁卯，第292页。

命令卢多逊撰、孙崇望书的新修嵩岳中天王庙碑，至今仍矗立在中岳庙内[①]。

太平兴国八年（983年），秘书监李至请以五郊迎气日各祭其方岳镇海渎：

> 按五郊迎气之日，皆祭逐方岳镇、海渎。自兵乱后，有不在封域者，遂阙其祭。国家克复四方，间虽奉诏特祭，未著常祀。望遵旧礼，就迎气日各祭于所隶之州，长史以次为献官。[②]

宋太宗采纳了李至的建议，将岳镇、海渎的祭祀设为国家常祀，在固定的日期和时间内祭祀各个岳镇、海渎：

> 立春日祀东岳岱山于兖州，东镇沂山于沂州，东海于莱州，淮渎于唐州。立夏日祀南岳衡山于衡州，南镇会稽山于越州，南海于广州，江渎于成都府。立秋日祀西岳华山于华州，西镇吴山于陇州，西海、河渎并于河中府，西海就河渎庙望祭。立冬祀北岳恒山、北镇医巫闾山并于定州，北镇就北岳庙望祭，北海、济渎并于孟州，北海就济渎庙望祭。土王日祀中岳嵩山于河南府，中镇霍山于晋州。[③]

照此规定，中岳嵩山是于土王日在河南府内祭祀。所谓土王日，按照阴阳五行说，春季木旺，夏季火旺，秋季金旺，冬季水旺，唯独缺了土，故每季末尾留出一十八日属土，即为土旺，又称土王日。五行各取七十二日，即满三百六十日。谷雨前三日至立夏节前为春土旺，大暑前三日至立秋节前为夏土旺，霜降前三日至立冬节前为秋土旺，大寒前三日至立春节前为冬土旺。嵩山祭祀之日之所以为土王日，是因为嵩山位居五岳之中，以方位而言，中央为戊己土，四隅为辰戌丑未土，即聚而于中，散而于四维，故而土王日为祭祀嵩山之日。

淳化元年（990年）四月，宋太宗“遣中使诣五岳祷雨，虑囚，遣使分决诸道狱”[④]。宋太宗认为，冤狱感动天地、移变阴阳，引发了干旱。对此，他期望通过祭祀五岳和虑囚、决狱来祈祷下雨，解决自然灾害。这正是五岳祭祀在安定民心、稳定社会的功效。

景德三年（1006年）正月，因为嵩山脚下的皇陵“地形污下积水”，宋真宗派人

---

① 大宋新修嵩岳中天王庙碑，位于河南省登封市中岳庙西华门内，刻于开宝六年（973年）十二月，高5.85、宽1.42、厚0.58米，卢多逊撰，孙崇望书，行书，25行，每行64字，记载嵩山的雄伟以及重修嵩岳中天王庙的经过，全文见《嵩书》卷21，附录中有碑刻全文。

② 《宋史》卷102《礼志五》，第2485页。

③ 《宋史》卷102《礼志五》，第2485～2486页。

④ 《宋史》卷5《太宗记二》，第85页。

前去视察维修。三个月后维修工程完毕，宋真宗“遣使告三陵及嵩岳”[①]。因为嵩山是“祖宗陵寝所”[②]，所以宋真宗在修缮皇陵后，祭祀了嵩山。也就是在这一年，屯田员外郎谢涛“奉诏祈雨嵩岳，祠毕雨澍”。嵩山祈雨如此灵验，谢涛上奏“岳渎有请祷而无报谢，义或为阙”，得到了宋真宗的赞同，于是下诏“修报如礼”[③]。

景德四年（1007年）二月，宋真宗在从西京返回东京的途中，驻跸郑州，“遣使祀中岳”[④]以及嵩山脚下的后周皇陵。嵩山尽管位于西京河南府，但其与郑州的距离更近，后周皇陵也在郑州境内。宋真宗为了保证这一路上的交通畅达和安全，对沿途神灵和前朝皇帝加以祭祀。

大中祥符四年（1011年）五月，宋真宗为五岳山神加封帝号，中岳山神为“中天崇圣帝”，帝后号“正明”：

> 五月乙未，加上东岳曰天齐仁圣帝，南岳曰司天昭圣帝，西岳曰金天顺圣帝，北岳曰安天元圣帝，中岳曰中天崇圣帝。命翰林、礼官详定仪注及冕服制度、崇饰神像之礼。其玉册制，如宗庙谥册。……东岳、北岳册次于瑞圣园，南岳册次于玉津园，西岳、中岳册次于琼林苑。……又加上五岳帝后号：东曰淑明，南曰景明，西曰肃明，北曰靖明，中曰正明。遣官祭告。诏岳、渎、四海诸庙，遇设醮，除青词外，增正神位祝文。……帝自制五岳醮告文，遣使醮告。即建坛之地构亭立石柱，刻文其上。[⑤]

从上述记载来看，宋真宗封五岳山神为帝，制定了一系列完整的祭祀礼仪，五岳帝都按照此礼仪来祭祀。这是五岳之神第一次共同被封为帝，彰显了宋代山岳崇拜的隆重和兴盛。从这里可以明显地看出，在国家的祭祀体系中，五岳地位平等，国家对于五岳的祭祀，其规格是一致的。在这次五岳加帝号祭告乐章中，中岳祭告乐章如下：

> 岩岩神岳，作镇中央。肃奉徽册，尊名孔章。
> 聿降飚驾，载献兰觞。熙事允洽，宝祚弥昌。[⑥]

这首祭告乐章指明嵩山“作镇中央”的地理位置，在国家的长治久安中发挥重要作用，“熙事允洽，宝祚弥昌”。

---

① 《续资治通鉴长编》卷62，景德三年正月己酉，第1383页。

② （宋）张端义撰，梁玉玮校点：《贵耳集》卷上，中州古籍出版社，2005年，第11页。

③ （宋）尹洙：《河南先生文集》卷12《故中大夫守太子宾客分司西京上柱国陈留县开国侯食邑九百户赐紫金鱼袋谢公行状》，四部丛刊本，第4页。

④ 《续资治通鉴长编》卷65，景德四年二月乙未，第1446页。

⑤ 《宋史》卷102《礼志五》，第2486～2487页。

⑥ 《宋史》卷136《乐志十一》，第3192页。

大中祥符七年（1014年）九月，宋真宗命令翰林学士王曾撰写碑铭，记载册礼中岳之事。现存于中岳庙内的中岳中天崇圣帝碑，是此史实的实物见证。宋真宗亲自写作了中岳醮告文，洋洋洒洒一千多字，高度肯定了中岳嵩山的地位，“挺乔岳以尊方，号下都而分治。神乡福地，咸纪宝章；乘烟御风，常回欵驾”[①]。所以，对嵩山进行祭祀，实属利国利民之举。天禧三年（1019年），此文被刻在中岳庙内的文幢上，至今仍存。

明道元年（1032年）九月，宋仁宗派遣使者带着诏书以及祭祀嵩山的祝文、香烛，来到西京洛阳，命令河南府“遣告嵩岳”，代替朝廷祭告嵩岳山神，祈求风调雨顺。河南府通判谢绛奉命来到中岳庙，为皇上进山上香，西京留守推官欧阳修和河南府户曹参军杨愈分别读祝、捧币。此次祭祀开始的时间比较早，“吏白五鼓有司请朝服行事”[②]。这就说明了，在拂晓时分河南府官员就开始穿戴朝服准备祭祀。嵩山祭祀的隆重由此可见一斑。

熙宁元年（1068年），宋神宗望祭嵩山，祭告乐章如下：

维土作德，维帝御行。含养载育，万物以成。
有严祀典，荐我德馨。神其歆止，永用亿宁。
高广融结，实维中央。宣气报功，利彼一方。
坎坛以祀，六乐锵锵。灵其有喜，酌以大璋。
言旋其处，以奠中域。无替厥灵，四方是则。
神永不息，祀永不愆。以享以报，千万斯年。[③]

这一首祭告乐章同样突出了中岳嵩山位居天下之中的特殊地位，“高广融结，实维中央。宣气报功，利彼一方”。中岳神灵庇佑地方安定和国家安康，被宋人给予厚望。

元丰三年（1080年）四月，因为“西北诸路愆雨”，所以宋神宗下诏“北岳令知定州韩绛，东、西、中岳令所在知州躬往祈祷”[④]。河南府知府亲自前往中岳庙祈祷。

元丰三年（1080年）九月，集贤校理陈侗上言按照《周礼》的记载来祭祀五岳、四镇、四渎：

按《周礼》小宗伯之职，“兆五帝于四郊，四望、四类亦如之”。郑氏注：“四望谓五岳、四渎也；四类，日、月、星、辰也。”今四郊有五帝及

① （清）叶封、焦贲亨撰，陈斌、李红岩校点：《嵩山志》卷14，嵩岳文献丛刊本，中州古籍出版社，2003年，第283页。

② 《游嵩山寄梅殿丞书》，《欧阳修全集·附录》卷4，第2716页。

③ 《宋史》卷136《乐志十一》，第3194页。

④ 《续资治通鉴长编》卷303，元丰三年四月庚子，第7379页。

日、月、星辰之坛，而独四望之坛不建，或遇朝廷有祈焉，则设位皇地只坛下，甚非古制。请依《周礼》，建四望坛于四郊，以祭五岳、四镇、四渎，庶合于《经》。[①]

宋神宗下诏详定礼文所商议此事，详定所请以《国朝祠令》所载的岳、镇、海、渎，兆四望于四郊：

岱山、沂山、东海、大淮于东郊，衡山、会稽山、南海、大江、嵩山、霍山、大海于南郊，华山、吴山、西海、大河于西郊，常山、医无闾山、北海、大济于北郊。每方岳、镇则共为一坛，海、渎则共为一坎，以五时迎气日祭之，皆用血祭瘗埋，有事则请祷之。又以四方山川各附于本方镇、岳、海、渎之下，别为一坛、一坎，水旱则祷之。其北郊从祀及诸州县就祭如故。[②]

最终宋神宗裁定“每方岳镇共为一坛望祭”[③]，其他事项与详定礼文所所商议的相同。

元祐四年（1089年）三月，因为天旱少雨，宋哲宗诏令：“中岳、西岳、江渎、河渎、淮渎委逐处长吏选日躬诣本庙，精洁祈祷。”[④]由各地长官亲自主持当地的求雨祭祀活动。

政和三年（1113年），议礼局向宋徽宗进献了新编修的《五礼新仪》，其中对岳、镇、海、渎的祭祀又有了新的变化：

五方岳、镇、海、渎坛各高五尺，周四十步，四出陛，两壝，每壝二十五步，坛饰依方色。祭岳、镇、海、渎，设位西向，以西为上；山川从祀，西向，以北为上。诸岳、镇、海、渎，年别一祭，以祭五帝日祭之：东岳泰山于兖州界，东镇沂山于青州界，东海于莱州界，东渎大淮于唐州界，南岳衡山于潭州界，南镇会稽山于越州界，南海于广州界，南渎大江于益州界，中岳嵩山于河南府界，中镇霍山于晋州界，西岳华山于华州界，西镇吴山于陇州界，西海、西渎、大河于河中府界，北岳常山及遥祀北镇医无闾山于定州界，北海、北渎、大济于孟州界。[⑤]

这项对岳、镇、海、渎的祭祀规定比此前的更为详细，具体到中岳嵩山，仍是在河南

---

① （宋）马端临著，上海师范大学古籍研究所、华东师范大学古籍研究所点校：《文献通考》卷83《郊社考十六》，中华书局，2011年，第2558～2559页。

② 《文献通考》卷83《郊社考十六》，第2559页。

③ 《文献通考》卷83《郊社考十六》，第2559页。

④ 《续资治通鉴长编》卷424，元祐四年三月丁酉，第10255页。

⑤ 《文献通考》卷83《郊社考十六》，第2559页。

府祭祀，但祭祀之日改为五帝日，与其他四岳的祭祀时间一致。这正是宋徽宗注重礼制建设的反映。

南宋初年，战火连绵，岳镇海渎祭祀之事就此耽搁。绍兴七年（1137年），在国家政权稍微安定之后，岳渎之祀随即被提上日程。太常博士黄积厚上言议复举岳渎之祀：

> 百神之祀，旷岁弗修，如中祀未举者，岳、渎、海、镇、中岳、中镇是也。望举而行之。[①]

这项建议得到了宋高宗的批准，并规定：

> 每岁以四立日、季夏土王日设祭，其礼料初依奏告例，后比拟旧制，用羊豕各一口，笾十，菱、芡、栗、鹿脯、榛实、乾桃、乾橑、乾枣、形盐、鱼鱐。簠二，稻、粱。簋二，黍、稷。铏鼎三，铏羹。登二，大羹。脂盘一，毛血。豆十，芹、笋、葵、菁、韭、鱼醢、兔醢、豚胉、鹿臡、醯醢。俎八，羊腥七体、羊熟十。羊腥，肠、胃。羊熟，肠、胃、肺。豕腥七体、豕熟十一。豕腥，肤。豕熟，肤。尊罍二十四，实酒，并同皇地只。[②]

这项细致的规定表明了南宋对岳渎祭祀的重视。可惜，对于南宋初期在江湖间颠沛流离的南宋政权来说，这项规定难以严格实施。更何况，此时的五岳中，东岳泰山、西岳华山、北岳恒山以及中岳嵩山，都已不在南宋的实际统治范围之内。

绍兴十四年（1144年），宋高宗祭祀岳镇海渎，留下祭告乐章四十三首，其中中岳嵩山祭告乐章如下：

> 天作高山，屹然中峙。经营厥宇，万亿咸遂。
> 火熙土王，爰举时祀。绳绳宣延，仿佛来止。
> 思来感格，肃雍不忘。礼仪既备，济济跄跄。
> 洁蠲致敬，往荐其方。交若有承，神兮孔飨。
> 练日有望，高灵来下。何以告诚？心惟物假。
> 有篚斯实，有宝斯藉。于以奠之，神光烛夜。
> 与天齐极，伊嵩之高。显灵效异，神休孔昭。
> 饬我祀事，实俎骞背。以侑旨酒，其馨有椒。[③]

从这则祭告乐章来看，南宋政府并没有忘记远在中原的中岳嵩山，依然将其纳入国家

① 《文献通考》卷83《郊社考十六》，第2560页。
② 《文献通考》卷83《郊社考十六》，第2560页。
③ 《宋史》卷136《乐志十一》，第3197～3198页。

祭典之列。这次的四十三首祭告乐章，将已经沦入金国版图内的东岳泰山、西岳华山、北岳恒山也一并祭祀，完全是按照北宋的惯例。

上述的嵩山祭祀，并不是宋代嵩山祭祀的全部。宋人祭祀嵩山的次数远远大于上述记载，如在绍圣元年（1094年），在嵩山南麓的汝州，知州苏辙“谨遣家兵以茶酒香烛及佛经”①来祭祀嵩山。此前苏辙曾有观赏嵩山的经历，嵩山的山水草木给他留下了很深的印象，在无法与朋友如约游玩嵩山的情况下，他派遣家丁携带自己亲撰的《嵩山祝文》前往嵩山祭祀。在楼异担任登封知县期间，祭祀嵩山的盛况，被好友道潜作了《次韵试可岳祠祭土宿斋》一诗加以描述②。至于嵩山所在地登封和河南府对嵩山的其他祭祀活动，更是数不胜数。

从上述祭祀事例来看，嵩山祭祀是宋代国家岳镇海渎礼仪的一部分。在北宋立国167年间，嵩山祭祀成为国家常祭，一直络绎不绝。宋代统治者加强礼制建设，通过山岳祭祀活动，一方面是祈求山岳神灵保佑大宋的长治久安，另一方面则是强化君权神授的观念，强调自身统治的天然合理性以及神圣不可侵犯性。北宋立国之初便开始规范各种礼仪制度。到了宋真宗时期，尤其是在宋辽澶渊之盟后，宋真宗为了涤除澶州之耻，“镇服四海，夸示外国”③，热衷于封禅和祭祀，对岳镇海渎的祭祀十分重视。他将岳神封为帝，并配位帝后，还亲自写作了五岳醮告文，盛赞五岳在维持国家统治秩序中的巨大作用，正是为自己的统治寻找精神支柱。宋神宗、宋徽宗对礼仪制度的修改，扩大了山岳祭祀的规模。这些礼仪活动绝不是简单的礼节表征，而是蕴含着深层的政治内涵。这是以“礼”为名的政治活动，通过祭祀山岳来彰显自身统治的神圣性，有利于缓和各种国内外矛盾，维持自身统治的安定性。到了南宋，即使北方领土已经被沦入金国的版图，南宋的国家祭祀体系中仍然包括中岳嵩山，这是南宋人在精神上维持国家统一的行为，说明南宋人依然认为包括嵩山在内的北方领土是南宋的领土，表现了南宋政权收复北方失地的决心。

第三节　封禅嵩山的请求

终宋一代，举行封禅大典的唯有宋真宗一人，而他封禅的是位于京东地区的东岳泰山。位于京畿地区的嵩山，虽然并未举行过封禅仪式，但宋人却不断奏请皇帝封禅

① 《苏辙集·栾城后集》卷19《嵩山祝文》，第1093页。附录中有全文。

② 《参寥子诗集》卷10《次韵试可岳祠祭土宿斋》，第73～74页。

③ 《宋史》卷282《王旦传》，第9544页。

嵩山。

天禧三年（1019年）七月，河南府知府冯拯向宋真宗传达了西京人恳请宋真宗封禅嵩山的愿望，“父老、僧道、举人等列状，愿赴厥请车驾封中岳”。对此，已经在泰山封禅的宋真宗非常谨慎，“兹事体大，未可轻议”[①]。十年前的泰山封禅已经花费了巨大的人力、物力和财力，朝臣对此已有较为清晰的认识，嵩山封禅自然令人难以承受，宋真宗虽然热衷于东封西祀，但最终没有在嵩山进行封禅。

政和二年（1112年），洛阳父老进京恳请宋徽宗“封禅嵩山”，宝文阁待制杨畏积极参与此事，“上疏累千余言”，所作之词，“极其谀佞”[②]。或是考虑到时人的评价，宋徽宗并没有答应封禅嵩山之议。

政和三年（1113年）十一月十一日，河南府上奏请求宋徽宗封禅嵩山，“节次据管内属县命官、学生、道释、耆老等六十六状，咸言国家累圣相承，功成治定，是宜讲修封禅之仪，以答天地之贶，奉符行事，诚不可稽。欲诣阙进表，恭请皇帝登封中岳，告成天地”。宋徽宗诏许河南父老“十二月十八日诣宣德门拜表”，并于“二十四日，于崇政殿引见，赐束帛、缗钱有差”[③]，给予热情接待的礼遇，但却没有答应他们封禅嵩山的美意。从诏令河南父老在宣德门拜表、于崇政殿引见并颁发赏赐品来看，此时的宋徽宗，迫切希望感受被百姓歌功颂德的感觉。然而封禅并非小事，所以宋徽宗拒绝了洛阳人封禅嵩山的请求。这也是大宋臣民继天禧三年（1019年）恳请宋真宗封禅嵩山、政和二年（1112年）恳请宋徽宗封禅嵩山后的第三次封禅嵩山的请求。

政和四年（1114年），全国各地纷纷请求宋徽宗举行封禅大典，“兖、郓、濮，开德、兴仁、颍昌府、郑州、广济、永兴军等上言，父老欲诣阙请皇帝登封”[④]。四月二十五日，河南人再次请求宋徽宗封禅嵩山，“河南府命官、学生、耆老、道释等再诣阙拜表，请中封”。这些人在二十六日被引见，宋徽宗赏赐他们“束帛、缗钱各有差”[⑤]。这几次全国大范围的封禅请求，均被宋徽宗拒绝。

纵观宋代的这几次嵩山封禅请求，一次是发展在宋真宗在位期间，三次是发生在宋徽宗在位期间。先是河南府父老提出，后是河南府官员上奏，规模越来越隆重，但

---

① 《续资治通鉴长编》卷94，天禧三年七月辛酉，第2159页。

② 《宋史》卷355《杨畏传》，第11185页。

③ （清）徐松辑：《宋会要辑稿·礼》22之19，中华书局，1957年，第892页。

④ 《文献通考》卷84《郊社考十七》，第2597页。对于此事，《宋会要辑稿·礼》也有记载。《宋会要辑稿·礼》22之19，第892页。

⑤ 《宋会要辑稿·礼》22之19，第892页。

最终都没有被皇帝采纳。众所周知，宋代唯一的封禅活动，是宋真宗封禅泰山。而宋真宗之所以封禅泰山，最重要的原因是洗刷澶渊城下之盟的耻辱，在政治外交上威慑邻国，维持中原王朝号令天下的政治局面。封禅泰山十年之后，西京人提出了封禅中原嵩山的请求。然而此时，朝臣对封禅所带来的负面影响已有一定清醒的认识，宋真宗对于封禅嵩山的请求自是难以答应。到了北宋末期，宋徽宗醉心玩乐，“时蔡京当国，将讲封禅以文太平”[①]，处处迎合宋徽宗，全国各地建言皇帝举行封禅大典，竞献谄媚。可惜在宋真宗封禅之时，封禅的崇高性和神圣性被严重亵渎，造成不可挽回的恶劣影响，宋徽宗之时虽然屡有封禅之请，但无法成为现实。总之，嵩山封禅的提出，是宋代政治发展状况的真实写照。

由此便引出一个问题。为什么宋代唯一的封禅活动，不是在距离京城最近的嵩山，而是在京东地区的泰山呢？其中原因，当从远古时期追溯。五岳诸山原本都是各地区的名山，把它们概括为五岳，作为山岳代表统一祭祀，当是国家统一之后的事情。五岳观念的真正形成，当在西汉武帝时期；庙祀制度的完备，当在西汉宣帝时期[②]。泰山原本只是古代齐、鲁国的“望”。由于交通不便，眼界所限，齐鲁人便认为泰山是全世界最高的山[③]。西周、春秋时期嵩山的地位最为显赫，泰山并非处于十分显赫的地位。从《山海经》来看，泰山地位并不十分突出，甚至连次要都不够。泰山地位的上升大约始于春秋时代，是随着齐鲁文化的兴盛而声名大噪[④]。自秦皇汉武在泰山封禅后，历代沿袭泰山封禅的习惯。虽然封禅最早出现在嵩山，但秦汉之后，泰山封禅的次数远远超过了嵩山。到了唐代，唐高宗、唐玄宗依然封禅泰山。武则天代唐建周，这种政治变革在礼制上的突出表现就是封禅嵩山。宋人同样将泰山视为封禅之所，“岱宗，为告代之所”[⑤]。宋真宗在泰山封禅，正是依照前代的惯例。此外，与嵩山相比，泰山与辽国的距离更近，这正与宋真宗封禅威慑辽国的政治目的相吻合。尽管宋真宗在泰山封禅，但众多臣民同样提出了封禅嵩山的请求，彰显了嵩山在宋代的影响力。

在此需要特别指出的是，封禅是一种非制度化的礼仪。与封禅相比，按照国家礼制举行的祭祀活动，是历代帝王更为普遍的做法，代表了国家对山岳的一般态度。史

---

① 《宋史》卷140《礼志七》，第2534页。

② 《汉书》卷25《郊祀志下》，第1249页。参见顾颉刚：《“四岳”与“五岳”》，《史林杂识初编》，中华书局，1963年，第34～45页。

③ 参见顾颉刚：《秦汉的方士与儒生》，上海世纪出版集团，2005年，第5～6页。

④ 参见王晖：《周代的天神和山神崇拜》，《山岳与象征》，台湾“商务印书馆”，2004年，第69～106页。

⑤ （宋）李纲著，王瑞明点校：《李纲全集》卷158《华山辨》，岳麓书社，2004年，第1466页。

籍中经常出现“某月某日皇帝派某些人分别前往五岳四渎祈雨”而不是皇帝派某一人前往某一处祈雨，如乾德二年（964年）三月，宋太祖“遣左拾遗梁周翰等驰驿分诣五岳祈雨”①以及前文所述的祭祀活动充分体现了这一点。也就是说，国家对五岳的一视同仁。从国家祭祀来看，五岳是一个整体，不存在地位高低之分。

不可否认的是，在宋代普通百姓心中，东岳泰山的名气更为出众，东岳庙遍布全国，而其他四岳大都是在本境内立庙祭祀，这正是泰山历史发展的结果。泰山脚下的泰安人石介，首次提出了泰山“五岳独尊”②的命题，一方面，适应了宋初重整政治秩序和意识形态的社会要求③，另一方面，当然也不排除他身为泰安人，对家乡山岳的极度热爱。讴歌泰山的诗文，屡屡出现在石介的文集中。然而五岳各有特色，宋人对此已有清醒的认识。例如，李纲认为：“岱宗，为告代之所；嵩处中而特高；衡居下而适平。”④还有人对五岳的方位及特征做了总结，认为五岳各有所长：

东有泰山，甲于区宇，下临沧溟，旁跨齐、鲁。
南有衡山，祝融紫盖，湘潭为址，九向九背。
西有太华，三峰插天，枕瞰函谷，横斜渭川。
北则常山，以限天娇，太河朔汉，仰其岧峣。
中则嵩高，与天峻极，襟带河、洛，屏翰京国。⑤

也有人认为嵩山位居地中，与其他四岳相比，具有特殊性：

肇分五岳尊，上帝委奇石。
维嵩据地中，屹立万仞壁。
远与四镇殊，式应土圭测。⑥

这些说法，均突出了嵩山位居中天的优越地理优势。常常来到嵩山游玩的文学家李廌甚至认为，嵩山地处中原，而泰山偏占一方，嵩山比泰山更为尊贵：

嵩高峻极压三川，周视方舆见广员。
绝顶固知天下小，泰山为占海隅偏。⑦

---

① 《续资治通鉴长编》卷5，乾德二年二月丁酉，第124页。

② （宋）石介著，陈植锷点校：《徂徕石先生文集》卷4《泰山》，中华书局，1984年，第42页。

③ 相关论述参见刘凌：《“五岳独尊”探源》，《反思传统 重识泰山》，线装书局，2010年，第261页。

④ 《李纲全集》卷158《华山辨》，第1466页。

⑤ （宋）王明清：《挥麈录·后录》卷2，上海书店出版社，2001年，第63页。

⑥ （宋）邹浩：《道乡集》卷2《次韵世美游嵩山》，文渊阁四库全书本，第1121册，台湾“商务印书馆”，1986年，第173页。

⑦ 《济南集》卷4《和人游嵩韵》，第757页。

还有人旗帜鲜明地认为嵩山为五岳之首，“地镇秉灵，维嵩冠五岳之首”①。虽然嵩山的高度并不是五岳之中最高的，正如宋人所形容的“泰山如坐，嵩山如卧，华山如立”②，但居五岳之中、处于中原、位于国家统治中心地带的地理优势使嵩山在宋代的国家政治活动中发挥了作用。中央政府和地方政府屡次祭祀嵩山，祈求嵩岳神灵保佑国家和地方长治久安、风调雨顺，众多重臣的政治生涯，往往与嵩山结合密切，宋徽宗甚至宣称自己的继位是嵩岳神灵庇佑的结果，这些充分证明了嵩山的神圣性。至于宋人对山岳有“独尊”和“之首”等雅称，这些地位、排名是没有实际意义的，或是当地人的自我感觉，或是外人的赞美之词。正所谓山外有山，杨辛先生在赞叹泰山美学时也说：“每个风景区都有自己美的个性，只能相互补充、丰富，而不能彼此替代。”③如果一味追求地位、排名，那就抹杀了大自然本身的美妙和灵韵，只剩下沽名钓誉、俗不可耐的浅薄意义。

第四节　少林僧兵考论及嵩山与端平入洛

宋代嵩山与战争之间的联系，与其他朝代相比，并不十分密切。由于北宋代周而立，直接继承后周的江山，而嵩山，一直在后周的版图之内，故而嵩山没有在北宋初期的战争中发挥作用。至于北宋末期，金兵以摧枯拉朽之势迅速灭亡北宋，在北宋的北方领土上烧杀掳掠，“东至柳子，西至西京，南至汉上，北至河朔，皆被其毒。坟冢无大小，启掘略遍，郡县为之一空”④，嵩山脚下的中岳庙、嵩阳书院等建筑也难免被焚毁。在此过程中，金军进展迅猛，势如破竹，嵩山并未成为两国军队交战的重要战场。

一、少林僧兵考论

目前所见的一些嵩山历史论著，尤其是包含宋代少林寺以及嵩山武术发展史的论著，出现了北宋末年少林僧兵现身宋金战争中的说法。《少林武僧志》一书称：

据《宋史》记载：《少林寺武僧集录》云：“宗印者慧灵之长徒，善习

---

① （宋）乐辅国：《永定陵修奉采石记》，《全宋文》卷393，第115页。

② （宋）周密撰，吴企明点校：《癸辛杂识》别集卷下《泰山如坐》，中华书局，1988年，第278页。

③ 杨辛：《泰山的美学探索》，《黄河文化论坛》第11辑，山西人民出版社，2004年，第277页。

④ （宋）徐梦莘：《三朝北盟会编》卷87，靖康二年三月二十八日戊午，上海古籍出版社，1987年，第647页。

单刀、长枪、弓箭等术，尤为弓箭，百步之外射中眼，高空射雁落埃尘，漆夜射贼中印堂，孤发弩弓箭成雨，神鬼惧怕僧宗印。”①

《少林武学的变异——由传统的重养生搏击到现代的重竞技表演》一文称：

宋代也有少林僧兵参战的记载。《宋史·范致虚传》记载：徽宗时，河南尹范致虚以僧赵宗印充任宣抚司参议官，宗印把以少林武僧为主的武装组成一支军队来抗击金兵，僧兵名“尊胜队”。这个记载反映出宋代少林武术也主要是用在军事上的。②

这些结论，均称其源自《宋史》第三六二卷《范致虚传》：

母丧逾年，起知东平府，改大名府。入见，时朝廷欲用师契丹，致虚言边隙一开，必有意外之患。宰相谓其怀异。致虚乞终丧，从之。免丧，知邓州，改河南府……复移邓州、提举亳州明道宫。

靖康元年，召赴阙，道除知京兆府。时金人围太原，声震关中，致虚修战守备甚力。朝廷命钱盖节制陕西，除致虚陕西宣抚使……

有僧赵宗印者，喜谈兵，席益荐之。致虚以便宜假官，俾充宣抚司参议官兼节制军马。致虚以大军遵陆，宗印以舟师趋西京。金人破京师，遣人持登城不下之诏，以止入援之师，致虚斩之。

初，金人守潼关，致虚夺之，作长城，起潼关，迄龙门，所筑仅及肩。宗印又以僧为一军，号“尊胜队”，童子行为一军，号“净胜队”。致虚勇而无谋，委己以听宗印。宗印徒大言，实未尝之兵。至是，宗印舟师至三门津，致虚使整兵出潼关。金守臣高世由谓其帅粘罕曰：“致虚儒者，不知兵，遣斥候三千，自足杀之。”致虚军出武关，至邓州千秋镇，金将娄宿以精骑冲之，不战而溃，死者过半……

高宗即位，言者论其逗挠不进，徙知邓州。寻加观文殿学士，复知京兆府；致虚力辞，而荐席益、李弥大、唐重自代。诏以重守京兆，致虚复知邓州。次年，宗印领兵出武关，与致虚合。会金将银朱兵压境，致虚遁，宗印兵不战走，转运使刘汲力战死焉。致虚坐落职，责授安远军节度副使，英州安置。③

范致虚的传记说明了在宋金战争中，席益推荐僧人赵宗印来到范致虚军中效力。

---

① 德虔编著：《少林武僧志》，北京体育学院出版社，1988年，第36页。

② 吕宏军：《少林武学的变异——由传统的重养生搏击到现代的重竞技表演》，《少林禅武医精要》，上海人民出版社，2010年，第141页。

③ 《宋史》卷362《范致虚传》，第11327～11329页。

宗印组织了一支僧兵“尊胜队”和童子军“净胜队”。由于范致虚志大才疏，勇而无谋，宗印夸夸其谈，但并无实战经验，最终宋军失利。从史料可见，范致虚的大军开至邓州，被金将娄室的骑兵冲击后，即不战而溃，死者过半。而到了建炎元年（1127年），宗印领兵出武关，至邓州与范致虚会和，金将银朱来攻，范致虚逃跑，宗印的士兵不战而逃。这两次战役均说明了范致虚和宗印的军事才华相当有限，他们所领导的兵士，也并非骁勇善战之士。至于宗印是否是少林寺僧，史籍中并没有提及，只留下了席益向范致虚推荐他的记载。席益是南宋初期较为出名的大臣，是洛阳人无疑。嵩山作为洛阳最为知名的胜地，席益对嵩山自然是耳熟能详，认识嵩山少林寺僧也是情理之中之事。由此推测，宗印极有可能是少林寺僧人，他所组织的僧兵和童子军，也极有可能是少林寺僧人。但是，目前尚未发现确凿的材料证明宗印确实是少林寺僧人。此外，还有学者因为范致虚曾担任河南府知府而推论宗印是少林寺僧人：

> 赵宗印率领的这二支僧兵的来源不详。但范致虚曾在宣和四年（1122年）前后任过河南尹，他还为蔡京所书的“面壁之塔”立石于初祖庵，因此，范致虚与少林寺是有密切联系的，僧兵中加入了少林寺僧人的可能性是存在的。①

范致虚的传记中已明确说明，在宋金战争期间，他任职陕西。不过在此之前，他确实是曾任河南府知府。因为嵩山在何南府的管辖范围之内，所以范致虚和少林寺有一定的关联。然而，范致虚认识宗印，却是席益从中引荐的，而不是他担任河南府尹期间发生的事。至于席益在何处认识宗印，史籍并无记载。因席益是洛阳人，故而声称宗印是少林寺僧人，这只是推测，并无史料予以佐证。而对于少林寺僧人习武的探讨，程大力先生有言：“整个唐宋时期，史籍均未见有少林僧徒习武演棍的只言片语。”②既然宋代的少林寺僧人练习武术的事实难以考证，那么在无法确定宗印身份的情况下，证明他们参加战争更是难上加难。由此可知，宋代少林僧兵的故事，只是口口相传的传说，并无确凿的史料依据。

二、嵩山与端平入洛

嵩山与宋代的战争有一定的关联，具体来说是嵩山脚下的北宋皇陵牵动了南宋统

---

① 《少林访古》，第201页。

② 程大力：《中国武术——历史与文化》，四川大学出版社，1995年，第79页。

治者的心灵，成为他们发动战争的动力。嵩山是北宋皇陵所在，如图一六[①]。这里长眠着北宋的七位帝王，宋太祖、宋太宗、宋真宗、宋仁宗、宋英宗和宋哲宗，加上宋太祖的父亲赵弘殷（被尊为宣祖），也埋葬于此，故而被称为八陵，南宋人称其为“嵩山祖宗陵寝所”。皇陵不在南宋的实际管辖范围之内，南宋皇帝无法祭扫祖宗的陵寝，令每一个南宋人扼腕痛惜。南宋皇帝所进行的北伐和灭金战争，都与夺回祖宗陵寝有一定的关系，收复皇陵有很强的政治象征意义。例如，在绍兴年间，当宋高宗看到出自宋太祖永昌陵的宝物时，“为之出涕”。他的后继者宋孝宗，“日夜不遑，欲恢复故土，志在此也”[②]。到了端平元年（1234年），南宋与蒙古联合灭亡金国后，京湖制置使史嵩之呈上《八陵图》，宋理宗看了之后，“悲喜交集”，即以“国家南渡之后，八陵迥隔，常切痛心”为由，诏令百官“集议以闻”[③]，为端平入洛、收复三京做准备。正因为嵩山与北宋皇陵的密切关系，于是嵩山在宋金战争中具有象征意义，是失去的北方领土的象征，是引导南宋人进行统一战争的一面旗帜。提及嵩山，便令南宋人产生挥师北伐、统一祖国的心愿。

图一六　北宋皇陵地理位置示意图

① 河南省文物考古研究所编：《北宋皇陵》，中州古籍出版社，1997年，第4页。

② 《贵耳集》卷上，第11页。

③ 《宋史全文》卷32《宋理宗二》，第2190页。

端平元年（1234年），宋蒙联合灭金后，南宋君臣举行盛大的仪式来庆祝宋金世仇的了结。金国的灭亡，使宋理宗有机会三次派员来到嵩山祭扫祖宗陵寝，尽孝子之礼。按照事先约定，宋军和蒙古军在灭金后各自撤退，但对金国领土的归属没有做出明确的规定。这一年的六月，宋理宗下诏出兵收复三京。七月二十六日，宋军第一梯队抵达洛阳，城内居民上千人登上城墙欢迎他们的到来。二十九日，当宋军第二梯队抵达洛阳城东三十里处，正散坐进食时，蒙古伏兵四起，宋军仓促无备，遭到了毁灭性的打击。蒙古军随后开始攻占洛阳。虽然城内宋军顽强抵抗，屡次击退蒙古军的进攻，但由于孤立无援、粮草匮乏，不得不向南撤退，“若转南登封山，由均、许走蔡、息，则或可脱虎口耳”。于是宋军从洛阳撤出，向南经过嵩山山脚，撤退到均州，一路上被蒙古“纵兵尾击，死伤者十八九”[①]。发生在端平元年的这次军事行动，被称为“端平入洛”。宋军进驻洛阳以及与蒙古军的战争，产生了严重的后果，南宋与蒙古的矛盾由此被激化。虽然蒙古垂涎南宋由来已久，但端平入洛为蒙古大举进攻南宋提供了口实，长达半个世纪的蒙古侵宋战争由此开始，南宋的灭亡就此埋下了伏笔。虽然在一路南逃的过程中，宋军并未借助嵩山地形展开战斗，但端平入洛的原因，无疑是包括宋理宗在内的众多南宋人渴望早日收回嵩山皇陵、收回三京、收回北方失地、一统山河的结果。

综上所述，宋代的嵩山，虽然不是一块远离狼烟的乐土，但它确实不像唐代的嵩山为李唐王朝的巩固做出了贡献，也不像金代的嵩山成为皇帝避难的场所。宋代嵩山的崇山峻岭，并未成为兵家必争之地。宋代少林僧兵传说的真实性，目前缺乏足够的史料支撑。尽管如此，嵩山依旧在宋代军事中发挥了一定的作用，嵩山脚下的北宋皇陵，是南宋人收复失地、发动战争的重要原因。

第五节　嵩山传说与政治事件

各种真假难辨的记载，以及流传在嵩山的多个传说，体现了嵩山在宋代政治中的作用。嵩山往往被用来佐证皇帝的神圣性。众多高官在嵩山的求学经历，更是直接证明了嵩山在政治中的积极作用。宋仁宗时期，北宋与西夏的和约，传言是嵩山神灵在宋夏战场上助阵的结果。南北两宋之交嵩山的各种传说，一直流传千年，至今仍在嵩山地区为人津津乐道，其中中岳庙铁人北上抗金的传说是嵩山人誓死抗金的具体体

---

① （宋）周密撰，张茂鹏点校：《齐东野语》卷5《端平入洛》，中华书局，1983年，第79页。

现，嵩山脚下南岳庙的兴建和祭祀是对当时政治环境的客观反映。

一、嵩山与皇帝

万人之上的北宋皇帝，和嵩山人有较为密切的关联。依据野史的记载，宋太祖和宋太宗的继位都与嵩山人有关。赵匡胤在何年何月何日成为皇帝，在何年何月何日驾崩，赵光义从晋王成为皇帝，全都在嵩山人的意料之中，应验了嵩山人的预言。宋徽宗的降世，据他自己的说法，是母亲派人来嵩山求子的结果，而他的继位，也是嵩山神灵庇佑的结果。

在未发迹之前，赵匡胤、赵光义兄弟二人常常和一名没有固定姓名、自称“混沌”或“真无”的道士漫游四方。这名道士在烂醉之后，从喉咙中发出一种清微的声音，似是从天空飘下，只有赵匡胤和赵光义二人能听清楚他说的是“金猴虎头四，真龙得真位”。这十个字着实令人费解，他酒醒后说这是醉梦中的胡言乱语，不足凭信。直到黄袍加身后，赵匡胤才幡然醒悟，自己成为真龙天子那天是庚申年正月初四，也就是猴年虎月初四，正好照应了这位道士的谶语。此后赵匡胤下诏遍访此人，却只听说他“或见于轘辕道中，或嵩、洛间”。所谓“轘辕道”，即是上文所说的古代从洛阳前往嵩山的必经之路，位于太室、少室这两座嵩山主山脉之间。所谓“嵩、洛”，指的是嵩山、洛水。看来嵩山及其周边地区，是这位道士潜身修行的圣地。一别多年后，赵匡胤在巡幸洛阳时，这位嵩山道士突然不请自来，并为赵匡胤算命：如果今年十月二十日夜间天气晴朗，那么赵匡胤便可延寿二十年；不然的话，应当尽快采取措施传位。赵匡胤将他安置在后宫，令人好好招待，可他却睡在木末鸟巢中，并且在几天之后神不知鬼不觉地离开了，“苑吏或见宿于木末鸟巢中，止数日不见”①。而当年十月二十日的夜里，天气骤变，雪雹交加。接下来所发生的，便是耳熟能详的中国历史谜案——斧声烛影的故事。赵匡胤在这一夜去世后，赵光义登上了宝座。

这一时期现身嵩山的神秘人物，还有一位老翁，自称幼时是唐代宰相房玄龄的检书苍头。这位老翁像“混沌”道士一样，具有超凡的识人之术，能够预测到北宋的第二位皇帝是谁，并为他物色了一位辅弼良佐——洛阳人石熙载。石熙载家境贫寒，以孝顺而闻名，“嵩阳道中遇一叟”。这位老翁对他注目端详一番，说他的长相酷似唐代名相房玄龄，有太平宰相的风范，“真太平良弼也。吾幼为唐相房元龄检书苍头，公酷似之”，并嘱咐他遇见和自己相契相投的人，要好好对待，因为这个人就是真龙

① （宋）文莹撰，郑世刚、杨立扬点校：《湘山野录续录》，中华书局，1984年，第74页。

天子，“见子事契相投者，即真主也，善事之”[①]。说完这句话后，老翁一瞬间便消失得无影无踪。后来他投奔太宁军节度使赵光义，赵光义非常器重他，对他情深义重。此后的事情果然不出老翁所料，赵光义继承大统，石熙载官至宰相。

不光是北宋初期的两位皇帝与嵩山有关，北宋末期的皇帝宋徽宗，他的诞生与继位，也与嵩山息息相关。嵩山崇福宫会元殿供奉的会元神，保佑宋神宗的陈姓侍女诞下龙种。陈氏深知产子的重要性，“继承之重，天下之大本”，想方设法地求神助孕。她“夙闻嵩岳，多神异之纪，而嵩旁之宫，得太室瀍涧之胜，有灵明肸蚃之实，独崇福为第一”，于是便派人来此代为求子，“神享其请，赐以吉卜，再卜袭吉”。在嵩山崇福宫祈祷后，她的儿子，即宋神宗的第十一子赵佶出生，她不忘感谢神灵相助之功，派人“自京师，命羽流盛芳，荐以伸昭报”。17年后，她的儿子入承大统，成为北宋第八代皇帝。正因为母亲与崇福宫有这么一段佳话，所以宋徽宗在继位之初，便下令重修崇福宫，为之写下洋洋洒洒一千多字的《西京崇福宫记》，特意说明了嵩山崇福宫的神圣性，“王畿之西，琳官真馆，神圣所依，崇福为之冠”[②]。

诚然，这些事件是虚幻的、是人为塑造的结果。赵匡胤的突然去世和赵光义的突然继位，正史中已经有相当清晰的表述，与这些来无影去无踪的嵩山人毫无关系。然而嵩山道士预测赵匡胤的继位和去世，嵩山老翁预测赵光义的继位，反映了宋人对赵匡胤、赵光义两人命运的预测，也就是宋人对皇权所属的预测，表明了宋代皇权的发展方向。崇福宫会元殿供奉的会元神庇佑宋徽宗的降世与继位，只是宋徽宗为证明自己继位的合法性而发出的粉饰之词。他盛赞嵩山神灵的灵验，正是为自己寻找天命神授的依据。宋人借助嵩山的威望来表达政治意向，宋代皇帝借助嵩山的威望来开展政治活动，证明了嵩山在北宋政坛上具有重大的影响力。

二、嵩山与官员

在北宋政坛上，一些赫赫有名的官员都与嵩山有密切关系。石熙载、张齐贤、钱若水、韩亿、李若谷、王随等人，或是在嵩山求学、修行，或是在嵩山得遇高人，为日后的功业打下了坚实的基础。

前文已对宰相石熙载在嵩阳道中遇到高人的事迹做了论述，接下来论述他的同乡张齐贤。宰相张齐贤并不是在嵩山偶遇仙人而坐拥高官厚禄，只是在嵩山做了一个美

① （宋）文莹撰，郑世刚、杨立扬点校：《玉壶清话》卷3，中华书局，1984年，第28页。

② 《宋朝事实》卷3《西京崇福宫记》，第47～49页。

梦，日后美梦成真。入仕之前，他“尝春游嵩岳，醉卧巨石上”，梦见一个人赶着一群羊，来到他面前说：“这是张相公的食料羊。”显达之后的张齐贤嗜吃羊肉，“每食数斤，犹未厌饫，健啖世无比者”①。这一点和唐代宰相李德裕梦见有人对他说，他一生能吃一万只羊的预兆相同，同属于食禄前定型。正因为这个典故，后世嵩山人将他醉卧的地方称为“万羊冈”②。除去这则记载中的夸张表述成分，后人可以看出嵩山一梦预示了张齐贤的官宦生涯。

参知政事钱若水，青年时期在嵩山佛寺读书，“少时读于嵩山佛寺”③。翰林学士韩丕，“少游学嵩山间，性质朴刻励，著名于时，作感秋诗三十篇，人多传诵”④。参知政事韩亿和李若谷以及宰相王随在登第之前，曾在嵩山法王寺寄读，“韩参政亿、李参政若谷、王丞相随未第时，同于嵩山法王寺读书”⑤。读书嵩山的经历，是他们成才的基础，为他们日后跻身仕途、官居高位做了准备。

从上述官员的经历来看，嵩山是众多官员求学或修行的宝地，在他们的政治生涯中发挥了较大的作用，从而对宋代的政治活动产生了一定的影响。

三、嵩山神灵在宋夏战争中立功

根据道家典籍的记载，庆历年间，嵩山崇福宫北极紫微阁内供奉的真武灵应真君在战场上变为毒蜂，帮助北宋将士战胜西夏，促使元昊投降。起初是河南府官员得知紫微阁内的一条椽木斜坠下来，损坏了真武灵应真君神像的右肩。正当官员们准备奏报此事时，宋仁宗已经命人来检验真武真君的伤势了。这是因为，紫微阁的传奏土地已经将此事在宋仁宗梦中汇报过了，称真武灵应真君“因与皇帝助战西蕃赵元昊，化黑蜂遍满军前，特助元帅庞籍获胜。为施神功护国，右臂伤中，不可尽言”。土地神所言并非虚言，因为前线将士的报告，印证了他所说的每一句话，“方大军临三凤川，与赵元昊亲战，经三时辰，忽有黑黄土蜂起，如云霭遍及郊原，竞趋西兵，见蕃众伤中，倒卧万数，遂掠数人验视，并非器刃所伤，或柢面目三五点黯损，据云痛切心髓”。元昊本人也被蜇住，“头如中一大斧，负痛败归”⑥，不得已而拱手乞降。

---

① （宋）周煇撰，刘永翔校注：《清波杂志校注》卷8《食料羊》，中华书局，1994年，第348～349页。

② 《嵩书》卷2《万羊冈》，第25页。

③ （宋）苏辙撰，俞宗宪点校：《龙川别志》卷下，中华书局，1982年，第98页。

④ （宋）江少虞：《宋朝事实类苑》卷42《旷达隐逸》，上海古籍出版社，1981年，第550页。

⑤ （宋）邵伯温撰，李剑雄、刘德权点校：《邵氏闻见录》卷8，中华书局，1983年，第78页。

⑥ 《玄天上帝启圣录》卷3《毒蜂霭云》，第594页。

崇福宫北极紫微阁内供奉的真武灵应真君帮助宋军在战场上打败西夏，自然是无稽之谈。宋夏战争历时多年，双方互有胜负，只不过在战争后期，西夏国力渐弱，人民厌战，加之缺乏辽国援助等原因，不得已而议和。然而这则材料所体现的，在宋夏战争中，北宋战胜西夏是神灵保佑的结果，一是证明了北宋对西夏开战的正义性和合理性，二是反映了嵩山神灵乃是宋廷的保护神，在战争中能够庇佑北宋。

四、中岳庙铁人北上抗金

21世纪的今天，流传在嵩山的各种传说，依然印证着嵩山与宋代政治的密切关系。首先来看中岳庙内宋代铁人的传说。

中岳庙崇圣门东侧的古神库，四角立着四尊铁铸的铁人，俗称镇库铁人或守库将军。对称的西边有一无字碑亭（当地人解释说，因岳神的功德太高，无法用文字表示，故立空石以示纪念），四角也应该有四个铁人，但现在能看到的只有东边这四个铁人了。西边的四个铁人，当地百姓口口相传，奔赴北方战场抗击金兵了。

这则传说的具体内容如下：

> 相传很久以前，这里铁人共8个，分立在东西神库的四周。北宋末年，金兵南侵，民族英雄岳飞率领爱国将士转战黄河两岸。后来，抗金浪潮波及中原大地，8个铁人摩拳擦掌，跃跃欲试。一天夜里，8位铁人乔装打扮，来到黄河岸边，可登船时，却发现小船只能坐下4人，于是4个铁人先过，另外4个在岸边等候。待摆渡小船返回拉这4个铁人时，天已大亮。中岳庙的道长派人找到黄河岸边，硬是把尚未过河的4个铁人带回。所以，至今站立在神库周围的4个铁人，仍是一副怒目而视、壮志未酬的神态。①

嵩山中岳庙铁人北上抗金的传说是令无数中原人慷慨激昂的故事。当然，铸造于北宋中期的镇库铁人，虽然高大威猛，但却无法自由活动，更无从谈起上战场杀敌立功。不过，在南北两宋之交时期，金兵南下烧杀抢夺，中原生灵涂炭，岳飞抗金的事迹震撼了整个中原大地，其部将收复了洛阳，广大人民也纷纷抗击金兵。中岳庙铁人崇拜岳飞的英雄气概，把为国赴难看作自己的职责，主动北上抗金的传说，反映了嵩山人愿意为国捐躯的大无畏精神。嵩山人对金兵的仇恨，对祖国统一的渴盼，是对两宋之交的政治状况的客观反映。

---

① 李晓光：《中岳庙与镇库铁人》，《郑州日报》2015年3月13日。

五、嵩山脚下的南岳庙

位于少室山南、登封市南8千米左右的大金店镇大金店中街的乡间小庙，名曰南岳庙，如图一七，有正殿三间，月台一个，斗拱尚为完整，房顶灰色筒瓦，和脊兽游仙人参差不齐，保留着金代建筑的规格样式，如图一八。

建在中岳嵩山脚下的小庙，却被命名为南岳庙，着实令人疑惑不解，“据说金兀术占领中原后，兵力及此，是管辖区域的南疆。金兀术野心勃勃，企图并吞中国。全国五岳，金兵已占有四岳，仅南岳衡山未达，令在这里建造南岳庙，名谓‘位配南岳’”[①]。这就解释了南岳庙出现在中岳嵩山的原因。

这则传说并非信口开河，而是金国占领中原后的，意图占领整个南宋的政治目的的客观反映。南宋初年，北方大部分领土已经沦入金人之手。然而金人并不满足于仅占领华夏大地的东、西、北、中四岳，对南岳衡山还在南宋版图内耿耿于怀，故而极有可能在中原嵩山建造南岳庙，并起名曰“位配南岳”，幻想五岳都在金国的管辖范围之内。可惜对于南岳庙具体的兴建年代，目前已经难以考证，否则就可以增加这则传说的真实性。

按照常理，南岳庙祭祀的理应是南岳大帝，然而笔者于2013年10月到嵩山南岳庙参观时，当地人对笔者所说这里供奉的却是崔府君。崔府君是宋元时期北方常见的神祇，但在南岳庙内却显得颇为奇怪，毕竟南岳庙应该供奉南岳大帝。对此，当地人解释说，大概是金兀术觉得放一个伪南岳大帝的神像在此颜面无光，于是在当时民间的诸神中，挑选了有着广泛群众基础的崔府君作为替代，摄享衡山之祭。此后笔者查阅相关资料，发现这种说法确实有史料依据。元代人在叙述崔府君祭祀的历史时曾说：“金国以宋祀未绝，江淮未庭，奉神代享衡山之祭。至元十五年，中书省奏：先是，南岳阻于长江，不获致礼，以崔府君摄享。金残宋灭，南北五岳通祀，府君封号难袭故常。圣旨增封‘齐圣广祐王’，敕守土备礼告庙，仍大书深刻门额。”[②]这则史料说明了在金代，由于南岳在南宋的版图内，金人是以崔府君来代享南岳之祭的。金人沿袭了宋人的礼制来装饰其门庭，进而证明其政权的合法性。嵩山脚下南岳庙的相关传说，都是有一定的史实依据的。

---

① 河南省登封县地方志编纂委员会：《登封名胜文物志》，河南省登封县地方志编纂委员会，1985年，第61页。

② （元）胡祗遹：《胡祗遹集》卷17《齐圣广祐王庙碑》，吉林文史出版社，2008年，第375页。

图一七 登封南岳庙山门

图一八 登封南岳庙大殿

这三则流传在嵩山的传说，虽然其中有部分荒诞不经的内容，但它们并不是凭空编造的，而是有一定的历史渊源和事实依据的。北宋中期，宋夏战争持续不断，双方胜负难分，嵩山神灵现身战场，帮助北宋战胜西夏，反映了人们渴盼战争尽快结束的心愿，同时也可见嵩山神灵是宋廷的保护神。两宋之交，中原大地饱受兵燹，人们纷纷奋起抗敌，中岳庙内的铁人，也希望追随岳飞抗击金兵，这正是当时千千万万个中原人的真实写照，而金人占据中原后，并不满足，希望吞并整个宋朝。金国与南宋对峙时期，华夏大地的五岳之中，东岳泰山、西岳华山、北岳恒山和中岳嵩山已在金国的版图之内。金国在中岳嵩山脚下建立南岳庙，彰显了金国灭亡南宋、以中原合法政权自居的心理。可惜南宋政权的巩固，极大地打击了金人的南侵念头。嵩山南岳庙的存在以及崔府君代享南岳大帝，或可慰藉金人的失落心理。

除了上述历史名流与嵩山密切相关，嵩山脚下生活的百姓也将自己的美好生活与嵩山和宋代政治联系起来。政和三年（1113年），一泓清泉从浮丘庙庭前流出。浮丘庙位于嵩山脚下，确切地说是在嵩山山系中的缑山，是为了纪念传说中的远古神仙浮丘公而建。浮丘公曾接周灵王的太子晋在此学道修炼，后来太子晋驾鹤升仙。或许是沾染了仙气，这股泉水“澄澈象鉴，醴甘过饴，映带清流”。如此清澈甘甜的泉水，病人一喝就痊愈，但“鹅鸥凫泳者辄死”。于是人们意识到，治病的甘泉，是宋代政治清明的反映，是宋徽宗美政、美德的体现，“比年而来，朝廷清明，百度修举。……盖由皇天眷佑，上德昭明，格致休美，以懋大业”[①]。在嵩山人的心目中，嵩山神灵显圣，是大宋政清人和的结果，这也就反映了嵩山在宋人生活中占据的重要地位。

本章小结

宋代的嵩山位于国家统治的中心区域，与政坛的关系极为密切。上至九五之尊的皇帝，中有文武百官、鸿儒硕学，下至平头布衣，他们的生活，多与嵩山有一定的关联。登封知县的为政举措，与嵩山密切相关。宋代政府多次祭祀嵩山，宋真宗亲自作了《中岳醮告文》，并命翰林学士王曾撰写中岳中天崇圣帝碑铭，记载册礼中岳之事。现存于中岳庙内的中岳中天崇圣帝碑，正是此事的实物见证。宋徽宗时期，洛阳父老屡次恳请宋徽宗封禅嵩山，虽未得到许可，但却是宋徽宗时期丰亨豫大政治心态

① （宋）张挺：《浮丘公庙灵泉记》，《嵩书》卷21，第487页。附录中有全文。

的具体表现。北宋灭亡之后，南宋的国家祭祀体系中依然包括嵩山，表明了嵩山在南宋的政治生活中也发挥了作用。而嵩山“混沌”道士以及嵩阳道中的老翁，指明了宋太祖、宋太宗的命运，是对宋代政治的正确预测。嵩山还给大宋王朝培育了许多英才，如钱若水、王随、李若谷、韩亿等人。这些人在嵩山求学、修行的经历，为他们日后的仕途腾飞打下了基础。嵩山崇福宫内的神灵，无比灵验，在宋夏战争以及宋徽宗继位等宋代重大的政治活动中发挥了的作用。即使是在现在，中岳庙铁人北上抗金以及南岳庙的传说，依然是两宋之交政治活动的反映。如此多的政治活动，借助嵩山的声望来开展，表现了嵩山的影响力。

诚然，上述一些野史和传说不可作为信史来看，尤其是其中充满神异色彩的内容，更不等同于历史，但后人可以从虚幻的泡沫中走出来，探寻真实的宋代社会。这些发生在嵩山的事件，所体现的人物命运和时代特色等，真实地记录和反映了宋人对现实生活的想象，对未来生活的期盼以及对历史发展的预测，指明了宋代政治发展的潮流所在。

第四章　宋代嵩阳书院

嵩阳书院是嵩山历史文化研究中不可或缺的内容，是我国古代教育史中的一颗明珠，是宋代嵩山人文发展的重要标志，在理学的传播过程中发挥了重要的作用，对宋代社会产生了积极的影响。

第一节　嵩阳书院所处的环境

一、地理环境

嵩阳书院因位于嵩山之阳而得名。它背靠峻极峰，东峙万岁、虎头诸峰，西依少室山，两侧峰峦环拱，对面是箕山。法王寺、嵩岳寺一带山峡的汩汩溪水与老君洞、峻极峰而下的蜿蜒峡水，在嵩阳书院门下汇合成双溪河，缓缓注入颍水。可以说，嵩阳书院“北背高峰，南临广陌，西带浚涧，东接修林”[①]，地理位置优越。嵩阳书院里面，则是层台累榭，飞檐反宇，古柏参天，清雅静谧，如图一九[②]。嵩阳书院便在这得天地之灵、撷山川之秀，如诗如画的境界中，完成了传诵不朽诗书、承载千年文化的历史使命。

二、人文环境

千百年来，嵩山既是帝王游幸之所、三教荟萃之地，也是华夏文化的根脉所在，“历代之圣君贤相名儒，无不游历其地，寻渊溯源，圣贤之道统萃焉”[③]。正缘于此，嵩山为历代文人骚客所眷顾，他们在此寄寓隐居、游息读书，为开创书院创造了良好的文化条件。延至宋代，嵩阳书院盛极一时，荣为北宋初期天下闻名的四大书院之

---

① 《全后魏文》卷58《中岳嵩阳寺碑》，第574页。

② 图一九引自《登封市志》，第242页。

③ （清）张埙：《嵩阳书院记》，《嵩阳书院志》卷2，第93页。

图一九　嵩阳书院全图

一[①]，为宋代的嵩山增添了无尽的光彩和荣耀。

嵩阳书院的前身则是佛教和道教的活动场所。北魏孝文帝太和八年（484年），生禅师在这里创建嵩阳寺，为佛教寺院。大业年间，隋炀帝为了让道士潘诞给自己炼金丹以长生不老，遂更名为嵩阳观，成为道士炼丹之所。弘道元年（683年），唐高宗同武则天两访嵩山，以嵩阳观为行宫，曰奉天宫。此后改名为太乙观。唐代不少文人墨客均游历此地，如韩愈、白居易、储光羲等都在此留有题记或诗篇。五代时期，中原大地连年兵战，社会动荡，礼乐崩坏，官学遭到严重破坏。长庆三年（823年），后唐进士庞式“肄业于嵩阳观之侧，临水结庵以居”。他在这里收下了学生，“庵内唯薛生，东郡人也，少年纯悫，师事于式”[②]。南唐学者舒元、道士杨纳曾在此聚徒讲学，为书院的创办打下了基础[③]。后周时，隐居太乙观的学者们，皆感孔孟之道失传，教育不振，乃以办学施教为己任，上书朝廷设立太乙书院。显德二年（955年），周世宗依据奏请，在此创建书院，称太乙书院，这是嵩阳书院的初始阶段，由此便拉开了嵩阳书院千年的发展史。而宋代，正是嵩阳书院发展的辉煌阶段。

第二节　嵩阳书院发展史

一、发展原因

北宋初年，经过民间士子的执著追求与官方政权的大力推动，开始于唐代的教育机构——书院，在宋代逐渐走向成熟，成为我国书院发展的黄金时期。

北宋建国初始，仍然面临着深刻的内外矛盾和激烈的战争，政治形势依旧相当严峻，兵荒马乱的隐患依旧存在，加之连年征战所耗费的大量财力、物力，统治者无暇顾及教育，对于文教事业的发展更是有心无力。在北宋初期的几十年间，官学并没有较大的发展，除中央勉强维持国子监、太学以外，盛唐时期的州县学、乡党之学等一整套地方学校及其教育制度始终没有恢复，基本处于瘫痪状态。宋太祖以武力夺取天

---

① 学界对中国四大书院一直屡有不同见解，有观点认为，四大书院是岳麓、白鹿洞、睢阳和嵩阳，也有观点认为，四大书院是岳麓、白鹿洞、睢阳和石鼓。对于这个问题，笔者赞同安国楼先生在《嵩阳书院与二程理学》［《郑州大学学报》（社会科学版）2009年第5期］一文中的分析，最终结论是“嵩阳为中国四大书院之一的认定，在历史上其实是一个没有争议的问题”。

② 《玉堂闲话》卷3《庞式》，第1883页。

③ 《宋史》卷478《舒元传》，第13864页。

下，希望偃武兴文，因而大大增加科举取士名额。然而，由于长期的战乱不休，作为养士之所的官学在宋初基本处于废弛状态，书院成为科举取士的主要来源之一。在官学不兴的时代背景下，书院一时取代官学成为培养人才的重要场所，因此得到了迅速的发展。与之同时，许多满腹经纶的儒生，面对风雨如晦的社会现实，倾向于避世隐居的宁静清高生活。他们深刻地意识到儒学是匡扶正义、定邦治国之道，现世事不稳，为了避免儒学失传，于是便沿袭前代的做法，择胜地、聚山林、立精舍，建院讲习圣王之道，并逐渐发展成为一种以私人创建为主，聚书研修、讲学授徒的独特的教育组织形式——书院，正如南宋学者总结北宋之初书院兴起原因时所说的“国初斯民，新脱五季锋镝之厄，学者尚寡。海内向平，文风日起，儒生往往依山林，即闲旷以讲授，大率多至数十百人”①，书院就此成为一些名士学者仕途以外的一种积极的入仕方法。此外，书院清幽、宁静的治学环境与中国传统士人旷达、清高且又忧国忧民的精神追求互相契合，故而备受士人青睐。正是在北宋初年教育不振的社会现实下，距离国都汴京仅二百余里，属于畿辅重地的嵩阳书院，凭借地理、文化等多重优势，吸引了大批名师宿儒莅临，备受宋人的推崇与后人的尊重。

嵩阳书院的兴起原因又与宋代重视文化教育的基本国策息息相关。宋初统治者重视儒学，宋太祖屡令文武大臣要多读书以讲求治道，明确宣称“宰相须用读书人”②，宋太宗多次赋诗劝学，每每向臣下宣称自己“他无所爱，但喜读书”③，认为“王者虽以武功克定，终须用文德致治”④。由此，“兴文教、抑武事”⑤，“以文化成天下”⑥，即以文教治国，成为赵宋王朝始终坚持的基本国策。从中央到地方，各级政府对书院大加奖掖和推广，为书院的发展提供积极的支持政策，亦是宋初书院教育快速勃兴的重要因素。作为国家统治中心区域内的嵩阳书院，占尽地利、天时，得到了长足的发展。

---

① （宋）吕祖谦：《吕祖谦全集·东莱吕太史文集》卷6《白鹿洞书院记》，浙江古籍出版社，2008年，第99页。

② （宋）李焘：《续资治通鉴长编》卷7，乾德四年五月乙亥，中华书局，2004年，第171页。

③ 《续资治通鉴长编》卷32，淳化二年闰二月戊寅，第713页。

④ 《续资治通鉴长编》卷23，太平兴国七年十月癸亥，第528页。

⑤ 《续资治通鉴长编》卷18，太平兴国二年正月庚午，第394页。

⑥ （宋）周必大：《文忠集》卷55《文苑英华序》，文渊阁四库全书本，第1147册，台湾“商务印书馆”，1986年，第582页。

二、发展历程

位于嵩山的太乙书院，在嵩山儒学兴盛以及宋初统治者重视教育的时代背景下，得到了宋政府的关注和扶持。

至道二年（996年），宋太宗向太乙书院“赐院额，及印本九经书疏”[①]。所谓院额，是指书院大门上的牌匾，即是书院的名称。宋太宗将太乙书院易名为太室书院，并赏赐《易》《书》《诗》《左传》《公羊传》《穀梁传》《仪礼》《周礼》《礼记》九部经书。政府赐书，既丰富了书院的藏书，又光耀了院门，是朝廷对书院价值的肯定，对书院重视的表现。“虽然御赐图书的目的主要是倡导书院的发展，但不可否认，朝廷赐予书院图书，往往更带有强烈的政治意图和目的——通过赐书以官方所要求的思想和文化掌握、控制书院的教学内容，进而达到教化人心和统一思想的政治统治目的。”[②]尽管嵩阳书院得到朝廷的赐书，是统治者控制书院教学、统一文化思想的表现，但这对书院而言是莫大的荣耀，客观上促进了书院的发展。

至道三年（997年）五月，在嵩阳书院发生了一件神奇的事情。虽然这里的教育者不语怪力乱神，但嵩山之阳的特殊位置，无可避免地让书院蒙上了神异的色彩。河南府上奏宋真宗说：“甘露降书院讲堂。”[③]作为太平祥瑞的象征，甘露降对于这一年三月才继位的宋真宗来说，肯定是一个令他自豪和高兴的事件。

此后嵩阳书院多次受到朝廷的赐书。大中祥符三年（1010年）四月，宋真宗“赐太室书院九经”[④]。这是朝廷第二次赐予太室书院书籍。景祐年间，太室书院被宋仁宗赐名为嵩阳书院。不过，这次赐名的时间，在不同的史籍中有不同的记载，由此造成了后人对嵩阳书院历史研究的混乱。南宋初期人李焘编撰的北宋断代编年史《续资治通鉴长编》记载：景祐三年（1036年）九月己丑，宋仁宗“赐河南府新修太室书院名曰嵩阳书院”[⑤]。而南宋末期人王应麟编纂的大型类书《玉海》则称其发生在景祐二年（1035年），“景祐二年九月十五日己丑，西京河南府重修太室嵩阳书院，诏以嵩阳书院为额”[⑥]。考虑到《续资治通鉴长编》成书早于《玉海》，且为编年体史书，《玉

① 《玉海》卷167《宫室》，第3075页。

② 张惠芬主编：《中国古代教化史》，山西教育出版社，2009年，第102页。

③ 《玉海》卷167《宫室》，第3075页。

④ 《玉海》卷167《宫室》，第3075页。

⑤ 《续资治通鉴长编》卷119，景祐三年九月己丑，第2807页。

⑥ 《玉海》卷167《宫室》，第3075页。

海》对其内容多有借鉴，故而其称景祐三年九月宋仁宗将太室书院易名为嵩阳书院较为合理。

宝元元年（1038年）四月，宋仁宗“赐河南府嵩阳书院田十顷”[①]。此次赐田十顷，是作为学田以维持书院常年经费。从上述宋政府对嵩阳书院赐书、赐额、赐田之事来看，明显是将其视作西京教育机构而予建设，其替代官学的作用显而易见。嵩阳书院由此进入了快速发展时期，学生众多，声名远扬，宋人李廌的《嵩阳书院诗》在叙述这段历史时自豪地说：“崇堂讲遗文，宝楼藏赐书。赏田逾千亩，负笈昔云趋。”[②]这时的嵩阳书院，一派兴旺景象。

还是在宋仁宗时期，嵩阳书院也曾有一段衰败的历史。庆历初年，立国已有八十余年的北宋，外敌环俟，冗员充斥，帑藏空虚，国内外矛盾加剧。宋仁宗任用范仲淹、富弼等有识之士进行改革。在这次改革中，宋仁宗下诏命令各个州县办立官学，“诸路州、府、军、监，除旧有学外，余并各令立学”[③]。同时还规定，只有在学校里学习三百天以上的人，才有资格参加科举考试，一时间全国各地办学之风兴起。由此，官学教育得到了大发展，私学逐渐衰落，嵩阳书院也不例外。直到嘉祐年间，登封知县钱衮看到嵩阳书院“师席久倚，生徒尽散落”的惨状，开始振兴嵩阳书院，挑选登封优秀的学子前往嵩阳书院就读，并招徕外来的优秀教师，“尽料邑人子弟之良者，遣往教之，四方之士来者皆留其中”。这项措施促进了嵩阳书院的复兴，“嵩阳之学至今为盛，盖去私至后，始能如此”[④]。嵩阳书院开始了新一轮的振兴。

宋神宗时期，嵩阳书院先是遭遇了挫折，接着迎来了辉煌。熙宁元年（1068年）三月，继位之初的宋神宗就说：“当今理财最为急务。”[⑤]他领导了一场规模空前的熙丰改革，其首要任务是“理财”。嵩阳书院的赐田在此时被劝农使变卖，“劝农桑使者，利心巧阿谀。飞书檄大农，鬻此奉时须”。遭受此劫的嵩阳书院，“垣墙聚蓬蒿，观殿巢鸢鸟。二纪无人迹，荒榛谁扫除”[⑥]，一派荒芜景象。然而这只是暂时的。由于众多官员反对熙丰新法，朝廷相应增加了嵩山崇福宫提举、管勾等官员的编制，

① 《续资治通鉴长编》卷122，宝元元年四月丁亥，第2872页。

② （宋）李廌：《济南集》卷2《嵩阳书院诗》，文渊阁四库全书本，第1115册，台湾“商务印书馆”，1986年，第728页。

③ 苗书梅等点校，王云海审订：《宋会要辑稿·崇儒》，河南大学出版社，2001年，第82页。

④ （宋）文同：《丹渊集》卷37《都官员外郎钱君墓志铭》，文渊阁四库全书本，第1096册，台湾“商务印书馆”，1986年，第772页。

⑤ （元）佚名撰，李之亮点校：《宋史全文》卷11《宋神宗》，黑龙江人民出版社，2005年，第550页。

⑥ 《济南集》卷2《嵩阳书院诗》，第728页。

将政治异议和闲散人员安置于此。而崇福宫，则位于嵩阳书院之东仅一千米。崇福宫既区别于一般庙宫，又不同于普通祠堂，是专为宋真宗祝厘和祈求福佑的场所。但在熙丰新法之际，朝中政见严重分歧，崇福宫就变成反对变法者投闲置散的场所，“发挥着优贤储才的政治功能，礼遇文臣勋旧是宋政府的一贯政策，往往把一些老臣或政治异议人士暂时安置到环境优美的崇福宫，既体现国家对崇福宫管理的重视、对臣僚的礼遇，必要时又能随时起用，有利于政治运行，可谓是一石三鸟，功效甚好”[①]。崇福宫先后容纳过许多重臣和学者，如司马光、韩维、吕诲、程颢、程颐、范纯仁、李纲等。这些仕途抑郁不得志的儒学大师在游山玩水、赋诗咏歌的同时，大量时间聚集在跬步之隔的嵩阳书院讲学。此外，西京洛阳适合隐退休闲的社会风气，吸引了众多与王安石治国理念不同的儒学大师，他们也纷纷来到嵩阳书院和崇福宫，为宋代嵩山儒学的发展，做出了贡献。

图二〇　嵩阳书院讲堂内的二程讲学图

宋神宗去世后，年幼的宋哲宗无法处理政务，由高太后听政。在此期间，熙丰新法被废除，为众儒所称颂，“今主尚仁政，美利四海敷。仁贤任阿衡，天地一朝苏”。也就在此时，一位姓高的登封知县，看到嵩山漫山遍野布满了佛寺、道观，唯

① 《北宋西京河南府研究》，第157页。

独儒学缺失，“愤彼释老子，遗宫遍山隅。吾儒一何衰，废迹可嗟吁”。为此他不断向上级报告，“连笺叩洛尹，移文讽使车”，毅然修复书院，实现“兴儒”①美意。

对于嵩阳书院在宋代的发展，隐居嵩山脚下长社（今河南长葛）的文学家李廌作了《嵩阳书院诗》加以叙述。前文所引诗文，即出自此诗。此诗先叙述了儒学教育与仕途的紧密关系，“自致或世赏，因儒升仕涂。一朝希斗禄，辄与故步殊”。接下来叙述了嵩阳书院源自唐代，“嵩阳敞儒宫，远自唐之庐”。然后开始叙述宋代嵩阳书院的发展，首先是宋真宗兴建了这座书院，“章圣旌隐君，此地构宏居”，并对书院赐书、赐田，从此嵩阳书院发展迅速，学子众多，“崇堂讲遗文，宝楼藏赐书。赏田逾千亩，负笈昔云趋”②。至于其后嵩阳书院的发展，前文已有论述，此处不再赘述。

最令后世研究者遗憾的是，宋代史籍中并未出现有关嵩阳书院教学管理诸情况，即便是清代专修《嵩阳书院志》，对这一段历史也无从说起，故而目前对宋代嵩阳书院具体的办学状况难以考证。不过，经历过三兴官学后，北宋中后期，全国各地的书院教育逐渐沉寂。而到了靖康年间，整个京畿地区硝烟弥漫、人命危浅、朝不虑夕，嵩山之中的书院化为废墟而无人问津。

第三节　嵩阳书院的作用

书院作为我国古代教育中的一种特殊教育方式，在教育发展史上具有极为重要的作用。嵩阳书院在其发展的千年历程中，汇集了众多名师才俊，培养了大批优秀人才。

嵩阳书院是理学的开创地之一，是程颢、程颐理学教育思想的形成之地，理学的教育思想一直是书院的中心教育内容。熙宁五年（1072年），二程之父程珦管勾嵩山崇福宫，程颢“求折资监当以便养”。在洛阳居住的十余年，程颢“日以读书劝学为事”，“士大夫从之讲学者，日夕盈门，虚往实归，人得所欲”③。程颢去世之后，他的学术得到程颐的阐发，他的学生也转到程颐门下。元祐七年（1092年），程颐提举嵩山崇福宫。位于嵩山的嵩阳书院，是二程讲学的重要基地之一。二程以孔孟学说为理论体系，并汲取佛教、道教中有益的成分，对传统儒学进行了改造和创新，融儒、佛、道思想于一体，围绕社会、人生、自然深入探讨的儒学新学派、理学的先导——

① 《济南集》卷2《嵩阳书院诗》，第728页。

② 《济南集》卷2《嵩阳书院诗》，第728页。

③ 《二程集·河南程氏遗书》附录《门人朋友叙述并序》，第329页。

洛学就此诞生了，二程被称为理学的奠基者和先驱。嵩阳书院因二程开展儒学研究，传播理学精要，引来了众多的莘莘学子。二程弟子中的杨时，是理学南传的重要人物。杨时先是跟随程颢，在程颢去世后，再次北上求学，投在程颐门下。当杨时学成南归时，程颢对他寄予厚望，“吾道南矣”①。此后杨时没有辜负老师的期望，继续潜心研究和传播程氏理学，“倡道东南”②，被后人尊为程学正宗。南宋大理学家朱熹、张栻的学问，皆出于此。可以说，杨时是二程理学与朱熹之间承前启后的一座桥梁。具体来讲，作为理学先导的洛学，首创于二程，经其弟子杨时传至罗从彦，再传李侗，三传至朱熹，由朱熹集大成而为闽学，共同构成了程朱理学体系。清代进士耿介增建嵩阳书院时，建造了三贤祠，“以祀程朱三子及提点管勾诸贤，朱虽带衔未至嵩，而接程之传也”③，也说明了清代学者认为朱熹所学来自二程。朱熹继承和发展了二程尤其是程颐的唯心主义理学思想，兼百家之长，构造了一个庞大的以伦常秩序为本体轴心的道学体系。在这一体系中，孔孟思想被加以新的解释，释、道两教关于个体修炼与宇宙论、认识论的思想精粹亦被批判地接受。在集诸儒之大成和汲取释、道哲学的基础上，在理学和章句训诂之学相结合之后，朱熹传承了中华民族传统文化的道学运动，发展并形成了哲学思辨结构的理论体系，最终集理学之大成，完成了对儒学的改造。这种学说被后人称之为“程朱理学”，后来又发展为宋明理学，长期被奉为官方哲学，影响元明清社会达六七百年之久。程颢、程颐在嵩阳书院的一系列教学活动和成果是对儒学的一次历史性的发展和完善，也正是在此书院，理学得到了大规模的传播，并被其弟子发扬光大，最终形成新儒学——程朱理学，由此可见嵩阳书院在理学形成及传播过程中发挥的巨大作用。

至于嵩阳书院所培育的大批人才，也可证明嵩阳书院在历史发展中的作用，前文已有叙述。嵩阳书院以义理修养为核心，教育与学术研究相结合，成为学者传道授业的圣地，是我国创建较早、影响较大的书院之一，与岳麓书院、白鹿洞书院、睢阳书院（又称应天府书院）并称为中国古代四大书院。作为洛学的发祥地之一和古代书院的典型，嵩阳书院具有很高的历史地位，在中国思想史、文化史和教育史上发挥了重要作用。总之，嵩阳书院作为文明史上一颗璀璨的明珠，承担了无与伦比的历史作用。

---

① 《宋史》卷428《杨时传》，第12738页。

② 《宋史》卷428《罗从彦传》，第12745页。

③ （清）耿介撰，梁玉玮、孙红强、陈亚校点：《敬恕堂文集》卷4《嵩阳书院图说》，中州古籍出版社，2005年，第238页。

第四节　嵩阳书院传说辨析

2013年10月，笔者前往嵩山，在路上以及在嵩阳书院内，听到了一些有关嵩阳书院的传说。其中，最为耳熟能详的当属杨时、游酢在嵩阳书院讲堂外冒着大雪等待老师程颐的事情，也就是程门立雪的传说。这一传说，笔者在网络、报刊以及嵩阳书院的导游词等中也常常看到，但当自己亲耳听到几位导游在介绍嵩阳书院的讲堂时说："这里是程门立雪这个成语发生的地点，"游客们对此赞叹不已时，笔者内心还是有一定的震撼。此后笔者查阅相关材料，发现与程门立雪这一成语相关的宋代史料最早出自二程门人侯仲良编撰的《侯子雅言》[①]：

> 游、杨初见伊川，伊川瞑目而坐，二人侍立。既觉，顾谓曰："贤辈尚在此乎？日既晚，且休矣。"及出门，门外之雪深一尺。[②]

与这则史料相似的还有很多，但最有史料价值的当属《宋史》中杨时的传记：

> 一日见颐，颐偶瞑坐，时与游酢侍立不去，颐既觉，则门外雪深一尺矣。[③]

这是说游酢和杨时在初次拜见程颐时，程颐正在闭目静坐。当他睁开眼看到两人恭敬地站在他身旁后，命令他们回去，然而此时，门外的积雪已有一尺深了。由此可见游酢和杨时对程颐的尊敬。这些史料非常简短，没有交代史实发生的时间和地点。通过对程颐、游酢和杨时经历的考证发现，程颐指导游酢和杨时学习的具体地点，目前并未出现与之相关的较为清晰的史料。要确定游、杨静候程颐的地点，尚依赖新资料与有力证据的发掘。

或许是因为程颐曾在嵩阳书院内讲学，嵩阳书院又是宋代大名鼎鼎的四大书院之一，故而后人才有了游酢和杨时在嵩阳书院拜见程颐并立雪程门的传说。不过，需要强调的是，程门立雪传说中的游酢和杨时，是在大雪中站立在程颐的门前，而史料中的两人却是在程颐的房间里面。也就是说，游酢和杨时在嵩阳书院程门立雪的传说，是在两人拜见程颐的历史基础上添枝加叶所形成的，比历史更加精彩。

---

① 方彦寿：《"程门立雪"的文献考察》，《合肥学院学报》（社会科学版）2012年第1期。此论文对程门立雪故事的最早出处、最早出现这个成语的典籍及其历史演变作了具体的阐述和分析，因而本节内容不再赘述程门立雪的出处及演变，而直接论述程门立雪与嵩阳书院的联系。

② 《二程集·河南程氏外书》卷12，第429页。

③ 《宋史》卷428《杨时传》，第12738页。

正是因为史籍中并没有点明游酢和杨时在何处拜见程颐，所以在程颐曾居住、讲学的地方，如嵩阳书院、伊皋书院以及二程故里，都留下了程门立雪的传说。对于这些传说，笔者没有必要复述。事实上，程门立雪在何地发生并不重要，重要的是游酢和杨时追随程颐学习理学，并将理学传播到南方这一历史事实。正是因为游酢和杨时对程颐的尊重和推崇，理学才被更多的人所认知，这是理学传播过程中的重要环节。除此之外，这则传说体现的尊师重道精神，也值得后人学习。

另外，笔者在嵩阳书院参观时还常常听到“嵩阳书院是我国古代高等学府，相当于现在的清华、北大”这种说法。的确，嵩阳书院在古代教育史上发挥了教书育人的重要作用，为国家培养了大批人才，但其性质，却是私立书院，而我国古代的高等学府，一直是官办的太学、国子监等，故而嵩阳书院与现在的清华、北大性质不同，毫无可比性。

嵩阳书院的相关传说和历史事实之间既有联系，也有区别，应从两个方面来看待：一方面，不能把传说当做真实的历史，否则就失去了历史学的真实性和科学性；另一方面，不能用历史事实去衡量传说，传说可以离开历史而展开无限的合理想象，并不拘泥于历史。科学的做法应该是从传说中找出合理的成分，从点滴中去寻找历史现象的客观存在。

本章小结

嵩阳书院是嵩山的一颗明珠，是嵩山人文历史研究中的不可或缺的组成部分。宋代的嵩阳书院，既是嵩阳书院发展史中的开创阶段，也是嵩阳书院发展史中的辉煌阶段，为宋代的嵩山增添了无尽的光辉。目前所见的嵩阳书院研究，并未对宋代嵩阳书院的历史进行较为确凿和完整的考证，进而造成了对其历史发展叙述的混乱。本章厘清史实，不单单是论述嵩阳书院的发展史，更是表明宋代的嵩阳书院，作为私人讲坛胜地，对二程理学的形成和传播，并最终形成完整的程朱理学体系而上升到官学地位所起到的重要作用。至于现在有关嵩阳书院的传说，其中有一些合理的部分，值得后人继承和发扬。对于其中违背史实的部分，则有必要明确指出，避免传说与历史的混淆。

第五章　宋代嵩山儒、释、道三教

宋代的嵩山，在不足10平方千米的范围内，荟萃了以四大书院之一的嵩阳书院、禅宗祖庭少林寺、道教第六小洞天中岳庙为代表的儒、释、道著名圣地，这在中国的名山中是少见的。嵩山儒、释、道三教在对立中发展，在发展中融合，共同铸造了嵩山文化的神奇与辉煌，显示出宋代文化包容万物、海纳百川的精神，形成了一道独特的三教荟萃风景。

第一节　三教发展的原因

一、深厚的三教历史积淀

所谓三教，即是中国传统文化的主流儒、释、道三教①。在几千年的冲突与交流中，三教之间既相互争夺话语权，又相互吸取对方的思想精粹，逐渐走向融合。位于中原大地的中岳嵩山，很早就是三教荟萃之地。三教思想在这里交融，碰撞，推进了相互之间的认识。

儒教是中国古代长期形成的特殊形式的宗教，由儒学发展而来，是倡导王道德治、尊王攘夷和上下秩序的国家宗教②。嵩山地区是华夏文明的重要发祥地，是夏、商、周三代的立国中心，“是中国踏入文明时代最早的地方，是萌发中国治国之道和形成礼仪之邦的发祥地”，为儒学和儒教的形成奠定了优良的基础。嵩山文化圈作为“中华民族古文化的核心”③，尤其是在洛阳成为国家都城之时，这里的儒教令全国其他地区难以望其项背。东汉时期，地处国都洛阳的嵩山，是佛教最早的传播之地。北

① 本书中的三教，是从其理论体系、社会功能等方面来理解，而不是仅从宗教的形式上去讲究。

② 近30年来，学术界对儒教的研究还有一定的争论。1998年《文史哲》编辑部组织的“儒学是否宗教”的笔谈，众多知名学者，如张岱年、季羡林、蔡尚思、郭齐勇、张立文和李申等先生纷纷参加。在这次笔谈中，大多数学者肯认儒学具有宗教性质，甚至是宗教的占到了压倒性的多数。这种趋势在2002年中国社会科学院哲学所与《中国哲学史》编辑部联合举办的“儒家与宗教”学术研讨会上更趋明朗。本书遵从大多数学者的高见，肯定儒教的存在。

③ 周昆叔等：《论嵩山文化圈》，《中原文物》2005年第1期。

魏时期，印度高僧菩提达摩来到嵩山落迹，传授大乘禅法。少林寺被后世公认为禅宗祖庭、大乘胜地，达摩被誉为禅宗初祖。有唐一代，高僧云集嵩山，少林寺、会善寺成为中国禅宗南北纷争的重要场所之一。道教是中国土生土长的一种传统宗教，嵩山是道教三十六洞天中的第六洞天，是道教传播的重镇，嵩山的附属山脉缑山是道教的第三十二福地，嵩山的北翼邙山是道教的第七十福地。历史上很多著名道士都曾在嵩山修炼，如浮丘公、王子晋、李八百、张道陵、成公兴、寇谦之、王远知、潘师正、司马承祯、吴筠、刘道合等。千百年来，儒、释、道三教在嵩山的发展，为宋代嵩山三教的发展和交流奠定了深厚的基础，为宋代嵩山的圣山光辉做足了铺垫。

二、相通的三教思想理念

宋代嵩山儒、释、道三教的发展原因，还要从三教各自的思想理论入手。儒、释、道三家在其哲学原理如心性、天命、天道的论述上都有相似之处，长期以来就有互相吸收的先例。隋唐之时，三教共存与发展，各家之长短已充分显示。要想扩大自己的影响，势必要取彼之长以补己之短，从而兼容并存。开始于中晚唐的儒学革新，即已“援佛入儒”或“援道入儒”。北宋初年，伴随着儒学复兴运动，士大夫以排斥佛道为己任，形成一股强大的社会思潮。孙复、石介、欧阳修、李觏等人着力发扬唐代韩愈的“道统”说，为复兴儒学而呐喊。不过，上述士大夫的排佛多流于表层的批判，对佛教并未形成根本性的冲击。对佛教真正提出深层批判的还是少数在学术上有造就的理学家，如活跃在嵩山的程颢、程颐等。程颢曾说：

> 道之不明，异端害之也。古之害近而易知，今之害深而难辨。昔之惑人也，乘其迷暗；今之入人也，因其高明。自谓之穷神知化，而不足以开物成务。名为无不周遍，而其实乖于伦理。虽于穷深极微，而不可以入尧舜之道。天下之学非浅陋固滞，则必入于此。自道之不明也，邪诞妖妄之说竞起，涂生民之耳目，溺天下于污浊，虽高才明智，胶于见闻，醉生梦死不自觉也。是皆正路之蓁芜，圣门之蔽塞，辟之而后可以入道。[①]

程颢不仅仅是辨异端、辟邪说，而是深入到佛教思想的内部，发掘佛教本身的漏洞而予以攻击。他认为，佛教自称“穷神知化”，实则违背伦理纲常；佛教自称圆融一切，穷深极微，实际上并不能治理天下。但是，佛教在心性方面的建树远远高于儒家，这正是其“高明”之处，也是所谓“穷深极微”之意，因此他主张“辟之而后可

① （宋）王称：《东都事略》卷114《程颢传》，齐鲁书社，2000年，第993～994页。

以入道”。他“泛滥于诸家，出入于老、释者几十年”，在吸收佛、道两教尤其是禅宗思想精华的基础上，“返求诸《六经》而后得之”[①]，构建儒学的本体论和道德修养体系，这也正是众多宋代思想家的真实写照。在士大夫排斥佛道思潮的冲击下，宋代儒、释、道三教进一步合流，佛教日益儒学化，而道教则加强了对佛教禅学的吸收，以完善其内丹修炼理论。三教中许多中坚人物都主张三教同源，有所谓“《礼》之中庸，伯阳之自然，释氏之无为，共归一也”[②]的说法。也就是说，“到了宋代，高唱三教合一已不是一两个人的一己主张，而成为社会各界人士普遍的共识，并且突破了原先的泛泛而论，不再仅仅是将三教进行简单的比附、对照，而是进一步深入三教学理，全面而又有重点地将三教思想加以调和汇融”[③]。三教有了更多共同使用的词汇、概念和思维表达方式，“借儒者之言，以文佛老之说，学者利其简便”[④]，在内质上加深了彼此间的了解与认同。位于首善之地的嵩山，与其他地区相比，较早地感受到了三教合一的思想气息，并迅速吸纳，法王寺、中岳庙、崇福宫等宗教场所得以修缮或开创，嵩阳书院则持续发展，逐步走向繁盛，来往于嵩山的三教知名人士络绎不绝，儒生、僧人和道士之间广泛交游。

三、宋政府的支持

宋代嵩山儒、释、道三教的发展与宋政府的政策方针息息相关。宋政府有意弥合三教之间的分歧，倡导三教合一。右文政策是宋代的基本国策，重视儒教自是应有之义，而对于佛教和道教，宋代统治者意识到两教的死生祸福、虚无报应等说法对于思想统治很有帮助，因而积极扶持其发展。重臣李纲曾说：“然则治天下者，果何所适从而可乎？曰：从儒。彼道、释之教，可以为辅，而不可以为主；可以取其心，而不可以溺其迹。”[⑤]三教都是求道之教，但对于治理世间而言，应该以儒为主，以释、道为辅。此外，不同皇帝对释、道的个人喜好不同而各有偏重，如崇尚道教的宋徽宗，尽管在宣和年间一度下令变僧为道，变寺为观，企图以道教兼并佛教，但因来自朝野

---

① 《二程集·河南程氏文集》卷11《明道先生行状》，第638页。

② 《宋史》卷277《宋太初传》，第9423页。

③ 夏当英：《中国传统社会宗教的世俗化研究——以金元时期全真教社会思想与传播为个案》，巴蜀书社，2010年，第84～85页。

④ （宋）黄榦：《勉斋集》卷36《朝奉大夫文华阁待制赠宝谟阁直学士通议大夫谥文朱先生行状》，文渊阁四库全书本，第1168册，台湾“商务印书馆”，1986年，第426页。

⑤ 《李纲全集》卷143《三教论》，第361页。

的阻力甚大，实行不到一年，便撤回诏令，恢复佛教的称呼。宋代统治者利用三教，互为补充，合而为用，来巩固赵宋王朝的长治久安。

总之，宋代嵩山儒、释、道三教的发展，首先，离不开嵩山深邃的三教历史文化积淀，这是宋代嵩山三教发展的优势。其次，三教教义中的共通之处，使得三教吸收彼此的优势，促进自身的发展，这是宋代嵩山三教发展的基础。最后，宋政府对三教的发展，提供积极的扶持政策，这是宋代嵩山三教发展的前提。

第二节　三教的交流

一、三教交流的表现

位于北宋统治中心区域内的嵩山，率先感受到了宋代思想的变动以及国家政策的支持，儒、释、道三教发展迅速。因为前文已经对嵩山三教的代表地点嵩阳书院、中岳庙、崇福宫等地的发展做出了考证，所以下面仅论述三教之间的交流活动。

三教之间的交流在嵩山屡见不鲜。宋政府在嵩山举行的各种祭祀活动，遵循的是儒家的礼制，但却是在道教场所举行，如中岳庙和崇福宫，采用道教的祭祀方式。在嵩阳书院讲学的程颢、程颐和司马光等大儒，多次出入于嵩山的佛寺、道观，都对佛学和道学有广泛深入地研究，早已广为人知。以下是宋代嵩山儒、释、道三教交流中往往被人忽视的地方。

天禧三年（1019年）九月，宋真宗御制的《中岳醮告文》，被刻在中岳庙内的八棱石幢上，至今仍保存在中岳庙内。石幢本身是佛教的建制，上面刻有陀罗尼经文的柱形构筑物。但这个石幢上所刻的文字，并不是佛经，而是大力提倡儒学的宋真宗所作的歌颂嵩山和岳帝的文字，“挺乔岳以尊方，号下都而分治。神乡福地，咸纪宝章；乘烟御风，常回欻驾”①。而这个石幢所在地，却是中岳庙，而不是佛教场所。

明道元年（1032年）九月，广受士人称颂的河南府通判谢绛，带领欧阳修、尹洙等儒家学子攀登嵩山之巅，拜访峻极峰石室内的汪姓僧人。汪僧“法道谛实，至论多矣”②，即使欧阳修和尹洙博学善辩，也被他的高论折服，一行人都接受了佛学的洗

① （清）叶封、焦贲亨撰，陈斌、李红岩校点：《嵩山志》卷14，嵩岳文献丛刊本，中州古籍出版社，2003年，第283页。

② 《游嵩山寄梅殿丞书》，《欧阳修全集·附录》卷4，第2717页。

礼。此外，欧阳修晚年还与石堂山[①]许道士往来密切，多次在赠与许道士的诗中流露出自己仰慕仙道的情感。

嘉祐五年（1060年），文彦博在嵩山游览，夜宿少林寺，顿感俗尘消去，清凉自在。当他想到达摩九年面壁的恒心，深知自己在少林寺内的短暂停留无法明了禅宗意旨，故而期望日后再钻研佛法：

宿少林寺

六六仙峰绕佛居，俗尘至此暂消除。西来未悟禅师意，北去应驰使者车。

五品封槐今尚在，九年面壁昔何如。心知一宿犹难觉，花藏重寻贝叶书。[②]

在禅意悠悠的少林寺内，他的心态被禅宗所感染，萌生了深入了解佛法的念头。

致仕官员张昇在嵩山隐居，其心态颇受禅宗的影响。他所作的《满江红》一词，有“无利无名，无荣无辱，无烦无恼”以及“知富贵，谁能保。知功业，何时了”[③]等句，体现了禅宗的虚无之美。另外，他还和一名“善谈虚无”[④]的道士一起游玩少室山。

铸造于治平元年（1064年）的中岳庙镇库铁人，不在道教的神仙谱系中，而是更接近力士的角色。由于铸造者为军匠，故而铁人的衣着装扮和神态举止介于道教神像与世俗武士之间，反映了宋代道教的世俗化倾向。

熙宁四年（1071年）三月二十四日，大理评事、登封知县张琬，与道士张子隐、傅继登、僧人显泰以及隐士周谷同游嵩山[⑤]。在这次出游中，官员、道士、僧人和隐士结伴同行。此外，内侍王坤和道士王成之也一起游玩嵩山[⑥]。这些身份各异的人一道在嵩山游历，说明了儒、释、道三教之人在嵩山交往密切。

元祐年间，少林寺由律寺改造为禅寺。所谓律寺，是严守佛教经典理论的传统寺院。禅寺则是信奉禅宗的寺院。北宋中期，因为皇帝提倡以及重臣支持等原因，禅宗大兴，革律为禅已成风气。河南府尹韩缜仰慕曹洞宗义青大师的大弟子报恩的学问，“请开法于西京之少林”。报恩来到嵩山，与僧人多次辩论禅宗大义，使禅宗曹洞宗

---

① 此山又名石唐山，现称中灵山、灵山、紫云山，属于嵩山余脉，位于登封市颍阳镇北部，登封与偃师交界处，距郑州68千米，距洛阳40千米。

② （宋）文彦博：《潞公文集》卷5《宿少林寺》，文渊阁四库全书本，第1100册，台湾“商务印书馆”，1986年，第614页。

③ 《青箱杂记》卷8，第88页。

④ （宋）朱彧撰，李伟国点校：《萍洲可谈》卷3，中华书局，2007年，第155页。

⑤ 《说嵩》卷15，第299页。

⑥ 《说嵩》卷15，第299页。

首次传入少林寺，将少林寺由律寺改变为禅寺。宋神宗“亲洒宸翰，改赐今额”，并下诏令报恩在少林寺居住。此外，报恩还同无尽居士张商英以书信研讨儒、释、道三教大要。张商英一生转任多职，时常参禅问道，虽位居丞相，仍与众多禅林杰衲交游甚广。张商英在与报恩探讨儒、释、道大要时，指出“今乃破阴阳变易之道为邪因，拨去不测之神”的现实，向报恩请教这种说法的内在哲理。报恩首先从“西域外道宗多途”讲起，论述佛家的正道、邪正异途，并以佛为主，把儒、道、释三教的关系，概括为“三教一心，同途异辙”[①]。报恩的观点，深深地影响了张商英。此后张商英撰写长达一万多字的《护法论》，总结、剖析了自唐代韩愈《夷狄论》至宋代欧阳修《本论》的儒家排佛论思潮，结合自己学佛、知儒的心路历程，为佛教信仰社会化的合理性和佛教中国化的合法性进行辩解，成为记录宋代佛教渗透与儒家反渗透的思想标本之一，对当时以及后世的佛教信仰都有很大的影响。而大洪报恩在少林开法，不仅正式将禅宗曹洞玄旨传入少林寺，其“三教一心”的思想，对三教圆融的发展亦有一定的历史意义。在后世少林寺的历史发展中，三教合一的现象表现得相当明显。

自号崧庵惰夫的洛阳人李处权，一直对嵩山怀有深刻的感情，其佛学观念与嵩山的关系非常密切。他仰慕禅宗初祖达摩在嵩山面壁九年的造诣，希望自己也在嵩山隐居修行：

送禅客人高峰

茫茫人间世，佛法最长久。山林坐九年，面壁不挂口。
须是丈夫儿，悬崖能撒手。为语学道人，何须天下走。
夜寒云去尽，横参挂南斗。我已办青鞋，要闻狮子吼。[②]

他欣赏北宗禅能“忘言”和“截断天下舌”的风格：

北禅

老屋不知春，余花纷委雪。中有忘言人，截断天下舌。
我久执情见，终日在谈说。一笑示全机，春云满城阙。[③]

他还将作诗和学佛联系起来，说明两者都应该在身心寂定之时，慢慢渐悟，这正是学习佛法的途径之一：

---

① （宋）正受辑，朱俊红点校：《嘉泰普灯录》卷3《随州大洪第一世报恩禅师》，海南出版社，2011年，第90、91、93页。《嘉泰普灯录》和《五灯会元》两部禅宗语录都对报恩的事迹进行了记载，虽然《嘉泰普灯录》成书早于《五灯会元》，但因其记载并无后者详尽，故而笔者在附录中引用《五灯会元》的全文。

② （宋）李处权：《崧庵集》卷2《送禅客人高峰》，文渊阁四库全书本，第1135册，台湾“商务印书馆”，1986年，第596页。

③ 《崧庵集》卷2《北禅》，第598页。

戏赠巽老

学诗如学佛，教外别有传。室中要自悟，心地方廓然。

悟了更须坐，壁下三十年。他时一瓣香，未可孤老禅。①

由此观之，李处权作为儒家学士，在嵩山的熏陶下，对佛学，尤其是禅宗，有一定的细致研究。

建立于北宋末年的纪念禅宗初祖达摩的面壁庵，即初祖庵，是饱读儒学诗书的登封知县楼异所建。然而他的建造计划，却先向少林寺主持清江大师提出，并得到后者的支持。初祖庵建成之后，儒学大师陈师道撰写《面壁庵记》，直接表达自己对三教融和的看法："耶夫道一，而今之教者三，三家之后相与诋訾。盖世异则教异，教异则说异。尽己之道，则人之道，可尽究其说。则他说，亦究其相訾也。固宜三圣之道非异，其传与不传也耶。"此即三教同源、三教合流之意。陈师道还在这篇记中简单叙述了三教各自的发展历史，首先是儒学的发展，"子孔氏之门，颜、闵、冉皆无传，仲弓之后则有荀卿，曾舆之后则有孟轲，端木赐之后则有庄休，而荀、孟、庄之后则无传焉"。接下来是道家的发展，"李氏之传关尹，尹之传复无闻焉"。最后是佛教的发展，并明确指出佛教的传承连绵不断，儒家学者对佛教原由曲衷的考述是不对的，"释自能仁二十八世而为初祖，祖之东六世而为曹溪，至于今又十有五世。而儒老子之徒欲与校其源委，误矣"。所以陈师道认为"三圣之道非异"。此外，儒学大师陈师道所作的记，却是"比丘昙潜书"②。昙潜，又名道潜，是游历四方的僧人，应楼异的邀请来嵩山游玩。在这一篇纪念禅宗初祖的记文中，儒、释、道三教的状况都被作者提及，可见嵩山加深了作者对三教的理解。儒学之士楼异、陈师道和僧人清江、昙潜的关系非同一般，楼异在登封任职，清江在少林寺，陈师道和昙潜是楼异的朋友，并不在嵩山常住，这些人的所作所为，正是嵩山儒、释两教互相交流、渗透的结果。

总之，宋代嵩山的各种发展，都与儒、释、道三教的交流有一定的联系。这些交流活动，遍布整个嵩山，不仅仅只在嵩阳书院、中岳庙、少林寺等三教场所。参与交流的人物，来自全国各地，不仅仅只有居住在嵩山的儒士、僧人和道士。嵩山成为全国三教交流的重要地区之一。

① 《崧庵集》卷2《戏赠巽老》，第596页。

② 《后山集》卷12《面壁庵记》，第635页。

二、三教交流的意义

宋代的儒、释、道三教，在嵩山流传广泛、交流深入，对理学以及后世思想产生了不可忽视的影响。嵩山三教交流的重要成果，是儒家吸收了佛、道二家文化，创立了以儒为主，兼熔释、道文化于一炉的理学体系。理学吸收融合了佛、道之说，是三者合一的产物，受佛教禅宗的影响尤其大，邵雍、程颢、程颐等理学代表人物都深受禅宗思想的熏陶，而他们时常往来的嵩山，为他们提供了直观感受三教义理、直接接触三教的机会，对他们学术思想的发展进步大有益处。他们学术思想的发展，离不开嵩山这个三教荟萃的特殊区域。以嵩阳书院为中心的嵩山地区，是理学开始与传播的重要基地，在理学发展到成熟阶段的过程中功不可没。程朱理学是中国哲学发展的新阶段，是中国古代社会后期最为精致、最为完备的理论体系。由宋以降，历代统治者多将程朱理学思想扶为官方统治思想，程朱理学也因此成为人们日常言行的是非标准和识理践履的主要内容。在南宋以后六百多年的历史进程中，程朱理学在促进人们的理论思维、教育人们知书识理、陶冶人们的情操、维护社会稳定、推动历史进步等方面，发挥了积极的作用。同时，程朱理学本身因缺乏竞争而日渐僵化和陈腐，为中国古代社会后期的历史发展，带来了巨大的负面影响。总之，理学深深影响了中国古代社会后半期的社会发展和文明走势，直至21世纪的今天，现代的中国人仍然不得不面对由它所造成的社会及文化后果。

宋代嵩山三教的密切交流，深深地影响了后世嵩山三教的融合。大安元年（1209年），少林寺在大唐天后御制诗书碑的碑阴，线雕儒、释、道三教圣像图。图中为佛祖释迦牟尼，左右分别是道教始祖老子、儒教始祖孔子。嘉靖四十四年（1565年），少林寺钟鼓楼前立下混元三教九流图赞碑，上刻一像，从左、中、右三个方向去看，竟然可以分别看成孔子、释迦牟尼、老子的形象。碑上赞语称：“三教一体，九流一源，百家一理，万法一门，”点明了三教九流的思想实质，是宣扬三教合流思想的宝贵文物，充分体现了中华民族求同存异、和而不同、和谐相处的宽阔胸怀，堪称中华一绝。创建于光绪二十三年（1897年）的少室山安阳宫，又名待仙庙，一寺承三教，同时供奉着观音、女娲、皇极老母、孔子、释迦牟尼、天皇、地皇、人皇等神像，门联为“才分天地人总属一理；教有儒释道终归同途”。三教合一的文化元素，在嵩山俯拾皆是。

总之，宋代嵩山文明的历史发展以及现代、未来的文明发展前景，都与儒、释、道传统文化密切相关。继承、融合和发展宋代嵩山儒、佛、道文化中的先进部分，是对人类文明的承前启后。

三、三教研究的多维视角

以往的嵩山儒、释、道三教研究，其论证方法，大都以嵩阳书院、少林寺、中岳庙以及崇福宫的发展历程来叙述。相比而言，宋代嵩阳书院的发展，经过前人和笔者的研究论述之后，世人已有较为清晰的认识，只有其教育管理等内容，因史料匮乏而无从展开论述。而嵩山释、道两教的发展，史籍留给后人的记载并不多，寥寥几则材料，无法论述它们发展的前因后果，正如温玉成先生在论述“宋金元时期的少林寺”时所说：“少林寺自后唐的天台宗行钧、宏泰主持后，一直冷落无闻。936～1056年的一百二十年间，尚未发现任何文献及文物资料，留下了一段历史空白。就连在西京做过僧官、人称‘律虎’的赞宁，在他编写的《宋高僧传》（完成于988年）中，也没有收入少林寺的僧人。”[①]尽管前文已经对中岳庙、崇福宫等地进行了考述，但却没有对这里的道士进行较多的介绍，这正是史料缺失的缘故。在史料匮乏，至今并无论著完整地展现嵩阳书院、少林寺、中岳庙以及崇福宫这四个地点发展过程的情况下，以地点来代替人物，这将如何展现人物之间思想文化的交流？诚然，儒、释、道人物是在一定的地点内活动，但他们相互之间的交流，前文已有论述，不局限在某一所寺院或道观，而是整个嵩山地区。这几个地点，如何代表整个嵩山？更为重要的是，嵩山儒、释、道文化的交流，并不仅限于在嵩山居住的儒生、僧人、道士，更多慕名而来嵩山的儒、释、道，他们也是嵩山儒、释、道文化交流中的重要部分，研究嵩山的儒、释、道，将他们排除似是不妥。从上述宋代嵩山三教交流的状况来看，儒、释、道之间的交流，不仅要从嵩阳书院、少林寺、中岳庙以及崇福宫等地的发展历程来叙述，更要结合当时的社会环境，以人为本，从人的角度来论述，重视嵩山对三教之人的影响。也正是在宋代的嵩山，在文化繁荣、学术各异的社会大环境下，儒、道、儒三教之人，既包括本身在嵩山居住的人，也包括从外地来到嵩山的人，他们互相交流，取长补短，不断适应时势发展的需求，从而把各自的思想理论推到一个更高的境界。这正是以往的嵩山三教研究所缺失的内容，笔者在此提出，以期抛砖引玉。

---

① 温玉成等：《河洛文化与宗教》，河南人民出版社，2010年，第146页。

本 章 小 结

世界其他地区的宗教基本都具有排他性，但是在宋代的嵩山，儒、释、道三教和谐共处，并广泛交流，取得了大发展，繁荣了宋代学术，促进了理学的形成，推动了理学的传播。从西天而来的佛教，本土的道教以及作为正统思想的儒教，并未在宋代的嵩山这一区域内产生冲突，反而在政治开明、文化繁荣、经济发达的社会背景下，三教和平共处，互相吸收对方的优点，促进自身的发展。道教表现出世俗化的倾向。佛教吸收了儒、道思想，禅宗在嵩山广为流传，少林寺由律寺转变为禅院。儒学吸收和借鉴了佛教、道教的思想，形成了理学。在包容三大教派的嵩山怀抱中，宋代学术海纳百川的包容精神得以彰显。

第六章　宋代嵩山旅游

告别五代兵荒马乱的年月，迎来北宋和平安定的时代，宋人在如诗如画的国度内畅行无阻，游山玩水，观风问俗，优哉乐哉。政局的稳定，经济的发达，使萧条一时的旅游业得以恢复，以迅猛势头蓬勃发展起来。作为京畿地区唯一的名山、大山、最高的山，嵩山如同一块巨大的磁铁，吸引了全国各地的旅行者前来参观。

第一节　嵩山旅游兴盛的原因

隋、唐、宋时期是我国古代史上王朝国力昌盛、经济发达、文化繁荣的阶段，与之相应的是，“名山风景区的发展也进入了全盛局面”[①]，前期已经开发的景区和大量新开发的景区都得到了充实与完善。宋代嵩山的旅游状况尤为显著，太室山、少室山的层峦叠嶂和深谷幽泉，不改往日的秀色佳气，少林寺、会善寺、法王寺等佛教场所以及中岳庙等道教场所，不断被重修或扩建，初祖庵和崇福宫，则是宋代新建的建筑，都成为旅游者热烈关注的景点。

一、政治环境是嵩山旅游兴盛的基础

北宋王朝的建立，结束了自唐末以来的四分五裂局面，国家归于统一，为社会的发展繁荣提供了一个安定的政治局面。为了避免华夏大地再次沦为兵荒马乱之地，宋代统治者采取了缓和社会矛盾、安定社会秩序、减轻人民负担、促进经济发展、提倡文化教育等一系列措施，促进了社会的全面发展。嵩山旅游在安定的社会环境中得以复苏和繁荣。

首先，宋朝皇帝对嵩山的不断祭祀，奠定了嵩山的政治地位，提升了嵩山的知名度，促进了嵩山的旅游活动。随着宋代礼制建设的规范化，嵩山祭祀成为国家定例，皇帝多次派遣使者来到嵩山，或是命令河南府官员代为祭祀。开宝六年（973年），

---

① 周维权：《中国名山风景区》，清华大学出版社，1996年，第41页。

宋太祖敕修中岳庙，下诏让所在地的县令兼任庙令，县尉兼任庙丞，专门负责祭祀事宜，“以本县令尉兼庙令、丞，掌祀事，常加案视”[①]，并由所在州的官员每月一次诣庙察举。这样一来，嵩山的祭祀活动被政治化，而作为当地的长官，也定期要到嵩山巡游。明道元年（1032年）九月，宋仁宗诏令河南府官员“遣告嵩岳”[②]。于是河南府通判谢绛带了欧阳修、杨愈等人，在祭祀活动结束后进行了一次游山活动。虽然祭祀嵩山是政治统治的需要，是官员的政治举措，但对嵩山旅游的影响是深远的。这些活动，突出了嵩山的神圣性，宣扬了嵩山的美名，为众多游客前来嵩山作了铺垫。此外，宋人多次恳请皇帝嵩山封禅，也扩大了嵩山的知名度。

其次，士大夫官员是嵩山游客中的重要角色，是最为活跃的成分，为嵩山旅游的兴盛做出了突出贡献。一方面，他们具有较高的素养和旅游审美品鉴，对优美的环境心向神往，对旅游的追求是其他社会阶层难以比拟的。另一方面，他们的俸禄相当优厚，并享有充足的节假日来愉悦身心。也就是说，他们的出游欲望较强，出游支付能力较大，出游时间也有保障，在各方面条件都满足的情况下，纷纷前来嵩山游玩。此外，他们普遍认为山水环绕之地有利于养生，时常通过旅游来实现养生的目的。西京留守钱惟演带着梅尧臣等人，游历了缑山子晋祠、少林寺、峻极寺等名胜。四朝元老文彦博也曾进入少林寺游玩。与之对应的是，官场上的尔虞我诈，迫使他们产生归隐山野、优游嵩山的心迹。宝元元年（1038年），初入仕途的欧阳修就表达了自己归老嵩山的愿望，“他年我亦老嵩少，愿乞仙粒分余馨”[③]。他们希望通过嵩山旅游来躲避现实，升华情操。与躲避现实社会的纷争与喧嚣相匹配，他们普遍产生了及时行游的思想。曾任宰相和枢密使的张昇，致仕后来到嵩山结庵而居，“澄心养气，不问时事”[④]，感慨“一瞬光阴何足道，但思行乐常不早”[⑤]，终日饱览嵩山景致，自由自在。

最后，宋代嵩山儒、释、道三教荟萃，推动了嵩山旅游活动的兴盛。嵩山囊括了宋代四大书院之一的嵩阳书院，禅宗祖庭少林寺以及道教圣地中岳庙等儒、释、道活动场所，展现了异彩纷呈的文化盛况，是旅行者朝圣的重要目的地。宋代文化政策宽明，倡导文治，尊重人才，兴学重教，对佛教和道教采取了既保护又限制的缓和政策。也就是说，宋政府大力提倡儒学，在不影响统治秩序的范围内支持佛教和道教的

---

① 《续资治通鉴长编》卷 13，开宝五年七月丁卯，第292 页。

② 《游嵩山寄梅殿丞书》，《欧阳修全集·附录》卷4，第2716页。

③ 《欧阳修诗文集校笺·居士集》卷1《送京西提点刑狱张驾部》，第17页。

④ 《续资治通鉴长编》卷285，熙宁十年十月戊戌，第6981页。

⑤ （宋）吴处厚撰，李裕民点校：《青箱杂记》卷8，中华书局，1985年，第88页。

发展。嵩山儒、释、道三教在这样平和的社会环境中得到了长足的发展，进而推动了嵩山旅游业的繁荣。宋政府扶持嵩阳书院的发展，邵雍、司马光、程颐、程颢等众多巨儒鸿士在嵩阳书院讲学，书院成为众多学子的圣地。在读书之余，学子们自然会游玩嵩山，一是放松学习紧张的情绪，二是用来领悟学习内容。众多游客参观少林寺后，对禅宗有了更为深刻的认识，如文彦博所说："六六仙峰绕静居，俗尘至此暂消除。"①再如王彦甫所说："官牒婴行色，禅开脱世尘。"②嵩山还是道家三十六洞天中的第六洞天，是神仙修炼的洞天福地。中岳庙和崇福宫得到了宋政府的高度关注。在包容三大教派的圣山怀抱中，宋代文化的和谐之美得以彰显，由此吸引了众多游客。

综上所述，宋政府所制定的各项制度，如针对官员的祭祀、俸禄、休假等制度，以及针对文化的各种方针政策，是嵩山旅游业发展的基础，促进了嵩山旅游的繁荣。

二、洛阳的社会风尚促进了嵩山旅游

洛阳自古就有安于闲适逸乐的社会风尚。洛阳人邵博温谈起西京风俗时说："洛中风俗尚名教，虽公卿家不敢事形势，人随贫富自乐"③，表达了洛阳人，包括官宦家庭已经习惯于闲适的生活。虽然洛阳是宋王朝的陪都之一，也像东京开封一样，设有完备的行政机构，但大多数官职没有实权，位尊而职闲，正如欧阳修所言："有司百职，莫不具焉。其留务之多闲，在宪司之尤简。最为清峻，可以优贤。"④故而洛阳官员比其他地方的官员更有充足的时间去旅游。在这样的生活状态下，洛阳人"以车载酒食声乐，游于通衢"⑤，形成了"洛阳山水寻须遍，更有何人似我闲"⑥的说法，旅游业异常发达。

嵩山作为洛阳境内最为高大和知名的山岳，自然是众多旅游者心目中重要的游览胜地。张耒得知同年"欲卜筑嵩洛间"后，即发出"归装何日办，嵩少好林泉"⑦的感

① （宋）文彦博：《潞公文集》卷5《宿少林寺》，文渊阁四库全书本，第1100册，台湾"商务印书馆"，1986年，第614页。
② （宋）王彦甫：《过少林》，《嵩山少林寺》，第208页。
③ 《邵氏闻见录》卷17，第186页。
④ 《欧阳修全集》卷81《司勋郎中张从革可卫尉少卿制》，第1184页。
⑤ 《邵氏闻见录》卷 3，第23页。
⑥ （宋）程珦：《游寿安山示二子熙颢》，《全宋诗》，北京大学出版社，1998年，第 3467 页。
⑦ （宋）张耒著，李逸安、孙通海、傅信点校：《张耒集》卷 17《酬同年徐正夫司户时欲卜筑嵩洛间》，中华书局，1990年，第 285 页。

慨，羡慕同年可以观赏嵩山的山林清泉。刚刚来到洛阳任职的赵鼎臣就说："始余来洛，便有意于嵩少。"[①]而在洛阳为官的欧阳修、梅尧臣等人，更是多次游览嵩山，并将游览过程以诗文的形式叙述出来，吸引更多人前来嵩山，带动了嵩山旅游的繁荣。

总之，宋代的洛阳，虽然政治地位有所下降，但因其独特的旅游资源，尤其是名扬中外的嵩山，仍是时人向往的游览胜地。宋政府奉行的一系列政治、文化等措施，以及洛阳本身固有的旅游风气，推进了嵩山旅游的发展。

第二节　嵩山旅游的盛况

一、士大夫官员的嵩山旅游

旅游具有广人见闻、增长知识、放松身心、洗涤心境等作用，宋人对此已有较为深刻的认识，"读万卷书，行万里路"的命题正是在宋代形成雏形[②]。而宋代的大部分官员，都是饱读诗书之士，对旅游的理解更为透彻。他们具有旺盛的旅游需求、不菲的经济收入、较多的闲暇时光等有利条件，是宋代旅游者的中坚力量。考察宋代嵩山的旅游状况，不得不从他们开始。

首先来看西京留守钱惟演的嵩山之游。天圣九年（1031年）春季，他与河南县主簿梅尧臣等人一起游览嵩山，参观了子晋祠、少林寺、少姨庙、天封观、会善寺等名胜，梅尧臣为这些名胜一一作诗[③]。

接下来看西京留守推官欧阳修及其好友梅尧臣、谢绛等人的两次嵩山之游。明道元年（1032年）春季，欧阳修和梅尧臣、杨愈一起，欣赏了公路涧、拜马涧、峻极寺等嵩山名胜，攀登上了峻极峰，写作了组诗《嵩山十二首》来描述一路上的风景[④]。这次出行，不单单是进行一次旅游活动，更是参加一次切磋诗艺的聚会。三人白天穿行在山石密林之中，一路上相互扶持，"登危相扶牵，遇平相笑嘘"，欢声笑语响荡在群山峻岭之中。夜晚他们作诗留念，下笔描述所观赏的公路涧、拜马涧、峻极寺等嵩

① （宋）赵鼎臣：《竹隐畸士集》卷20《跋钱服道画》，文渊阁四库全书本，第1124册，台湾"商务印书馆"，1986年，第265页。

② 《宋代旅游研究》，第9页。

③ 《梅尧臣集编年校注》卷1《缑山子晋祠》《少林寺》《少姨庙》《天封观》《会善寺》《启母石》《轘辕道》，第15～17页。

④ 《欧阳修诗文集校笺·居士外集》卷1《嵩山十二首》，第1265～1267页。

山名胜，并且相互揣摩、学习对方的诗作，“暂将新咏章，灯前互低摘”[①]，留下了不朽的中岳诗篇。明道元年（1032年）九月，河南府通判谢绛借嵩山祭祀之机，带领欧阳修、杨愈、尹洙和王复从洛阳建春门出发，途经十八里河、缑氏县，先来到缑山子晋祠参观，然后经过轘辕道进入登封。在中岳庙祭祀完毕后，来到崇福宫内拜谒宋真宗御容，接下来便开始攀登峻极峰，参观了玉女窗、玉女捣衣石、三醉石、大周封禅坛等景点，在嵩山之巅俯视群峰，然后寻访一位汪姓僧人，接受了佛学的洗礼，“古之人念念在定，慧何由杂；今之人念念在散，乱何由定”。在峻极峰住宿一宿后，下山返回洛阳，途中经过嵩山山系中的石堂山，隐隐约约地看到了岩壁上的“神清之洞”四个字，兴致勃勃地讨论这四个字是如何形成的，但最终也没有统一意见，“诸君疑古苔藓自成文，又意造化者笔焉，莫得究其本末，问道士及近居之民，皆曰向无此异，不知也”。这一路上的欢歌笑语连续不断，“马上粗若疲厌，则有师鲁语怪，永叔、子聪歌俚调，几道吹洞箫，往往一笑绝倒，岂知道路之短长也”。在返回途中经过颍阳石堂山，经过吕氏店、鼓婆镇和香山，“绕崧轘一匝四百里，可谓穷极胜览”[②]。这次嵩山之旅或可称之为宋代最知名的嵩山旅行，出游者全部为宋代名人，旅游内容非常丰富，展示出了宋代旅游活动的发达兴盛。

苏辙与朋友顿起的嵩山之游是在熙宁五年（1072年）九月。在这一年的八月，苏辙和顿起等人受命在洛阳妙觉寺考试举人。在试院楼上，他远眺嵩山，只见“嵩少犹藏薄雾中，前山迤逦夕阳红”[③]。于是便和顿起相约“同上嵩高望九州”[④]。考试结束后，两人实现了结伴游览嵩山的愿望。他们从洛阳出发，先经过缑山，来到子晋祠，接下来走入形势险峻的轘辕道，进入少室山的少林寺，然后从太室山脚下开始攀登峻极峰，观看了玉女窗、捣衣石、醒心泉，峻极峰顶的峻极寺、登封坛、法华岩等名胜，然后进入天封观欣赏将军柏以及精思观内的吴道子画，最后是太室山万岁峰下的启母石。这一路上，苏辙作诗十三首，《登封道中三绝》和《登嵩山十首》，叙述了他的嵩山之游[⑤]。顿起将这次与苏辙在嵩山的游览过程刻写在嵩阳书院内的石柱上，“余与子由考试洛西进士毕，同游二室诸寺。最后过天封精思观道子画，遂行。熙宁

---

① 《梅尧臣集编年校注》卷28《永叔内翰见索谢公游嵩书感叹希深师鲁子聪几道皆为异物独公与余二人在因作五言以叙之》，第108页。

② 《游嵩山寄梅殿丞书》，《欧阳修全集·附录》卷4，第2716、2717、2718页。

③ 《苏辙集·栾城集》卷4《洛阳试院楼上新晴五绝》，第73页。

④ 《苏辙集·栾城集》卷4《和顿主簿起见赠二首》，第73页。

⑤ 《苏辙集·栾城集》卷4《登封道中三绝》《登嵩山十首》，第74～76页。附录中有全文。

五年九月十日也”[①]。

致仕官员张昇在嵩山的旅游活动广为传诵。张昇（992～1077年），字杲卿，韩城（今陕西韩城）人，大中祥符八年（1015年）中进士，历任御史中丞、参知政事、枢密使等职，六十多岁时以太子太师荣衔致仕。此后，他在嵩山紫虚谷结庵而居，为时人所仰慕，例如，邵雍就曾作诗讴歌他：“结茅未尽忘君处，正在嵩高万岁前。”[②]在这里，他的床被简陋，生活简单，每天早起焚香，读《华严经》，然后就开始了与大自然和谐相处的惬意时光。在八十多岁的时候，他写下《满江红》一词，展现自己的山居生活，表明自己宁静和超脱的心境：

无利无名，无荣无辱，无烦无恼。夜灯前独歌独酌，独吟独笑。况值群山初雪满，又兼明月交光好。便假饶百岁拟如何，从他老。

知富贵，谁能保。知功业，何时了。算箪瓢金玉，所争多少。一瞬光阴何足道，但思行乐常不早。待春来携酒殢东风，眠芳草。[③]

这首词语言明白如话，毫无造作矫饰之处，将词人看透世事、及时行乐的人生态度写得极为生动，言浅而意深，有佛家禅语之风，游览嵩山的舒畅心情也在词中展露无遗。

张昇在嵩山游玩时还遇到了一件令他哭笑不得的奇怪事件。有一个道士，“善谈虚无”，颇得他的喜爱，“一日，偕游少室山中，左右从者十余人”。他带着十来个随从和这位方外道士一起游玩少室山。当众人在树下休息之时，道士从怀中取出一小包茗茶，以松枝点火，加泉水煮开，递给大家喝了。不一会，所有的随从都不由自主地直挺倒下了，不省人事，只有道士和张昇两人安然无恙。这时道士毫不客气地说他想要张昇携带的金银器，“欲告侍中，求随行金银器，往乡市药”。随后径直将金银

---

① 《说嵩》卷15《金石二》，第300～301页。《说嵩》的作者景日昣在这则题名后论述自己考证这则题名中的“余”，究竟是何人：“右无书名。袁宏道《记》云：称子由不以氏，语气酷似大苏。是时子由以忤安石，出为河南府推官，而子瞻《送杭州进士》诗序有云：熙宁五年，钱塘之士贡于礼部者九人。十月乙酉，宴于中和堂。公是年监试杭州，不应复至洛也。其人定佳士，当是西京教授王平甫辈耳。予谓中郎论诚是。但王平甫辈与子由契交，称字或不以氏，未有冠‘余’于子由上者，当日‘子由与余’矣，其为大苏语气无疑。子瞻是年虽监试浙右，然自洛至杭，计程不过二旬，或其途次之经由，未可知也。姑志以备考。”（《说嵩》卷15《金石二》，第301页）景日昣根据这则题名的作者称呼苏辙亲密的语气，推测“余”可能是大苏，即苏轼。而实际上，苏辙与顿起交谊匪浅，顿起直接称呼苏辙为“子由”是合情合理的。更为重要的是，两人于熙宁五年八月在洛阳考试举人，考试结束后一起游览嵩山，已是宋史中无可争议的史实，如洪本健编：《宋文六大家活动编年》，华东师范大学出版社，1993年，第244页。

② 《邵雍集·伊川击壤集》卷 8《和人留题张相公庵》，第288页。

③ 《青箱杂记》卷8，第88页。

器收入囊中。此时的张昇，环顾四周，“左右皆被毒，莫能兴，因大笑遣之携去”[①]。在随从无人应答的无奈情况下，张昇只好大方地任由道士将自己的金银珍宝拿走。第二天回到家中，吃了大亏的张昇便劝诫家人谨慎交游。不过，张昇在嵩山结庵而居，“澄心养气，不问时事，耆老而耳目聪明”[②]，以86岁的高龄去世，说明他的嵩山生活还是相当惬意的。

致仕官员刘几在嵩山的旅游活动也有很高的传唱度。刘几（1008～1088年），字伯寿，洛阳人，为人豪迈，多才多艺，集政治家、军事家和音乐家为一身，在多个州郡留有政声，参与制定明堂雅乐，以秘书监致仕。年过六旬之后，他不再留恋功名利禄，以老辞官，住在嵩山玉华峰下，号玉华庵主，过着闲云野鹤的日子。他的朋友纷纷劝告他走出嵩山，为国效力，但均被他拒绝。强至曾写诗叙述他当年的丰功伟绩，现如今却深藏功与名，隐匿深山不问世事，“霜天剑气闲中见，月岭笙声醉里闻。回首功名今似梦，逢人懒说守边勤”。张耒也记述他决意放弃官职，隐居嵩山而享受自得其乐的惬意生活，“家住太室阳，开门对嵯峨。嘉肴荐尊俎，有酒如江河。度曲得新声，词成自吟哦”。他和登封县令钱衮“为泉石之友”，时常深入嵩山“以极其胜，连月忘反”[③]，自称登上嵩山主峰峻极峰“凡七十四次矣。精力虽疲，而心犹未足也”。与他一起登山的朋友，这样记述他登山的经历：“烂红一点出浮沤，夜坐嵩峰顶上头。笑对僧窗谈祖德，当年七十四回游。”[④]清代登封知县叶封称他是登上嵩顶七十四次的唯一一人，“若夫饶胜情胜，具上嵩顶七十四次，如刘秘监几者，古今一人”[⑤]。与诗中的平淡描述相比，他游山的真实过程可谓是有神仙出游的架势。他带着两个美貌的小妾坐在牛背上，自己吹铁做的笛子，两个小妾吹蕲竹做的笛子，笛声回荡在整个山谷中。他们的行程全听牛的安排：牛行即行，牛止即止。牛停下来的时候他们下来就地喝酒，尽醉而归，“出入乘牛吹铁笛，二草以蕲笛和之，声满山谷。出门不言所之，牛行即行，牛止即止”。正因为他过着这样随意随性、自在脱俗的生活，所以嵩山人称呼他为“地仙”[⑥]。退居洛阳的元老文彦博也曾以王子晋在嵩山支脉缑山飞天的传说来形容刘几与仙人并无二致，“四明畴昔称狂客，二室于今号散仙。

---

① （宋）朱彧撰，李伟国点校：《萍洲可谈》卷3，中华书局，2007年，第155～156页。

② 《续资治通鉴长编》卷285，熙宁十年十月戊戌，第6981页。

③ 《丹渊集》卷37《都官员外郎钱君墓志铭》，第772页。

④ （宋）朱弁著，韦海英编纂：《朱弁诗话》，《宋诗话全编》，江苏古籍出版社，1998年，第2953页。

⑤ （清）叶封、焦贲亨撰，陈斌、李红岩校点：《嵩山志》卷首，嵩岳文献丛刊本，中州古籍出版社，2003年，第5页。

⑥ 《朱弁诗话》，第2953页。

子晋科登缑岭望，待君笙鹤共升天”[①]。事实上真有刘几遇到仙人的记载。有一次是在都城开封，一位仙人看到刘几气貌不凡，便将丹术传授于他。到了元丰二年（1079年），登封县令庞元常等人陪同刘几攀登峻极峰，时年74岁的刘几“行步如飞”，随行的年轻人却累得气喘吁吁，被他回头讥笑：“年轻人不过如此啊。”于是他展示自己的好身体，“袒露髀股示人，皆肉皮裹骨，毛长数寸，扣之有声，光彩烂然”。他一边爬山，一边演唱自己谱写的歌曲，歌声“响振山谷”[②]。还有一次是他自述在嵩山目睹了仙人靖长官，“曾见人嵩山幽绝处，眼光如猫，意其为靖长官也”。相传靖长官原为唐末登封县令，后弃官学道，隐居嵩山，遂成为仙人。正因为刘几在嵩山遇到世外高人，所以苏轼在送别范镇到洛阳时，就提议范镇到嵩山和刘几一起去找寻靖长官，“试与刘夫子，重寻靖长官”[③]。或许正是因为刘几“放旷嵩、少间，遇唐末异人靖长官者得养生诀，故益老不衰”[④]，所以他直到元祐年间才以81岁的高龄无疾而终。

司马光与朋友的嵩山之游相当精彩。熙宁三年(1070年)，司马光因反对王安石变法，自请离京，次年退居洛阳，任西京留守御史台。在此期间，他“优游洛下，不屑世务”[⑤]，所业惟著书。身居洛阳的众多官宦，纷纷邀请司马光与其同游嵩山。比如说，在熙宁六年（1073年），有人邀请司马光与其一道欣赏冬日嵩山的美景，可惜司马光公务在身，无法前往，但他以清丽的笔法描绘了太室山银装素裹、天高云淡的冬日风光，并对自己无缘坐在松林间欣赏而遗憾[⑥]。这也就说明，即使是在冬季，司马光也曾冒着严寒欣赏嵩山风光。不过，在司马光的嵩山之游中，最为知名的当属他和好友范镇结伴游览嵩山之事，在当时就已成为美谈，流传度甚高。司马光的好友邵雍的儿子邵伯温曾言司马光“尝同范景仁过韩城，抵登封，憩峻极下院，登嵩顶，入崇福宫、会善寺，由轘辕道至龙门，游广爱、奉先诸寺”[⑦]。对司马光特别推崇的王辟之有言：“元丰中，秋，与乐全子访亲洛汭，并辔过韩城，抵登封，憩峻极下院，趋嵩阳，造崇福宫、紫极观，至紫虚谷，寻会善寺，过轘辕，遂达西洛。”[⑧]两人所述的都

---

① 《潞公文集》卷5《送秘书刘监归嵩阳隐居》，第617页。

② 《画墁录》，第2页。

③ （宋）苏轼著，（清）王文诰辑注，孔凡礼点校：《苏轼诗集》卷15《送范景仁游洛中》，中华书局，1982年，第719页。

④ 《宋史》卷262《刘几传》，第9076页。

⑤ （宋）王辟之撰，吕友仁点校：《渑水燕谈录》卷4，中华书局，1981年，第49页。

⑥ 《司马光集》卷13《和张文裕初寒十首》，第419页。

⑦ 《邵氏闻见录》卷11，第117页。

⑧ 《渑水燕谈录》卷4，第49～50页。

是司马光与范镇同游嵩山之事。从两人的记载可知，元丰年间，极有可能是在元丰元年（1078年）[①]，司马光和范镇（字景仁，号乐全子）一道游历了嵩山的诸多景点。他们骑马从洛阳出发，经过古韩国故都宜阳（今河南宜阳，王辟之所说的“韩城”），来到登封，先在峻极峰下的峻极下院休憩，然后开始攀登峻极峰。到达峰顶后，再下山游览嵩阳书院、崇福宫和紫极观。他们在崇福宫相互唱和，司马光的和诗为：

和景仁题崇福宫

历历山头雪，泠泠松下风。樽中亦有酒，恨不与君同。

不独山头白，人头亦垂素。积雪有时消，青山色如故。[②]

然后来到紫虚谷找寻会善寺，最后经过轘辕道走出嵩山，继续西行踏访洛阳的其他景点，如龙门石窟、香山等。

在游山过程中发生了一些令人寻味的小故事。其一是司马光不喜欢坐轿，在山中依旧骑马，遇到险要地段就拄着拐杖。对此他总结了登山的技巧：“登山有道：徐行则不困，措足于平稳之地则不跌，慎之哉！”[③]他将这个登山小窍门用隶书题写在峻极院法堂后边的檐壁上，无私地提醒后人：登山要有登山的技巧，慢慢行走才不会感到劳累，脚落在平稳的地方就不会摔倒，对这个要谨慎啊！这两句话，不仅仅是司马光的登山技巧，更是司马光为人行事的准则。他曾表白自己的人生态度是“视地而后敢行，顿足然后敢立”[④]。纵观他的一生，的确是脚踏实地地做人，脚踏实地地做事。嵩山之游，便可体现出他稳重、求实的人格。

峻极院法堂后边的檐壁上还有一则题壁诗，是司马光与其兄司马旦以及程颐一起去游玩嵩山时题写的：

一团茅草乱蓬蓬，蓦地烧天蓦地空。

争似满炉煨榾柮，慢腾腾地热烘烘。

这四句诗，峻极院的僧人说是司马光亲手书写的。诗旁边还有他们的名字“旦、光、颐来”[⑤]。这一首诗，表面意思是说，一团乱蓬蓬的茅草点着火后，突然间烈焰冲天，又顷刻间烟消火灭，倒不如那炉子里煨火的树蔸，烟火腾腾地烧着，满屋子都暖和。内含的深意是，暴发户往往来如风雨，去似微尘，而老老实实、循序渐进的人却能顺利地到达目的地。司马光用烧茅草和煨榾柮两个比喻说明了一个人生哲理，同样

---

① 陈光崇：《司马光与〈洛游录〉》，《辽宁大学学报》1998年第6期。

② 《司马光集》卷11《和景仁题崇福宫》，第370～371页。

③ 《邵氏闻见录》卷11，第117页。

④ 《司马光集》卷59《答刘蒙书》，第1248页。

⑤ （宋）许顗著，吴贤泽编纂：《许顗诗话》，《宋诗话全编》，江苏古籍出版社，1998年，第1403页。

展露了他的性格特征。

另外一个小故事如下：

> 蜀公与温公同游嵩山，各携茶以行。温公以纸为贴，蜀公用小黑木合子盛之。温公见之，惊曰："景仁乃有茶器也！"蜀公闻其言，留合与寺僧而去。①

两人在游嵩山时带了些茶叶，司马光用纸包着，范镇用小黑木盒子装着。司马光吃惊地说："你还有茶具啊！"听到这样的评价，范镇便把盒子留给了寺僧。由此可见范镇对司马光意见的重视，更可看出司马光的俭朴品质，这与张昇携带金银器在少室山游玩形成了鲜明的对比。

司马光还在元丰元年（1078年）八月与王尚恭（字安之）、闵交如（字仲孚）来到万安山游玩，万安山下白龙潭附近的一处石窟内壁上至今还保留了他们的石刻题记遗迹。题记为楷书，自左至右三纵行二十七字，字迹清晰，"司马光君实王尚恭安之闵交如仲孚同至此处 元丰元年八月癸丑"②。万安山下、伊水之滨的独乐园（位于今偃师市诸葛镇司马村）是司马光的居所，携友人来此游玩正是情理之中之事。

李廌在嵩山脚下的长社（今河南长葛）隐居期间，常常来到嵩山游玩。他对前辈学者欧阳修、梅尧臣游览嵩山途径的景点特别留心，也参观了玉女捣衣石、三醉石、峻极峰、峻极寺、天门泉等景点。此外，由于身为布衣，有较多的闲暇时间，故而他还游览了崇福宫、卢崖瀑布、启母庙、少林寺、嵩阳书院、天封观、中岳庙、法王寺、真君观、峻极寺等嵩山名胜。③

除了李廌，宋代其他文人也来嵩山旅游，如宋初的孔承恭，"早游嵩、少间"④，到了晚年还想在嵩山隐居。魏野游历了嵩山及其附近的多个景点，如周公侧影台、许由坟、卢崖瀑布、中岳庙、启母石以及将军柏等⑤。文人前来嵩山旅游，在宋代史籍中屡见不鲜。

从上述旅游活动可知，宋代士大夫官员的嵩山旅行，大多是从洛阳出发，一路向南，由轘辕道进入嵩山，主要目的地有嵩山主峰峻极峰、少林寺、嵩阳书院、卢崖瀑布、崇福宫和会善寺等。他们的嵩山之旅往往备受关注，为时人所津津乐道。他们

---

① 《曲洧旧闻》卷3，第115页。

② 新华网河南频道：《洛阳偃师市发现司马光石刻遗迹》，http://www.ha.xinhuanet.com/fuwu/kaogu/2005-04/26/content_4128890.htm。

③ 附录中有李廌的嵩山诗全文。

④ 《宋史》卷277《孔承恭传》，第9390页。

⑤ （宋）魏野：《嵩岳十四韵》，《全宋诗》第72册，第917页。

在旅游过程中往往将所见之景以各种方式记载下来，留下了传唱千年的中岳诗词、游记。

二、僧、道、民众的嵩山旅游

佛教寺院和道教道观，大多数选址于优美闲适的自然环境中，加之本身具备的人文内涵，对普通旅游者有较大的吸引力，对僧人、道士而言，更是朝圣圣地。在嵩山的丛林中，寺庙、道观比比皆是，尤其是佛寺，宋人称之为“寺占嵩颜景最多，奇峰列刹共嵬峨”①。众多僧人、道士前来嵩山旅游，形成了独特的人文活动。

首先来看僧人道潜的嵩山之游。北宋末期的诗僧道潜，一生云游四方，应登封知县楼异之邀，游玩嵩山。他们同登岳顶，共谒子晋祠，同游法王寺，游历了嵩山的上上下下。他极力歌颂嵩山的风景，还给住在开封的驸马都尉王诜（字晋卿）寄了一首诗《寄王晋卿都尉》，邀请对方来到山川秀美的嵩山小住，暂时离开都城的高门大院。嵩山的山水草木，给了他极大的诗性，令他写作了很多有关嵩山的诗②。

接下来看前来嵩山的道士。苏辙的女婿曹焕游嵩山之时，“中途遇道士盘礴石上”③。这位道士自称是欧阳修的同年，一直珍藏着欧阳修送给他的衣袍。还有一位道士，善谈虚无，颇受张昇的喜爱，张昇与他“偕游少室山中”④。然而这位道士却在茶水中下药，迷晕张昇的随从，趁机拿走了张昇的金银器。北宋末期的道士王仔昔，“得《大洞》《隐书》豁落七元之法，出游嵩山，能道人未来事”⑤。他们在嵩山的游历，为嵩山增添了神异的色彩。

这些僧人、道士在嵩山的旅游活动，往往与士大夫结为游伴，为嵩山儒、释、道三教的交流做出了贡献。他们的嵩山之游，既提高了自身的修行，又提升了嵩山的文化魅力，是嵩山旅游的有机组成部分。

除了上述的士大夫官员和僧人、道士，嵩山旅游对普通百姓的吸引力也很大。嵩山脚下的中岳庙，经过宋初的修缮之后，“每至清明届候，媚景方浓。千里非遥，万人斯集。歌乐震野，币帛盈庭。陆海之珍，咸聚于此”⑥。清明时节的中岳庙会，有数

---

① 《潞公文集》卷5《游岳寺》，第615页。

② 附录中有道潜的嵩山诗全文。

③ （宋）苏轼：《仇池笔记》卷下，华东师范大学出版社，1983年，第265页。

④ 《萍洲可谈》卷3，第155～156页。

⑤ 《宋史》卷462《王仔昔传》，第13528页。

⑥ （宋）骆文蔚：《重修中岳庙记》，《嵩书》卷21，第486页。

万人参加，成为普通民众游览嵩山的高峰期。雄伟庄严、富丽堂皇的中岳庙，带动了嵩山旅游的兴盛。庙内道士不失时机地装神弄鬼，谎称病人江纬是仙人，“每月游客必引令观之”①。许昌士人张孝基，“其友数辈游嵩山”②。这说明了很多许昌人专程到嵩山游览观光。普通民众的嵩山旅游，反映了广大宋人对嵩山的热爱以及宋代嵩山旅游的普及。

游客在景区题名，是自古以来的旅游习惯。宋人在嵩山各处的题名，成为他们来到嵩山旅游最强有力的依据。表一便是依据嵩山志书中记载的宋人在嵩山旅游时的题名而整理制作的表格③。

表一　宋代嵩山旅游题名表

年代	日期	题名内容	提名地	备注
皇祐二年（1050年）	三月二十六日	侍禁上官士衡、著作佐郎张甫、进士李冠，皇祐二年三月二十六日游。比暮，宿于峻极中院。	嵩阳书院内的石柱	
皇祐三年（1051年）	七月十八日	大宋皇祐辛卯七月十八日，颍川陈知损，陪邑大夫宫舍赵佃、巡检侍禁上官士衡、县尉田盛、太室山人刘正之游天封观。	同上	
皇祐五年（1053年）	四月	苏舜元才翁题。皇祐癸巳孟夏，因之河南府也。	同上	
皇祐六年（1054年）	二月三十日	赵士弘、朱寿臣、舒昭叙、王慎微同游，皇祐六年仲春晦日。公嗣题记。	同上	
嘉祐四年（1059年）	七月十九日	钱衮去私、张淮次公同游，嘉祐乙亥七月十九日，黄通介夫书。	同上	题名内容中的“乙亥”应为“己亥”之误。详见前文的对登封知县钱衮的考证。
嘉祐五年（1060年）	三月十八日	潞国公文彦博，嘉祐庚子三月十八日游。张景俭、王起、陆经从游。	嵩阳书院讲堂	
嘉祐七年（1062年）	十一月六日	陈知雄守景、赵抗正辞同游，嘉祐壬寅岁仲冬初六日也。	同上	

① 《投辖录》之《江彦文》，第22页。
② （宋）方勺撰，许沛藻、杨立扬点校：《泊宅编》卷6，中华书局，1983年，第33页。
③ 《说嵩》卷15，第298～303页。

续表

年代	日期	题名内容	提名地	备注
熙宁二年（1069年）	二月六日	熙宁己酉岁春二月六日来观。邢恕叔和题。	嵩阳书院内的石柱	
	二月七日	熙宁己酉二月七日，崔象之、元公亮、马嗣宗同邑令张公玉游嵩至此，观主樊尊师看题。	崇唐观唐默仙中岳体元先生大中大夫潘师正碣文并序碑	
熙宁四年（1071年）	二月十五日	水部郎中知宗正丞公事，赵宗诲师正，惠然访，因语少年把臂，白发相逢，遂从儿孙辈游承天观，雅饮剧，之暮引退。熙宁辛亥仲春望日，秘书监致仕刘几伯寿题。大理评事唐宪、武陟令唐民，侄太祠郎唐考、唐咨、孙试芸阁吏高侍行，婿监登封酒税杜宁、谏寿臣末至。	同上	
	三月六日	钱待问、王仲元、任迎之、魏况祖、弟口祖，辛亥三月初六日谒承天李师到此。	同上	
	三月十八日	公度晦之、寿臣损之，寻春至此。熙宁四年三月十八日。公度弟淳翁、寿臣子昌弼同游。	同上	
	三月二十二日	少室野夫刘几、东密田述古，熙宁辛亥季春二十二日同游。	同上	
	三月二十四日	殿中丞新通判汝州张玹君仪、弟大理评事知登封琬公玉，熙宁辛亥三月二十四日率羽人张子隐云夫、傅继登嗣真、释显泰宗约、山人周谷深夫游。	同上	
	三月二十六日	李禹卿因游长官砦，憩此真宫。时熙宁辛亥季春二十六日。子侄述迥瞳侍行。	同上	
	十月十日	熙宁辛亥冬十月十日，琬以受代密迩，蒙致政秘监刘公几伯寿、侍禁陈天锡伯祥、蓝山令董清臣直甫、登封县尉鲁君弼邻右、进士王哀损之，会饮天封观和真庵，剧谈雅欢，步月引退。大理评事知登封事张琬公玉烛下题。	嵩阳书院大唐嵩阳观纪圣德感应之颂碑	
熙宁五年（1072年）	九月十日	余与子由考试洛西进士毕，同游二室诸寺。最后过天封精思观道子画，遂行。熙宁五年九月十日也。	嵩阳书院内的石柱	题名内容中的“余”，是顿起，“子由”是苏辙。详见前文对苏辙游览嵩山的考证。

续表

年代	日期	题名内容	提名地	备注
熙宁六年（1073年）	一月二日	予与寇仲武，游山至此，抵暮而归。熙宁六年正月二日，祖无择题。	崇唐观唐默仙中岳体元先生大中大夫潘师正碣文并序碑	同一人、同一天在嵩山的两处题名。
	一月二日	范阳祖无择、上谷寇仲武游。熙宁癸丑孟春二日。	嵩阳书院内的石柱	
	二月二十四日	熙宁癸丑仲春月二十四日，南梁张起，同上谷寇公辅游此。	同上	
	二月二十六日	焦通、寇博雅，熙宁癸丑二月二十六日题。	同上	
	四月	癸丑清明后一日，陈知俭率马伸、王寿同游天封观。苏注题。	同上	
熙宁十年（1077年）		内侍王绅、道士王成之同游异景，徬徨久之，衮仪记。	崇唐观唐默仙中岳体元先生大中大夫潘师正碣文并序碑	王绅，字衮仪。
元丰元年（1078年）	五月二十六日	汶上束端卿、淮西郝辟之，元丰戊午五月二十六日同游。	嵩阳书院内的石柱	
元丰四年（1081年）	六月十五日	元丰辛酉季夏望日，河南元圣庚观碑，勋从行。	崇唐观唐默仙中岳体元先生大中大夫潘师正碣文并序碑	
元祐五年（1090年）	三月	鄄城李昂，元祐庚午季春。	同上	
	八月三日	赵郡李夷行、甄城李昂、祥符杨彦章，元祐庚午中秋三日同游。	同上	
元符二年（1099年）	闰九月	李公弼仲修，元符己卯闰九月来游。	同上	
元符三年（1100年）	九月十九日	楼试可、王通玉、范邦直、李仔肩、宗仲基、王叔敬仝游，元符庚辰岁九月十九日。	同上	楼异，字试可。

续表

年代	日期	题名内容	提名地	备注
		李仔肩、宗仲基、王通玉、王叔敬。	戒坛旁	志书仅称此提名“刻戒坛旁”“不载年月”。因提名中的人物与上一提名中的人物重合，故将其放于此处。
崇宁二年（1103年）	三月十一日	新监临安茶社张克蒙，从妻父樊少偘游此。崇宁二年季春十有一日。	嵩阳书院内的石柱	
	五月	濮阳李孝称来游。崇宁癸未五月记。	同上	
崇宁三年（1104年）	三月十日	文及甫挈家游。崇宁三年三月十日，观退之题吴画。	同上	
大观元年（1107年）	四月六日	夏圣求、李季明、袁仙夫游。大观丁亥四月六日。	同上	
大观四年（1110年）	十一月二十九日	权发遣京西转运使张杲，被旨谒嵩山崇福宫，安挂御赐二门牌。大观庚寅十一月二十九日至此。	嵩阳书院讲堂	
政和元年（1111年）	二月	政和改元仲春，唐通叟扯李勉之自中顶过精思、天封，唐镐侍行。	同上	
		原武邢俦，朝谒神霄像罢，过天封得先公题字壁间，不胜孺慕。三川王尧文同游。	同上	题名内容不载时间，因志书将此置于唐通叟题名后，故因之。
政和三年（1113年）	六月二十三日	荥阳张□，同羽人赵守素游。政和癸巳六月二十三日。子楝侍行。	崇唐观唐默仙中岳体元先生大中大夫潘师正碣文并序碑	题名人姓张，名不可考。
政和四年（1114年）	十二月十一日	政和甲午十二月十一日，幸缘职事经从，恭谒祠下。康厚书。男实侍、清玮、守维称从行。	嵩阳书院讲堂	

续表

年代	日期	题名内容	提名地	备注
政和八年（1118年）	四月十八日	左武大夫、忠州团练使、知东上阁门事、提举中太乙宫兼佑神观公事王那子坚，右武郎、提点醴泉观陈彪炳文，忠训郎王渊深甫，因随侍口口节太尉诣崇福，得获恭参启母殿下，遂观圣迹，不胜大抃。时政和戊戌孟夏十有八日。彪谨题。捧砚人刘天锡。	嵩阳书院讲堂	
宣和七年（1125年）	一月二日	涌上卢汉杰，率金台李百和、颍川李刚中游紫虚谷。设道友茶，酌七星泉，登三醉石，回观圣德碑。时宣和七年岁次乙巳改元二日题。	嵩阳书院大唐嵩阳观纪圣德感应之颂碑	
	三月二十二日	蜀郡何栗，宣和七年三月二十二日游天封观。	嵩阳书院内的石柱	
		后五十三年，获睹先人朝奉题柱。项城县丞马云夫谨书。	同上	题名内容不载时间，因志书将此置于何栗题名后，故因之。

纵观上述宋代嵩山旅游者及其旅游过程，可以发现，嵩山的旅游资源数量丰富，太室山、少室山，山上山下、山前山后，总有令人流连忘返之处。这里的旅游种类齐全，不光有山涧（公路涧、拜马涧）、泉水（天门泉）、山石（天门、三醉石）、林木等自然资源，更有山寺（峻极寺、少林寺）、道观（崇福宫、中岳庙）、书院（嵩阳书院）、碑刻等数不胜数的人文资源。宋人的嵩山旅游活动，参与群体广泛，既有高官，又有布衣，既有儒家学子，也有僧人和道士。组织形式多样，既有单人游，又有多人同游，既有朋友一起出游，也有家人共同游览，既有公务旅游，也有私人旅游。旅游内容丰富，既有风景游，也有庙会游。旅游时间并不固定，四季皆可，春、夏、秋三季较多，三月和四月尤其突出，宋神宗和宋徽宗时期来此旅游题名的较多。士大夫官员的嵩山旅游，追求鲜明的精神意境，留下了丰硕的旅游作品。

靖康之难之前，嵩山的旅游者络绎不绝，数不胜数，“自靖康以后，国步维艰，嵩下无游辙矣”[①]。血雨腥风的战争，金兵在两京之间的烧杀抢夺，害得京畿大地白骨露野，饿殍千里，茫茫嵩山笼罩在烽火狼烟中，旅游活动就此衰败。

① 《说嵩》卷14，第299～300页。

第三节　宋代嵩山旅游的两则史实考辨

宋代嵩山的旅游状况，一直是嵩山历史研究中的热点问题，同时也是嵩山旅游科普类论著中必不可少的内容。前人对此问题的论述，因利用材料和论证深浅不同等原因，所得出的结论大不相同。本节对前人论著中的两则宋代嵩山旅游活动进行考证，加以辨析。

一、范仲淹是否游览嵩山

目前所见的嵩山旅游论著以及一些有关范仲淹的历史研究中，有提及范仲淹游览嵩山之事，其依据便是范仲淹写作了一组诗《和人游嵩山十二题》①。在这12首诗中，范仲淹描述了嵩山的12处景致。也有研究者依据这12首诗的内容，断定范仲淹没有游览过嵩山②。这两种截然不同的观点，着实令人疑惑。

考证范仲淹是否游览嵩山，要从欧阳修、梅尧臣和杨愈三人在明道元年（1032年）春季游览嵩山说起。在这次出游中，欧阳修和梅尧臣一起游玩嵩山而写作同名的嵩山诗，欧阳修所作的嵩山组诗，总名为《嵩山十二首》，依次是《公路涧》《拜马涧》《二室道》《自峻极中院步登太室中峰》《玉女窗》《玉女捣衣石》《天门》《天门泉》《天池》《三醉石》《峻极寺》和《中峰》③。梅尧臣所作的诗，总名为《同永叔子聪游嵩山赋十二题》④，交代了出游的人员，欧阳修和杨愈，下篇诗名中有十一首与欧阳修的完全相同，只有一首《登太室中峰》与欧阳修的《中峰》略有不同，但二者指的都是太室山的中峰，嵩山主峰，海拔1492米的峻极峰。无独有偶，时任陈州通判的范仲淹也写下了嵩山组诗《和人游嵩山十二题》，下篇诗名中有11篇与欧、梅的完全相同，只有1首《峻极上寺》与欧、梅的《峻极寺》稍有不同，但二者所指的是同一地方。三人所作之诗，36首中有34首同名，仅有2首诗名小异而大同，为了方便叙述，笔者将其统称为同名嵩山诗。

---

① 《范仲淹全集·范文正公文集》卷2《和人游嵩山十二题》，第36～39页。附录中有全诗。

② 持有范仲淹曾经游览嵩山或不曾游览嵩山的论著都有很多，此处不一一列举，因为下文在论证过程中，引用了部分有代表性论著的观点。

③ 《欧阳修诗文集校笺·居士外集》卷1《嵩山十二首》，第1265～1267页。附录中有全诗。

④ 《梅尧臣集编年校注》卷2《同永叔子聪游嵩山赋十二题》，第42～45页。附录中有全诗。

前文已述，欧阳修和梅尧臣是一起游玩嵩山而写作同名的嵩山诗。那么范仲淹呢？他是不是和欧、梅、杨同游嵩山而写作嵩山诗？这个问题，要从范仲淹的经历以及嵩山诗的内容两个方面来回答。

首先，看范仲淹早期的生平事迹。大中祥符八年（1015年），27岁的范仲淹进士及第，被授予官职，结束了在睢阳学舍五年左右寒窗苦读的生涯。天圣七年（1029年），范仲淹因奏请太后还政而触怒刘太后，离开东京（今河南开封）来到河中府（今山西永济）担任通判，直至天圣九年（1031年）三月，范仲淹迁太常博士，移通判陈州（今河南淮阳）①。也正是在这一年，范仲淹上疏恳请将自己的磨勘恩泽追赠父母②，而他的母亲，正好葬在洛阳尹樊里万安山③。万安山位于太室山之西，同属于嵩山山脉。明道二年（1033年）他回到京师任职。综上，范仲淹在京畿求学时期，外出任职途径洛阳之时，以及在开封为官期间，都有可能前往嵩山欣赏美名远扬的中岳名胜。在改葬母亲灵柩之时，他更有可能亲临距离墓地不远的嵩山。可惜目前学界对范仲淹在这一时期内的履历并无较为细致的研究，故而无法确凿得出他是否到嵩山、何时到嵩山的结论。正如前辈研究者所言："关于范仲淹是否旅游过嵩山的问题，因为其《文集》和楼钥的年谱，以及当时人涉及范仲淹的文章均无明载，今人方健先生的《范仲淹评传》也未加以考证，故而留下悬案。"④也就是说，从目前对范仲淹生平事迹的研究中，无法得出范仲淹游览嵩山的结论。

此外，明代登封知县傅梅编撰的嵩山专志《嵩书》，将范仲淹作为"宦履篇"中的一员而收录，其中写道："尝奉真宗御容崇福宫，登高履胜，与欧阳修、梅圣俞有嵩山唱和诗十二章，今传于世。"⑤按照傅梅的说法，范仲淹是在供奉宋真宗御容时登上嵩山的。遗憾的是，除了几部嵩山地方志书沿袭了《嵩书》的记载之外，目前所见的范仲淹史学研究，都未曾提到范仲淹来到嵩山崇福宫供奉宋真宗御容之事。

其次，从范仲淹的诗《和人游嵩山十二题》来看，这组诗属于唱和诗。唱和诗作为写诗的一种手法，其形式较为多样，可以和韵而作，也可以和意而作，可以两人唱和，也可以多人唱和，可以同地唱和，也可以异地唱和，可以与同时代的人唱和，也可以与古人唱和。总之，不能望文生义地认为欧、梅、范写下了同名的嵩山诗而认定三人是在同一时间、同一地点完成的。

---

① 方健：《范仲淹评传》附录《范仲淹年谱》（简编），南京大学出版社，2001年，第486～490页。

② 《范仲淹评传》附录《范仲淹年谱（简编）》，第489页。

③ 万安山，又名玉泉山、石林山，位于洛阳市区东南40里处。

④ 王福鑫：《试论范仲淹的旅游实践》，《贵州文史论丛》2005年第1期，第44页。

⑤ 《嵩书》卷6《宦履篇》，第100页。

从上述两方面的分析来看，在没有其他资料可以佐证的情况下，仅凭欧、范写作了同名唱和诗篇，而认定“明道元年（1032年），43岁的范仲淹与26岁的欧阳修诸诗友，结识于洛阳嵩山”①，应该属于孤证不立的弱命题。还有论点肯定范仲淹并未与欧、梅同游嵩山，“洛阳钱幕文人集团成员第一次游览嵩山时，欧阳修和梅尧臣是参与者，此外还有杨愈等人，当时范仲淹任陈州通判，并没有参与这次游赏活动，但是当其看到梅尧臣和欧阳修的同题唱和之作之后，也以同题共作的形式创作了《和人游嵩山十二题》，虽然景物是其没有亲眼见到的，但是十二首诗的题目和梅欧组诗的题目是一样的”②。第三种观点是，虽然目前的研究无法明确证明范仲淹是否游览过嵩山，但“从其所作的《和人遊嵩山十二题》一诗来看，其游览过嵩山应是没有问题的。因为诗中所题写的十二处，均为嵩山著名景点，非亲历者难以题写”③。第三种观点需要全面分析。的确，目前尚未有确凿史料可以证明范和欧、梅等人同游嵩山，而欧、梅日后在诗文中多次回忆两人游览嵩山之事，均未提及范仲淹，故而只能说，如果范仲淹曾亲临嵩山，那么他不可能是和欧、梅在一起游览。鉴于目前所看到的史料，只是这一组唱和诗，所以只能以唱和诗叙述的内容来推断。认真体会范仲淹的诗，有一些诗句所呈现的场景，看似属于耳闻目睹后的结果，这也正是前文在叙述欧、梅、范笔下的太室山十二景中已经讨论过的问题。只不过，文学作品中的细致描述，并不一定要求作者必须实地亲历体验，这只能说明作者的文学修养和技巧的高超。因为范仲淹在诗中没有明确交代这些景致是自己游历所见，也未在日后回忆自己创作嵩山诗的经过，欧阳修和梅尧臣在回忆嵩山之游时也不曾提到范仲淹，所以范仲淹是否游览嵩山尚不可知，如果是，那么他何时游览嵩山，还需更多的史料来论证。仅仅依据范仲淹所作的《和人游嵩山十二题》这一组嵩山诗来断定他曾经游览过嵩山，这样的论证未免过于草率。

二、欧阳修游览“神清之洞”的不同记载

如前所述，明道元年（1032年）秋季，河南府通判谢绛奉命到嵩山御祝封香，欧阳修和杨愈分别读祝、捧币。事后，三人与尹洙、王复一起游嵩山，返回的途中经过

---

① 许满贵：《诗友兴会更无前——范仲淹、谢绛、欧阳修、梅尧臣相识兴会缘居邓州实录考记》，《中国范仲淹研究文集》，群言出版社，2009年，第244页。

② 王书荣：《地域文化与洛阳钱幕文人集团唱和诗研究》，广西大学硕士学位论文，2012年，第47页。

③ 王福鑫：《试论范仲淹的旅游实践》，《贵州文史丛刊》2005年第1期。

嵩山余脉石堂山[①]。在这里，他们遇到了莫名其妙的事情。石堂山“山径极险，扪萝而上者七八里。上有大洞，荫数亩，水泉出焉”。奇险的山路，潺潺的流水，面积不小的石洞，似是预示这里是仙人居所。不过，谢绛等五人注意的，却是峰峦峭壁之间，仿佛有“神清之洞”四字，书法雄伟绝妙，和薛老峰上的字迹相似，“峭壁有若四字云‘神清之洞’，体法雄妙，盖薛老峰之比”。对于这四个字，他们或是怀疑古代苔藓自然形成，或是认为神仙书写，“诸君疑古苔藓自成文，又意造化者笔焉，莫得究其本末”[②]。为了明白这四字的成因，他们询问了道士以及附近的百姓，可大家都异口同声地说以前不曾见过这四个字，不知道是什么原因。

平心而论，在悬崖峭壁之间，隐隐约约地出现四个字，在千年之前科学知识不甚丰富的时代，或可认为是仙人所为，尤其是在这四个字平时没有出现，只是在谢绛、欧阳修等人到来后才出现的情况下。此后，经过后人的流传，这件事的神异色彩愈加鲜明。

北宋中期的刘斧，在其小说集中将此事记载为：

> 欧阳永叔登第，授西洛留守推官，是时梅圣俞为洛阳簿，二人相得之友也。一日，相约游嵩山，永叔遇佳处即吟咏。遇晚，永叔望西峰巨崖之巅，有丹书四字云：“神清之洞。”永叔乃引手，指示圣俞曰：“公见此四字乎?”圣俞从公所指而视之，无所见，永叔乃不言。洎乞身告老，高卧颍水，因思向四字，乃为诗曰：四字丹书万仞崖，神清之洞锁楼台。烟霞极目无人到，鸾鹤今应待我来。吟诗后数日，公薨。以公之才学，乃神仙中人也。公平生不言神仙事，公岂不知也？盖公吾儒宗主，张吾道当如是也。[③]

且不说他将经历此事的人物都记错了，他所强调的，只有欧阳修看到峰峦之巅的四字丹书，实际上也是谢绛、欧阳修等五人共同看到的。之所以强调只有欧阳修一人看到了“神清之洞”，应是为他得出欧阳修“乃神仙中人也”做铺垫。

两宋之交的叶梦得，在其笔记中将此事记载为：

> 世多言公为西京留守推官时，尝与尹师鲁诸人游嵩山，见藓书成文，有若神清之洞四字者，他人莫见。然苟无神仙则已，果有，非公等为之而谁，

---

① 前文已述，此山又名石唐山，现称中灵山、紫云山等。此山海拔1318.7米，层峦叠嶂，奇峰怪石，曲洞幽谷，飞瀑龙潭，秀色天成，寺庙亭坛，各有千秋。中灵山安阳宫西北侧，山腰处有一南北相对的山崖，名曰薛老崖，其上为薛老峰，北崖上有一处天然石洞，俗称道士窑，洞深4米，高3米，宽4米，即为谢绛、欧阳修等人看到的“神清之洞”。

② 《游嵩山寄梅殿丞书》，《欧阳修全集·附录》卷4，第2718页。

③ （宋）刘斧：《青琐高议》前集卷8，古典文学出版社，1958年，第76页。

其言未足病也。[①]

他记叙世人所说的欧阳修和尹洙等人游嵩山之时，只有欧阳修一人看到苔藓形成的“神清之洞”，“他人莫见”，是为了引出他的结论：世间如果有神仙的话，肯定非欧阳修莫属。

同样生活在两宋之交的胡仔，在其诗话中也记载了欧阳修的“神清之洞”诗，不过他是以苏轼诗中描述的神清之洞为引子来展开：

> 东坡《送范景仁游洛中诗》：“藓书标洞府，松盖偃天坛。”注云：“欧阳永叔尝游嵩山，日暮，于绝壁上见苔藓成文云：神清之洞。明日复寻不见。”又《六一居士集》有《戏占唐山隐者诗》：“我昔曾为洛阳客，偶向岩前坐盘石，四字丹书万仞崖，神清之洞琐楼台。”盖纪此事。余谓二公人物文章，俱为天下第一，自是神仙中人，应居紫府、阆苑，固宜所梦所见之异也。[②]

他认为，欧阳修和苏轼，两个人的人格魅力以及道德文章，同为天下第一，故而他们才能看到一些神异的事情，比如说别人看不到的“神清之洞”这四个字。

“神清之洞”因欧阳修的“发现”而广为人知，后人曾多次慕名前来实地观察，可惜均无法证明它的存在及由来，明代登封知县傅梅就是其中之一。他“心怀诚愿，凝目睇观，回环良久，见北岩一壁，苔藓剥泐处皆成鸟迹，科斗之文不能悉识，中亦有似大篆者，似八分者。大者如斗，小者如钵”。这些状如蝌蚪的文字，他“仅能辨三字，为‘甲’，为‘癸’，为‘天’，然又不在一行”。看来他也是凡胎肉眼，没有欧阳修的那双“慧眼”，无法看到传说中的“神清之洞”，所以他惭愧地说：“以此远愧欧公耳。”[③]

由此观之，上述宋代三人的记载，无疑是以“神清之洞”为例，将欧阳修神话了。这显然是不符合史实的。所谓“神清之洞”，前文已述，只是谢绛、欧阳修等五人在游玩嵩山的路途中经过石堂山时见到的一个山崖石洞，上面若隐若现地显示出“神清之洞”四个字。这四个字大家都看到了，只是没有人看得十分清楚，也不能说出它的由来。只不过，“神清之洞”貌似仙人居所，而欧阳修作为万人敬仰的楷模，二者有了交集之后，后人传述此事时就往往有意无意地将其渲染和夸张，故而形成了

---

① （宋）叶梦得：《避暑录话》卷上，中华书局，1985年，第6页。

② （宋）胡仔著，蔡云祥、田志刚校点：《胡仔诗话》卷26《东坡一》，《宋诗话全编》，江苏古籍出版社，1998年，第4138页。

③ 《嵩书》卷11《石堂山壁上见字》，第225～226页。

欧阳修游览嵩山之时看到了别人看不到的“神清之洞”这种说法。

嵩山余脉石堂山神清之洞的神异事件还有很多。治平年间，“早得神仙术”的许昌龄，“杖策来居”。欧阳修曾邀请他对坐畅谈，从而“豁然有悟”[①]，还写了很多有关他的诗，如《赠许道人》《送龙茶与许道人》《赠许昌龄》和《又赠许昌龄》等。就在去世前不久，欧阳修为他写了《戏石唐山隐者》一诗，似是预感到了自己生命的终结，有“云深路绝无人到，鸾鹤今应待我来”[②]之句，而鸾鹤正是神仙的代称。这首诗写后不久，似是冥冥之中有仙人的召唤，欧阳修果然就去世了。

继欧阳修之后，苏辙的女婿曹焕在嵩山遇到了欧阳修的同年刘道士，他也提起了“神清之洞”的事：

> 曹焕游嵩山，中途遇道士盘礴石上，揖曰：“汝非苏辙之婿曹焕乎？”顾其侣曰：“何人？”曰：“老刘道士□□，未尝与人语。”道士曰：“苏辙，欧永叔门人，汝以永叔为何等人？”焕曰：“文章忠义为天下第一。”道士曰：“所知者如是而已。我永叔同年也，此袍得之永叔，盖尝破而不补，未尝垢而洗也。近得书甚安。汝岂不知神清洞事乎？汝与我以某年某月某日同集某处，我当以某月日化于石上。”复坐不复语。焕亦行入山，果如期化于石上。[③]

他一直珍惜着欧阳修的衣袍，还收到了欧阳修报平安的书信。他说自己遇到曹焕后会坐化，后来果然就坐化了。

欧阳修观看石堂山“神清之洞”的旅游史实，竟然被后人演绎为众多饱含神异色彩的事件，既表达了后人对欧阳修的尊崇，甚至将其视为仙人，又反映了欧阳修游览嵩山一事已经成为美谈，士大夫屡屡提及。只可惜，他们的说法不一，有违背事实的部分，很容易迷惑后人，引发后世研究者的争议。笔者记录这些史料，不仅仅是追根溯源，厘清事实，或是表现“神清之洞”的神奇景色，更是以此反映宋代嵩山旅游的奇妙之处及其脍炙人口的流传度。

---

① （宋）蔡絛著，刘德重、张培生编纂：《蔡絛诗话》卷下，《宋诗话全编》，江苏古籍出版社，1998年，第2507页。

② 《蔡絛诗话》卷下，第2507页。

③ 《仇池笔记》卷下，第265页。

第四节　宋代嵩山旅游的影响

一、旅游促进经济发展

各种形式的旅游活动，都与社会经济的发展水平密切相关。旅游活动展开的规模、频度、消费层次，甚至旅游活动的组织形式都受到社会经济水平的制约，同时，作为消费活动的一种形式，旅游活动也会对社会经济的发展产生很大的推动作用。宋代嵩山的旅游活动，对嵩山及其周边的社会经济产生了一定的影响。

首先，旅游场所的修建，需要一定的经济基础。乾德二年（964年），中岳庙得以重修，“杂用二十三处，行廊一百余间，莫不饰以丹青绘之。部从栽松植木，去故就新”。为了这次重修，河南府“所献宝货币帛，充溢廊庑”。重修之后的中岳庙，带动了嵩山旅游的兴盛，“千里非遥，万人斯集。歌乐震野，币帛盈庭。陆海之珍，咸聚于此”[①]。为了修建会善寺，嵩山人“或捐重货，或舍奇珍，数稔之间，净财告足”[②]。宝元元年（1038年）四月，宋仁宗“赐河南府嵩阳书院田十顷”[③]。宋仁宗赐予嵩阳书院十顷学田，作为书院的常年经费，维持书院的持续发展，引来了大批游客。而到了宋神宗时期，嵩阳书院的学田被变卖，书院不可避免地走向了衰落，自然成为门可罗雀之地。少室山中的佛寺，占有大片山林，“少室山隶县境，林木茂美，望之郁然，异时尝为佛寺据其地”[④]。永安县知县李规审理了寺僧伪造凭证、霸占山林的案件，裁定寺僧不对，准许老百姓上山樵牧。由此可知宋代嵩山佛寺风景优美，占地广大，经济力量雄厚。这些都表明了宋代嵩山旅游与经济的状况。

其次，旅游活动是一种消费行为，往往对社会经济的发展起到一定的推动作用。嵩山旅游活动的开展，有利于促进旅游交通与食宿接待等辅助设施的发展。登封知县马仲甫修整了轘辕道，改善了进出嵩山的交通状况。欧阳修、谢绛、李廌以及道潜等人的嵩山旅游，都曾在山上住宿，这表明了山上也有一定的消费场所，便利旅游活动的开展。

令人惋惜的是，对于千年之前嵩山旅游经济的状况，宋人的记载并不丰富，难以

---

① （宋）骆文蔚：《重修中岳庙记》，《嵩书》卷21，第486页。

② （宋）王著：《嵩山会善寺碑》，《嵩书》卷21，第488页。

③ 《续资治通鉴长编》卷122，宝元元年四月丁亥，第2872页。

④ （宋）苏颂：《苏魏公文集》卷60《太常少卿李君墓志铭》，中华书局，1988年，第919页。

进行系统的考证分析。不过，宋代嵩山旅游如此兴盛，自然需要一定的经济活动加以支撑。旅游景观的形成和修建，是旅游活动开展的前提条件，交通工具、道路修缮与食宿接待等辅助设施，是旅游活动顺利开展的制约因素，如果这些条件不具备，繁盛的旅游活动自然难以开展。反过来讲，旅游活动的持续开展，又会促进这些景观和设施的开发建设，从而进一步促进旅游活动的开展，使旅游活动步入良性循环。

二、旅游提升精神素养

地理环境的特征对人们的思想产生巨大的影响，“在马克思看来，地理环境是通过在一定地方、在一定生产力的基础上所产生的生产关系来影响人的，而生产力的发展的首要条件就是种种地理环境的特性”[①]。古人的精神中，流溢着崇山理念，或称山岳崇拜，远古时代就已形成。柳诒徵先生在谈到中国文明起源时曾经指出：“世多谓文明起于河流，吾谓吾国文明，实先发生于山岳”[②]，表现了山岳对华夏文明的重要影响。

位居中天的嵩山，是北宋京畿地区最为雄伟的山岳，“由都城而南以东，山之近者阙塞、万安、轘辕、缑氏，以连嵩室，首尾盘屈逾百里。从城中因高以望之，众山逶迤，或见或否，惟嵩最远最独出。其崭岩耸秀，拔立诸峰上，而不可掩蔽。盖其名在祀典，与四岳俱备天子巡狩望祭，其秩甚尊，则其高大殊杰当然”[③]，是万众朝圣之地。嵩山虽然不是全国最高的山，但在京畿大地一马平川的衬托下，显得高峻挺拔。众多山峰直插苍穹，突兀天外，弥漫着一层神秘、深邃的气息，令人惊叹和崇拜，进而萌发游览嵩山之念。这样壮美的自然景观，高耸的山峰，使旅游者产生无限的遐想以及奋发向上的激情。在嵩山之巅极目远眺，则有气势磅礴、胸襟宽阔之感，如同范仲淹所说：“不来峻极游，何能小天下。”[④]在攀登过程中，嵩山壮观的自然风景和厚重的人文景观，使旅游者领悟到了自然的淳朴和秀美，给予他们以无穷的美感和思维，开阔了他们的视野，丰富了他们的知识，启迪了他们的思想，令他们产生自信、自尊、自励、自强的精神力量，进而有了讴歌祖国壮美山河的热情。

总之，宋代的嵩山，是旅游者触发激情和启迪思想的不竭源泉，是不朽的圣山，丰富和滋养了旅游者的心灵。

---

① 〔苏联〕列宁：《列宁全集》卷38，人民出版社，1955年，第459页。

② 柳诒征：《中国文化史》，中国大百科全书出版社，1988年，第8页。

③ 《欧阳修全集》卷64《丛翠亭记》，第929页。

④ 《范仲淹全集·范文正公文集》卷2《和人游嵩山十二题》，第37页。

本章小结

嵩山是宋代旅游胜地。宋政府所制定的各项措施，促进了嵩山的旅游活动。西京洛阳固有的旅游风气，推动了嵩山旅游的兴盛。梅尧臣和欧阳修都曾两次前来嵩山游玩。梅尧臣第一次来到嵩山游玩是在天圣九年（1031年）春季，和钱惟演一起，第二次来到嵩山游玩是在明道元年（1032年）春季，和欧阳修、杨愈一起。欧阳修第一次来嵩山游玩是在明道元年春季，和梅尧臣和杨愈一起；第二次来嵩山游玩是在明道元年秋季，和谢绛、尹洙等人一起。至于范仲淹，虽然他写作了与欧阳修、梅尧臣同题的嵩山组诗，但因史料所限，至今依然无法考证他是否游览过嵩山这一问题。目前所见的嵩山旅游介绍论著，大多简单地依据范仲淹写作了嵩山诗而认定他曾经游览嵩山，并不是严谨的史实考证。谢绛和欧阳修等五人游览嵩山的过程，展现了宋代嵩山旅游的盛况。根据欧阳修两次游玩嵩山而累积形成的欧阳修与“神清之洞”的传说，将欧阳修视为神仙，反映出了宋代嵩山旅游的奇妙之处。致仕官员张昇、刘几在嵩山的游玩经历，展现了宋代嵩山旅游广为传颂的知名度。司马光和范镇游览嵩山的经历，既是两人深情厚谊的体现，也是两人人格魅力的体现，更是嵩山旅游精彩纷呈的体现。僧人和道士在嵩山的旅游活动，为嵩山增添了神秘的色彩。普通百姓在嵩山的旅游活动，体现了嵩山旅游的普遍性。嵩山的旅游活动，对宋代经济和宋人精神均产生了一定的影响。

第七章　宋代嵩山与文学、金石学

山岳的壮观和秀美，是自古以来文人雅士共同赞赏的。巍然高耸于华夏大地中央的嵩山，历史悠久，景观壮美，文化深厚。北宋时期，嵩山作为国家统治中心区域内的大山，在社会生活中发挥了巨大的作用。本章以梅尧臣等北宋文坛的知名人物为例，来说明嵩山对宋代文学、金石学的影响。

第一节　梅尧臣的嵩山诗与宋代诗坛

梅尧臣（1002～1060年），字圣俞，宣州宛陵（今安徽省宣城市）人，世称宛陵先生。天圣八年（1030年），28岁的梅尧臣调任河南府河南县主簿，与西京留守钱惟演成为忘年之交。明道元年（1032年）夏季，因为妻兄谢绛来到河南府担任通判，故而梅尧臣改任河阳县主簿，直至景祐元年（1034年）春季到都城开封应进士第。在这4年间，梅尧臣与洛阳青年才俊，如欧阳修、杨愈、尹洙、王复等人广泛交游。至于妻兄谢绛，梅尧臣更是往来不断。

天圣九年（1031年）春季，梅尧臣陪同上司钱惟演来到嵩山游玩，参观了子晋祠、少林寺、少姨庙、天封观等名胜，留下了《缑山子晋祠》《少林寺》《少姨庙》《天封观》《会善寺》《启母石》和《轘辕道》这七首诗[①]。在这一组诗的第一首诗《缑山子晋祠》下，梅尧臣记载"以下陪太尉钱相公游嵩山七章，"证实了这一组诗是梅尧臣陪同钱惟演游览嵩山的产物。这便是梅尧臣创作的第一批嵩山组诗。次年，也就是明道元年（1032年）的春季，他和欧阳修、杨愈来到嵩山游玩，写下了《同永叔子聪游嵩山赋十二题》组诗，包括《公路涧》《拜马涧》《二室道》《自峻极中院步登太室中峰》《玉女窗》《玉女捣衣石》《天门》《天门泉》《天池》《三醉石》《峻极寺》和《登太室中峰》。这便是梅尧臣创作的第二批嵩山组诗。梅尧臣的妻兄、河南府通判谢绛和欧阳修、尹洙等人游览嵩山，因为遗憾梅尧臣没有参加，故而谢绛将此旅行经历写成散文，寄给梅尧臣。梅尧臣收到《游嵩山寄梅殿丞书》后，将

---

① 《梅尧臣集编年校注》卷1《缑山子晋祠》《少林寺》《少姨庙》《天封观》《会善寺》《启母石》《轘辕道》，第15～17页。下文所引诗文，均出于此，不再赘述。附录中有全诗。

此1248字的散文游记改编成500字长诗《希深惠书言与师鲁永叔子聪几道游嵩因诵而韵之》，用诗的表现方式淋漓尽致地表达了谢绛散文的原意。虽然之前梅尧臣也创作了一些叙事诗，但其字数和内涵显然无法与这首嵩山长诗相比。这便是梅尧臣的第一首叙事长诗。这二十首诗，便是梅尧臣嵩山诗的主要内容，也是本节论述的主要对象。

一、促进宋诗语言平淡美的产生

北宋初年的诗坛，承袭中晚唐，主要有白体、晚唐体和西昆体，其中西昆体兴起最晚而影响最大。西昆体片面发展了唐代大诗人李商隐追求形式美的倾向，其诗雕润密丽、音调铿锵、辞藻华丽、声律和谐、对仗工整，呈现出整饰、典丽的艺术特征。但是从总体上看，西昆体诗的思想内容贫乏空虚，脱离社会现实，缺乏真情实感。西昆体的过热流行及其末流的偏弊日甚，引发了诗界内部反对声浪的涌起，加之宋仁宗时代政治改革浪潮日益高扬，促进了诗歌的矫弊和创新。诗人们针对西昆体的偏弊而创新诗风，纷纷竞起补偏救弊，大力呼吁诗风改革，展示宋诗独立的面貌，梅尧臣正是其中影响力最大的一位。

作为宋诗的开路先锋，梅尧臣得到了学术界的广泛关注。有学者专门将梅尧臣的诗作了分期，他在明道二年（1033年）之前的诗属于“模拟期——诗歌呈现鲜明的西昆体特点”①，并以梅尧臣陪同西京留守钱惟演游览嵩山时写作的《缑山子晋祠》《少林寺》《少姨庙》等诗为例来说明他此时所作的诗呈现出明显的西昆体特色，如讲究用典、雕字琢句、对仗工整等。因为这一时期梅尧臣创作的诗歌多数属于西昆体，所以学界往往不再关注其中的某一首，一概而论，称其全部属于西昆体诗作。诚然，梅尧臣在与西昆体领袖钱惟演同游嵩山之时写作的诗篇，均属标准的西昆体诗作。然而，前文所解析的嵩山组诗，同样是明道二年之前所作，虽然其中隐约出现西昆体的痕迹，如辞藻稍为华丽，用典较为雅致，但大部分诗句浅显易懂，风格淡雅，语言平淡。下面先将梅尧臣陪同钱惟演游历嵩山所作的《缑山子晋祠》《少林寺》以及他和欧阳修、杨愈同游嵩山所作的《拜马涧》《峻极寺》做一对比（见表二），解释这个推论。之所以选择这四首诗，主要是因为它们所描述的事物有类似之处，《缑山子晋祠》和《拜马涧》都有关于王子晋成仙的传说，《少林寺》和《峻极寺》都是嵩山名寺。

① 陈庆艳：《论梅尧臣与西昆体的关系》，《长城》2012年第6期。

表二　梅尧臣两次游览嵩山所作之诗

梅尧臣陪同钱惟演游嵩山所作之诗	缑山子晋祠 王子居玉京，故山空寂寞， 犹闻朔月笙，尚想宾天鹤。 翠柏深古坛，丹霞留迴壑， 芝庭谁款扉，旌旗穿林薄。	少林寺 红旌过翠岑，林际瞻莲宇， 门对几千岩，花开第一祖。 禅庭松色寒，石室苔痕古， 寂寂不逢人，空檐燕方乳。
梅尧臣和欧阳修、杨愈游嵩山所作之诗	拜马涧 王子昔凌霓，国人兹拜马， 依稀日夜笙，声入寒泉泻， 空传七日期，飞鹤何时下。	峻极寺 山高路已穷，倏尔逢兰若， 落日老僧闲，支颐古松下， 缓步入禅庭，苔苍但萧洒。

梅尧臣陪同钱惟演游嵩山所作之诗，四联八句，字数标准，音律整齐而谐美，是西昆体的特色之一。中间两联对偶精确：“翠柏深古坛”对应“丹霞留迴壑”“门对几千岩”对应“花开第一祖”，也是西昆体所注重的特点。运用“玉京”代称神仙所居之所；“款扉”代指敲门，体现了西昆体讲究措词的特色。“翠柏”“丹霞”“红旌”“翠岑”四词，是西昆体色调浓艳的表现。总之，这两首诗音调铿锵，辞藻华丽而缜密，意境婉约而深妙，风格雍容而典雅，正是西昆体代表杨亿、刘筠、钱惟演等人的创作风格。而梅尧臣和欧阳修、杨愈同游嵩山所作之诗，从字数来看，属于六句诗，但并不接受韵律的束缚，如散文般自由自在，使用白描手法将览胜经历婉婉道来，画出了一幅幅细致清新的形象，令人读后感觉像是读了一篇游记，跟随诗人来到一个又一个景点，欣赏嵩山平平淡淡的美感。此外，这两首诗摒弃了浮艳空洞的诗风，语言浅显易懂，通篇无一难懂之字词，不像打开西昆体诗后，雕章丽句迎面而来，使人无暇顾及它们所要表达的内容，与前两首诗形成鲜明的对比。同一个人，在两年之内，在同一地旅游，所作的游诗，竟有如此之大的差别，值得世人深思。或许，正因为第一次出游，梅尧臣是和他的上司，西昆体领袖钱惟演在一起，所以，诗风受钱惟演的影响较大，或者说，梅尧臣主动向西昆体靠近。而第二次游历嵩山，梅尧臣和好友欧阳修、杨愈在一起，三人年纪相仿，情投意合，同属于文坛新人，且同属于下层官员，所以吟诗之时毫无顾忌，主要依据自己的性情喜好，将自己的诗风尽情地展现出来，同时也留意身边人的诗风，积极向他们学习，汲取他们的精华。虽然这个时期，西昆体在文坛上仍占据上风，梅尧臣的《同永叔子聪游嵩山赋十二题》，个别词句不免带有西昆体残留，但整体来看，这一组诗，已经不再属于西昆体之作了。

虽然梅尧臣的嵩山组诗，已经彰显出了宋诗平淡的风格，“去浮靡之习于昆体极弊之际，存古淡之道于诸大家未起之先”[①]，但并未达到宋调的成熟时期，只是初见端倪而已。正所谓万事开头难，正是梅尧臣和欧阳修、杨愈同游嵩山这一经历，开启了宋诗语言平淡美的倾向，而不是其他事情促使梅尧臣诗风的转变。这是由客观和主观两方面的因素决定的。所谓客观因素，是指嵩山峻极于天的壮观美景，这与西京的官舍楼台、都市街衢、园林庄园等西昆体所述的景致大不相同。梅尧臣离开了西昆体所依赖的温柔乡，进入清新野趣的高山，他的眼界为之一亮，写出来的诗当然是意气风发、自然洒脱，诗风随之一变。如果他一直待在西京城内，那么他的诗风应该和西昆体保持一致。地域环境对文学的影响，尤其是洛阳山水对北宋文人的影响，前人已有相当扎实的论述，笔者不再赘述[②]。所谓主观因素，是指这次游览嵩山，同行者是志同道合、年龄官职都相仿的好朋友。梅尧臣不用顾及他人的议论，在诗中完全运用自己喜欢和擅长的语言，倾诉自己的所见所感，同时他自觉吸纳朋友诗风中的出彩部分，提升自己的诗艺。如果他还是和钱惟演等西昆体领军人物一起游览嵩山，那么他的诗风同样应该和西昆体保持一致，上文对梅尧臣两次游嵩山诗的分析即是明证。正如前辈学者所述：“梅尧臣的贡献是把唱和诗从宫廷引向了名山大川。千万不要小看这一步，这一步犹如初唐四杰，让诗歌让诗歌从宫廷走向江山塞漠，诗歌的境界因此广大，内容因此丰富，文学也因此由宫廷文学一变而为社会文学、时代文学。……想当年西京才俊们，意气奋发，神采飞扬，游嵩山，跨洛水，诗酒风流，相与唱和，于是而有《同永叔子聪游嵩山赋十二题》及一大批山水诗，这些诗虽是唱和之作，但已不再囿于宫廷宴苑之内，眼前是名山大川，笔下是奋发意气，其境界、格调远非白体、昆体可比。”[③]梅尧臣的嵩山诗就是这样改变了宋初诗坛的西昆体现象，促进了宋诗语言平淡美的产生。

二、促进宋诗以文为诗和散文化的写法

梅尧臣的嵩山诗对宋代诗坛的影响不光仅限于宋诗语言的平淡美方面。宋诗除了语言的平淡美，还包括以文为诗和散文化的写法等特色。梅尧臣正是把散文的特色引入诗歌，梅尧臣正是把散文的特色引入诗歌，其长诗《希深惠书言与师鲁永叔子聪几

① （清）吴之振、吕留良、吴自牧选编，管庭芬、蒋光煦补编：《宋诗钞》，中华书局，1986年，第207页。

② 王水照：《北宋洛阳文人集团与地域环境的关系》，《文学遗产》1994年第3期；〔马来西亚〕陈湘琳：《记忆的场景：洛阳在欧阳修文学中的象征意义》，《西南民族大学学报》（人文社科版）2007年第3期；王书容：《地域文化与涪阳钱幕文人集团唱和诗研究》，广西大学硕士学位论文，2012年。

③ 马茂军：《北宋儒学与文学》，暨南大学出版社，1999年，第107页。

道游嵩因诵而韵之》便是首创和代表作，由此开启了宋诗的新面貌。

明道元年（1032年）秋季，梅尧臣收到谢绛游览嵩山后寄给他的游山经历《游嵩山寄梅殿丞书》后，将此散文游记改编成长诗《希深惠书言与师鲁永叔子聪几道游嵩因诵而韵之》。梅尧臣这次没有和谢绛同游嵩山，他只是根据谢绛的游记，写出了这首五百言的长诗，用诗的表现方式淋漓尽致地表达了谢绛散文的原意。将散文改写为诗并非易事，但梅尧臣做到了。他将谢绛散文中的"十二日昼漏未尽十刻，出建春门，宿十八里河。翌日，过缑氏，阅游嵩诗碑，碑字甚大而未镌。上缑岭，寻子晋祠。陟轘辕道，入登封，出北门，斋于庙中"这样介绍旅游时间和行程的文字，改写成四句诗"方蕲建春陌，十刻残昼漏。初经缑氏岭，古柏尚郁茂，却过轘辕关，巨石相撑斗。夕斋礼神祠，法衮被藻绣"；将"是时秋清日阴，天未甚寒，晚花幽草，亏蔽石壁，正当人力清壮之际"这样写景状物的语句，改写成"是时天清阴，力气勇奔骤"①，如此等等，不一而足。他力求以记事来作诗，将诗和散文、叙事结合起来，注重不同文学形式的相互融汇和借鉴，表现出较大的创新性，对传统的诗歌题材进行了的新的开拓，不愧为宋诗的"开山祖师"②，"中唐以来中国诗歌题材已表现出日常化的倾向，梅尧臣在这方面有进一步的推进。他的诗绝大部分属于个人日常生活的描写与吟咏。他善于在一些以往诗人不甚经意的地方发现诗意，捕捉诗题。因而诗歌题材不避琐屑，细大不捐。这种题材上的凡近化、家常化是此后宋诗发展中逐步建立起的基本特征"③。具体到这首嵩山长诗，语言平易流畅，简雅古淡，记叙游历娓娓道来，挥洒自如，"在这五百字中，他把嵩山之游，完全抒写出来，雄伟阔大之中，也有情韵和诙诡"④，"尧臣此诗，毫无西昆体浮靡之风，而语重韵险，兴会淋漓，切近遇之，乃其风格渐成过程中的首篇巨制"⑤。这些评论，道出了梅尧臣嵩山长诗精妙之处。

这首诗引起了诗坛的强烈反响。欧阳修每次看到梅尧臣这首诗的手迹，便有身临其境之感，"每一睹之，便如相对"⑥，正是对梅尧臣诗歌生动性的积极反馈。谢绛得到这首诗后，立即回复了一封热情洋溢的赞美信：

忽得五百言诗，自始及末诵次游观之美，如指诸掌，而又语重韵险，亡

---

① 《梅尧臣集编年校注》卷2《希深惠书言与师鲁永叔子聪几道游嵩因诵而韵之》，第36～37页。

② （宋）刘克庄撰，王秀梅点校：《后村诗话》前集卷2，中华书局，1983年，第22页。

③ 程杰：《宋诗学导论》，天津人民出版社，1999年，第202页。

④ 朱东润：《朱东润传记作品全集》（第二卷），东方出版中心，1999年，第26页。

⑤ 李德身：《欧梅诗传》，吉林人民出版社，2000年，第302页。

⑥ 《欧阳修全集》卷149《与梅圣俞四十六通》，第2443页。

有一字近浮靡而涉缪异，则知足下于雅颂为深。刘宾客有言“人之神妙，其在于诗”，以明诗之难能于文笔百倍矣。今足下以文示人为略，以诗晓人为精，吾徒将不足游其藩，况敢与奥阼也，叹感叹感。[①]

身为文坛巨擘的谢绛，如此欣赏这首诗，自然为梅诗的地位奠定基础，“在此时洛阳文士中，谢绛实为主盟人物，与欧、梅等人的关系在师友之间，从他对梅尧臣此诗的称赞来看，注重诗的记叙性，力求穷形尽相，文字雅正，这已是他们共同的倾向。这种倾向应被看作宋人‘以文为诗’的发轫”[②]。而欧阳修，前文已述，则对梅尧臣的诗极为推崇。因为文坛领袖欧阳修、谢绛等人对这首诗的赞赏，所以这首诗得到了诗坛的普遍赞同，成为宋诗散文化、以文为诗的开端。现代的研究者评价此诗说：“梅诗完全逐段演绎谢书，是谢书的改写和移植，这是宋诗散文化的一个契机”[③]；“（《游嵩五百言》）为梅尧臣赢得了极大声誉，也标志着宋诗彻底走出了西昆体的藩篱。……宋人‘以议论为诗、以才学为诗、以文字为诗’，没有亲游嵩山，而照样可以作出第一等的《游嵩五百言》（简称）”[④]；“在这里看到杜甫和韩愈集中长篇的技巧。当然他还落在杜甫、韩愈之下，但是他的气魄和工力，已经不是西昆体所能笼罩了”[⑤]；“这首长诗是为梅尧臣博取诗名、奠定诗坛地位的一首早期最重要的作品”[⑥]。众多中肯的评价，更加印证了梅尧臣的这首嵩山长诗在梅诗中特殊的地位。而梅尧臣身为宋诗的开山祖师，由此也奠定了这首诗在整个宋代诗坛的重要地位。

这首在梅诗、在宋诗发展历程中占据重要地位的诗，其主题就是游览嵩山的经历。嵩山诗是梅尧臣诗风形成过程中的第一篇大手笔诗作，也是奠定梅尧臣诗坛地位的重要作品。

综上所述，梅尧臣的嵩山组诗《同永叔子聪游嵩山赋十二题》和长诗《希深惠书言与师鲁永叔子聪几道游嵩因诵而韵之》，前者标志着宋诗语言平淡美的产生，后者标志着宋诗以文为诗和散文化写法的形成，是宋诗形成的划时代作品。梅尧臣被誉为宋诗开山祖师，正是由此得来。虽然学界目前对梅尧臣的诗已有多篇研究，但将其嵩

---

① （宋）谢绛：《又答梅圣俞书》，《欧阳修全集》附录卷5，第2720页。

② 莫砺锋主编：《继往开来的东南学术——南京大学中国古代文学学科》，南京大学出版社，2011年，第222页。

③ 王水照：《北宋洛阳文人集团与宋诗新貌的培育》，《中华文史论丛》第48辑，上海古籍出版社，1991年，第81页。

④ 《北宋儒学与文学》，第107～108页。

⑤ 《朱东润传记作品全集》（第二卷），第26页。

⑥ 《北宋洛阳文人集团与宋诗新貌的培育》，第83页。

山诗作为独立的研究对象，本书实属首次。如果将这一组诗、一首长诗与同一时期梅尧臣的其他诗并列研究，大而化之，则无法彰显梅诗的特色，难以证明梅诗在宋诗中的巨大作用。而梅诗的特色和作用，是通过嵩山这个显著的地域标志来表达的，这也正是嵩山在宋代诗坛的作用。

第二节　欧阳修游览嵩山与宋代文学、金石学

作为名垂千古的政治家、文学家、史学家，欧阳修一直是学界研究的热点人物，论述其生平经历、政治理念及道德才艺的著述数不胜数。遗憾的是，尽管相关论著中大都提到了欧阳修曾在26岁那年两次游览嵩山，但往往一笔带过，嵩山之游对欧阳修本人、对学术的影响等至今尚未得到学界的关注。有鉴于此，本节在前文介绍欧阳修两次游览嵩山的基础上，分析嵩山之游对欧阳修文艺创作水平的提高、对学术的开拓作用等。

一、提高文学水平

欧阳修的文学才华，不仅仅来源于自己的勤学苦练，还是在与同伴的文学实践交流中，吸取他人经验，磨炼自己本领的结果："始从尹洙游，为古文，议论当时事，迭相师友，与梅尧臣游，为歌诗相倡和，遂以文章名冠天下。"[①]尹洙和梅尧臣，正是欧阳修游览嵩山之时的同伴。

尹洙（1001～1047年），字师鲁，河南（今河南洛阳）人，天圣二年（1024年）登进士第，授绛州正平县主簿，历任河南府户曹参军等职。在文学上，他提倡古文，擅长古文，反对浮靡的文风，是欧阳修在洛阳时期的重要文友。一次，谢绛、尹洙和欧阳修奉命为新建的驿馆作记，"希深之文仅五百字，欧公之文五百余字，独师鲁止用三百八十余字而成，语简事备，复典重有法"。三人中，尹洙胜出。于是欧阳修便虚心向尹洙请教："然欧公终未伏在师鲁之下，独载酒往之，通夕讲摩。"尹洙循循善诱，指导他说："大抵文字所忌者，格弱字冗。诸君文格诚高，然少未至者，格弱字冗尔。"欧阳修敏而好学，进步很快，将尹洙的记文减少了二十字，"尤完粹有法"。最终尹洙夸奖欧阳修："欧九真一日千里也。"[②]从这里可以看出尹洙对欧阳修

① 《宋史》卷319《欧阳修传》，第10375页。

② （宋）文莹撰，郑世刚、杨立扬点校：《湘山野录》，中华书局，1984年，第38页。

文学的指导。

游览嵩山之时，尹洙等人与欧阳修同行，在嵩山之巅吟诗论道："五人者相与岸帻褫带，环坐满引，赋诗谈道，间以谑剧。"[①]这些文学青年攀爬在崇山峻岭，一路上所谈论的，自然是他们感兴趣的文学话题，"宋代士人群聚之时，性喜讲摩，其间往往有文学技巧的竞技、文学观念的交流"[②]。由此观之，此次嵩山同游，欧阳修同样从尹洙那里学到了一定的文学写作知识。

嵩山对于欧阳修的文学影响，更多的是体现在诗艺方面。欧阳修的诗艺，在他游览嵩山之时并不出众。他的嵩山组诗，多数流于俗套，创意略显匮乏，文笔较为生涩，语言苍白无力，艺术性和思想性都无法与他中年之时的诗作同日而语。虽然前文分析了欧诗中令人称赞的个别语句，但这难以扭转对欧诗平平之作的整体印象。元代诗论家方回曾对欧阳修初来洛阳之时的诗评价甚高："细味欧阳公诗，初与梅圣俞同官于洛，所作已超元、白之上，一扫'昆体'。"[③]纵观欧阳修在西京为官的三年，当然包括他游览嵩山的明道元年，他的诗还未完全脱离西昆体，更无从超越元稹和白居易。方回的评论，实属溢美之词。而与他同游嵩山、同作同名嵩山组诗的梅尧臣，其诗的语言和内容均有值得称道之处。前文已述，欧、梅之诗有很多相互借鉴之处，更确切地说，欧诗是向梅诗借鉴。欧阳修曾诚挚地向梅尧臣请教作诗的技巧："余尝问诗于圣俞，其声律之高下，文语之疵病，可以指而告余也，至其心之得者，不可以言而告也。"[④]这次嵩山同游，自然是欧阳修向梅尧臣学习的大好时机，正如他总结自己与梅尧臣在洛阳的交往时所说："余尝与之（梅尧臣）徜徉于嵩洛之下，每得绝崖倒壑、深林古宇，则必相与吟哦其间，始而欢然以相得，终则畅然觉乎薰蒸浸渍之为益也，故久而不厌。"[⑤]亲临嵩山，举目可见的山林、悬崖、古寺等，正是直观的文学表述对象，在这种环境中，文学水平自然有进一步的提高。

二、促进金石学的发展

在洛阳，尤其是在嵩山的崇山峻岭、深林古庙中，欧阳修看到了大量的碑刻题记。嵩山地区是华夏文明的滥觞，不仅是中华民族的重要发祥地和聚居地，还是我国

① 《游嵩山寄梅殿丞书》，《欧阳修全集·附录》卷4，第2718页。

② 杨挺：《宋代讲摩风气及其对文学的影响》，《内江师范学院学报》2007年第5期，第48页。

③ （元）方回选评，李庆甲集评校点：《瀛奎律髓汇评》卷24，上海古籍出版社，2005年，第1079页。

④ 《欧阳修全集》卷72《书梅圣俞稿后》，第1049页。

⑤ 《欧阳修全集》卷66《送梅圣俞归河阳序》，第963页。

早期王朝的建都之地，而且在相当长的历史发展进程中，一直处于全国政治、经济和文化的中心区域。山上山下，遗存着大量金石碑刻题记，如汉三阙的阙铭和画像、北魏的中岳嵩高灵庙碑、东魏的中岳嵩阳寺碑、唐代的太宗文皇帝御书碑、皇唐嵩岳少林寺碑和大唐嵩阳观纪圣德感应之颂碑等，它们既是艺术的精华，也是历史的载体。欧阳修在这里看到了异彩纷呈、蔚为大观的金石资料。他在天封宫的柱子下徘徊许久，柱子上的唐代韩愈的题记引起了他的兴趣①。他还在嵩山看到了唐人韩覃的《幽林思》刻石，“爱其辞翰皆不俗”②。嵩山之行激发了他对金石铭刻的热爱和研究热情，从而有志于古道，为他日后撰写《集古录》、兴起金石学的研究打下了坚实的基础：

> 右《幽林思》，庐山林薮人韩覃撰。余为西京留守推官时，因游嵩山得此诗，爱其辞翰皆不俗。后十余年，始集古金石之文，发箧得之，不胜其喜。余在洛阳，凡再登嵩岳。③

他自称是在攀登嵩山的过程中见到了自己珍爱的刻石，之后就有了集录金石之文的想法。为了避免宝贵的金石资料遭受“风霜兵火，湮沦磨灭，散弃于山崖墟莽之间”④的悲惨命运，他广泛收集，悉心考订，著成《集古录》。此书凡一千卷，收录了上千件金石器物，上自周穆王，下至隋唐五代，在订正史籍错误、补充史传疏漏、考索典制渊源、品评历史人物等方面，都有出色的贡献。自此书问世，别创一种积聚文化财富的风尚，并将摩挲玩赏古董引向考据史事，在一定意义上预示着一门完整的学科——金石学在宋代的兴起，成为我国学术史上正式出现的金石学的端绪。欧阳修之后的宋代金石学家赵明诚，对《集古录》的评价甚高：“得欧阳文忠公《集古录》，读而贤之，以为是正讹谬，有功于后学甚大。”⑤大学问家朱熹高度评价欧阳修在金石学发展历程中的作用：“集录金石，于古初无，盖自欧阳文忠公始。”⑥这正是《集古录》在学术上的巨大作用以及其对学术的重大影响。自欧阳修之后，金石学取得了巨大的发展，是宋代学术的一大成就，并延续千年，是我国考古学的前身。

虽然欧阳修撰写《集古录》的念头与其青年时期的整个经历息息相关，并非因为某次经历而一触即发，但游览嵩山的所见所感，无疑是最令他念念不忘的，是萌发写

---

① 《欧阳修全集》卷141《唐韩退之题名》，第2269页。

② 《欧阳修全集》卷139《唐韩覃幽林思》，第2208页。

③ 《欧阳修全集》卷139《唐韩覃幽林思》，第2208页。

④ 《欧阳修全集》卷42《集古录目序》，第600页。

⑤ （宋）赵明诚：《金石录》，中华书局，1991年，第1页。

⑥ （宋）朱熹撰，朱杰人、严佐之、刘永翔主编：《朱子全书》第24册《晦庵先生朱文公文集》卷82《题欧公金石录序真迹》，上海古籍出版社、安徽教育出版社，2002年，第3863页。

作《集古录》的关键所在。前辈学者称欧阳修游览嵩山的收获，“是他编撰《集古录》的一个契机”[①]。妙哉斯言！

综上所述，嵩山对欧阳修的影响，体现在诸多方面，不仅提高了他的文学水平，还为他写作《集古录》提供了契机。《集古录》一书在整个学术史上发挥的作用是非凡的，对学术发展的影响是深远的。

第三节　嵩山诗丰富了宋代文学

嵩山对宋代文学的影响是难以全述，不可估量的。这里的一切，是宋代文学取之不竭的宝库。难以数清的宋人热情洋溢地讴歌嵩山，其作品极大地丰富了宋代的文学。下面仅以苏辙、李廌、道潜为例，来看嵩山诗对宋代文学的扩充。

一、苏辙的嵩山组诗

苏辙（1039～1112年），字子由，自号颍滨遗老，谥号文定，眉州（今四川眉山）人，北宋文学家、政治家。嘉祐二年（1057年），他与父亲苏洵、兄长苏轼一起来到开封。由于受到欧阳修的赏识和推誉，三苏的文章很快著称于世，士大夫争相传诵，一时学者竞相仿效。同年他与苏轼同登进士科。嘉祐六年（1061年）又与苏轼同中制举科。宋神宗时期，他反对王安石变法，曾上书宋神宗，力陈法不可变，又致书王安石，激烈指责新法。熙宁五年（1072年），出任河南推官，后被陈州（今河南淮阳）知州张方平辟为州学教授。宋神宗去世后，召为秘书省校书郎，升为右司谏，历官御史中丞、尚书右丞、门下侍郎等职。元祐八年（1093年），宋哲宗亲政后，新党重新得势，他上书反对时政，忤逆宋哲宗及元丰诸臣，累贬汝州、筠州等地。宋徽宗继位后，复官大中大夫，后致仕。他在诗文创作方面才华横溢，为文汪洋澹泊，散文尤其令人称道，书法也颇有造诣，位列唐宋八大家之一。

熙宁五年（1072年）八月，苏辙和顿起等人受命在洛阳妙觉寺考试举人。在试院楼上，他远眺嵩山，只见“嵩少犹藏薄雾中，前山迤逦夕阳红”[②]。他和顿起相约“同上嵩高望九州”[③]。考试结束后，两人实现了结伴游览嵩山的愿望，然后在许昌分别，

① 王水照：《北宋洛阳文人集团与地域环境的关系》，《文学遗产》1994年第3期。

② 《苏辙集·栾城集》卷4《洛阳试院楼上新晴五绝》，第73页。

③ 《苏辙集·栾城集》卷4《和顿主簿起见赠二首》，第73页。附录中有全文。

期间作诗二十六首《熙宁壬子八月于洛阳妙觉寺考试举人及还道出嵩少之间至许昌共得大小诗二十六首》，其中直接与嵩山相关的诗作有《登封道中三绝》《登嵩山十首》这十三首诗①。从这一组集中的记游诗中，后人可以清晰地看出嵩山的山水草木石对文学家诗性的激发。

此次登临嵩山之后，嵩山的风姿便深深地印在了苏辙的脑海中。二十多年后，具体来说是在绍圣元年（1094年），苏辙因反对宋哲宗亲政后的一些举措，被贬至汝州（今河南汝州）担任知州。临行前，他看到葆光法师蹇拱辰的一幅嵩山图，立即回想起自己二十多年前游览嵩山的历程。此时的他，即将贬至汝州，无法与葆光法师同游嵩山，但因为汝州位居嵩山之南，登城北望，即可尽览嵩山盛景，于是便对葆光法师说："吾将举酒与子相望，虽不能同，亦庶几焉。"虽然此时面对贬谪，但他的心境依旧泰然，正如他在《蹇师嵩山图》一诗中所言："峻极登高二十年，汝州回望一依然。"②他借咏嵩山隐喻二十载宦海浮沉的深切感受：二十年后，嵩山未曾发生改变，自己也像从前那样。

不光是苏辙，苏洵和苏轼都对嵩山有特殊的情感，屡屡在诗中歌咏嵩山。苏洵第一次看到嵩山时，便惊叹嵩山与众不同，威震中原：

《五噫》不复留，驱车走轘辕。
自是识嵩岳，荡荡容貌尊。
不入众山列，体如镇中原。③

而苏轼第一次经过嵩山时也自豪地告知弟弟自己看到了嵩山的美景：

先君昔爱洛城居，我今亦过嵩山麓。
水南卜宅吾岂敢，试向伊川买修竹。
又闻缑山好泉眼，傍市穿林泻冰玉。④

苏洵"尝有意于嵩山之下，洛水之上，买地筑室，以为休息之馆"。可惜仕途不畅，一直居无定所，当他听说蜀地同乡在中原定居后，深受刺激，立即吟诗表达自己渴望终老嵩山的心声："经行天下爱嵩岳，遂欲买地居妻孥。……今君南去已足老，

① 《苏辙集·栾城集》卷4《登封道中三绝》《登嵩山十首》，第74～76页。附录中有全文。

② 《苏辙集·栾城后集》卷1《蹇师嵩山图》，第886页。附录中有全文。

③ （宋）苏洵著，曾枣庄、金成礼笺注：《嘉祐集笺注》卷16《忆山送人》，上海古籍出版社，1993年，第450、451页。

④ （宋）苏轼撰，孔凡礼点校：《苏轼文集》卷68《题别子由诗后》，中华书局，1986年，第2135页。

行看嵩少当吾庐。”[①]苏轼虽然未曾隐居嵩山，但在年迈生病之时，嘱咐弟弟苏辙：“即死，葬我嵩山下”[②]，充分展现了自己对嵩山的喜爱。苏辙将苏轼迁葬至汝州郏城县（今河南郏县）。苏辙在许昌病逝后，子孙也将他送到郏城县，与苏轼葬在一起，始称“二苏坟”。后人出于敬仰和礼仪，为其父苏洵置了衣冠冢，遂成“三苏坟”。这里背对嵩山，面临汝水，山川秀丽，风景迷人，为历代高士所景仰，留有大量珍贵的诗文碑刻，1956年被评为河南省重点文物保护单位，2006年被评为国家级重点文物保护单位。

三苏诗文中有关嵩山的叙述，与三苏在文坛取得的巨大成就相辅相成，嵩山增长了他们的见识，激发了他们的文学创作热情，促进了他们的文学创作。

二、李廌的嵩山组诗

李廌（1059～1109年），字方叔，号德隅斋，华州（今陕西华县）人。他六岁而孤，家境贫寒，但他刻苦努力，勤奋自学，稍长便以学问称誉乡里，曾以文章拜谒苏轼，深得苏轼的赏识。他与秦观、黄庭坚、张耒、晁补之、陈师道一起被称为“苏门六君子”。他屡试未取，于是绝意仕途，定居嵩山脚下的长社（今河南长葛），致力于撰文著书。

李廌才气横溢，诗文并著。他的诗多以山水、行旅、酬赠、题画为内容，诗风雄健奇丽，七古和七绝尤为出色。他来到嵩山，在峻极中院住宿时，月色清明，山林幽静，不由得联想到了杜甫《游龙门奉先寺》中的“阴壑生虚籁，月林散清影”[③]，便以之为韵，连续写了一组共十首诗[④]。这些诗意境相似，但内容各有千秋，充分展示了李廌高超的诗艺。也正是在嵩山的夜间，面对皎洁的山月，幽静的山林，苍茫的群山，他才有如此诗性，写出如此多的作品，丰富了宋诗。他的其他嵩山诗，如《宿峻极中院》《卢岩》《天封观将军柏》《启母庙》《捣帛石》《登嵩顶》等，也是语言清丽，意境淡雅，充分展现了宋诗成熟期的风采，是宋代嵩山诗中的佳作。从这些琳琅满目的诗来看，李廌对嵩山颇为熟悉，不止一次地游玩嵩山，还和朋友一道游玩，故

① 《嘉祐集笺注》卷16《丙申岁余在京师乡人陈景回自南来弃其官得太子中允景回旧有地在蔡今将治园囿于其间以自老余尝有意于嵩山之下洛水之上买地筑室以为休息之馆而未果今景回欲余诗遂道此意景回志余言异日可以知余之非戏云尔》，第450～451页。

② 《苏辙集·栾城后集》卷22《亡兄子瞻端明墓志铭》，第1117页。

③ 《杜甫全集》卷1《游龙门奉先寺》，第2页。

④ 《济南集》卷1《宿峻极中院》，第703～704页。

而留下和诗。他对前辈学者欧阳修、梅尧臣游览嵩山途径的景点特别留心，同样留下了有关玉女捣衣石、三醉石、峻极峰、峻极寺、天门泉等景点的诗，其中《三醉石》一诗，建议在嵩山刻石以保存欧公之诗，表达了他对欧阳修闲情逸致和不朽功勋的仰慕。他对司马光所说的登山技巧大为称赞，《上山》一诗体现了他对司马光为人、为政的敬仰。不过，更为重要的是，他以更多的笔墨描述了崇福宫、卢崖瀑布、启母庙、少林寺、嵩阳书院、天封观、中岳庙、法王寺、真君观、峻极寺等嵩山名胜，为后人展现了这些名胜在宋代的面貌，既是价值较高的史料，也是宋代文学中的一朵奇葩。可惜他的名望远不如他的前辈欧阳修、梅尧臣和范仲淹等人，故而历代嵩山志书对他的诗几乎是只字不提，现代的嵩山历史文化研究中也极少出现他的大名。即便是他的长诗《嵩阳书院诗》，比较完整地还原了宋代嵩阳书院兴盛衰落的过程，但也是近几年才被学者们所发掘，并未充分利用①。鉴于李廌的嵩山诗很少被世人关注，为了嵩山历史文化的传承，笔者将其收入附录②。

最后需要说明的是，上述诗很有可能并不是李廌嵩山诗的全部，他的文集《济南集》中应该还有不少有关嵩山的佳作，笔者学力不逮，难免挂一漏万，在此特意说明。

三、道潜的嵩山组诗

道潜，於潜（今浙江杭州）人，约生于庆历年间，卒于崇宁末年，俗家姓何，本名昙潜，字参寥，自号参寥子，好友苏轼将其改名为道潜。他幼不茹荤，父母听其出家，以童子诵法华经，度为比丘，受具足戒，于内外典无所不窥，能文章，喜为诗，尤长于绝句，苏轼甚称重之："诗句清绝，可与林逋相上下，而通了道义，见之令人肃然。"③他以文会友，与苏轼、苏辙、黄庭坚、曾巩、秦观、陈师道等士大夫为方外友。元丰三年（1080年）苏轼谪居黄州时，道潜曾不远千里专程前去探望。元祐八年（1093年），因宰相吕大防奏请，道潜被赐号妙总大师。元符元年（1098年），党争激烈，苏轼被贬至南海，道潜亦因诗获谴，责令还俗，并编管兖州。苏轼为此托付亲家黄师是帮助道潜。黄师是嘱咐时任兖州教授的楼异办理此事。楼异不负厚望，成功

① 邓洪波：《中国书院史》，东方出版中心，2004年，第97～99页。

② 附录中有全诗。

③ 《苏轼文集·苏轼佚文汇编》卷2，第2446页。

助其脱罪，由此两人相识相知，遂成为挚友。崇宁末年，道潜归老于江湖[①]。

楼异在担任登封知县期间，曾邀道潜来登封欣赏中岳胜景。道潜因作《次韵楼试可承议见招》诗一首来答谢，诗中感叹了在羁旅中楼异对他不避嫌隙的照顾，同时表明了自己不变初衷的高尚情操，并决定应邀，于春日来登封踏访嵩山胜境：

次韵楼试可承议见招

东州羁旅迹谁亲，夫子端能给我贫。默识松绮霜后操，静看桃李梦中春。

嵩阳胜绝高天下，县令风流迈古人。待得芳菲开烂漫，去随行乐后车尘。[②]

道潜初进登封县衙的情形令人忍俊不禁。他携带行李，大步径直进入县衙，只是说自己是县令的朋友，“径欲入门，自言与知县故人，不可止遏”[③]。门人拦不住他，入内汇报。楼异似是与他有心灵感应，肯定地说这个未通报姓名的人就是道潜，对他热情招待，“馆谷县斋，尝同登嵩岳之顶，游从倡和”[④]。二人同登岳顶，共谒子晋祠，同游法王寺，游历了嵩山的上上下下，写作了多篇嵩山唱和诗。可惜的是，在这些唱和诗中，楼异的诗已经失传。保留至今的道潜的诗，充实了道潜的诗僧称号，丰富了宋代文学。

从这些诗中，后人可知道潜曾在峻极寺居住，有《次韵试可见访峻极遇雨》诗名为证。他来到嵩山的时间当为夏季，有《峻极夏夜》一诗为证。他惊叹楼异所建揖仙亭的美轮美奂，并在亭内受到了登封人热情的款待，写下了《揖仙亭》一诗。他与楼异同游法王寺而作的《次韵试可同游法王岳寺》，描绘了此寺的清幽静雅，并指出这座寺庙已经早就没有僧人了，显示出法王寺在北宋末期的衰败。他还在《次试可喜雨》中展现了登封夏雨来临时的情景。他观看了楼异祭祀中岳庙的盛况，留下了《次韵试可岳祠祭土宿斋》一诗。他与楼异同谒子晋祠，在《次韵试可同谒子晋祠》中嘲笑当今富贵者成仙升天的美梦。他还给住在开封的驸马都尉王诜（字晋卿）寄了一首诗《寄王晋卿都尉》，邀请对方来到山川秀美的嵩山小住，暂时离开都城的高门大院。这些诗充分体现了道潜作为宋代知名诗僧并非空有虚名。他将夏季嵩山的凉爽，与都城开封的酷暑进行对比描写：“清景非人间，冷然洗吾虑。缅彼大梁下，炎蒸毒朝暮。”他以“凉月照人归路好，傍溪嘉树影扶疎”刻画法王寺的清幽，显示出他平雅恬淡的诗风。至于他站在嵩山之巅写作的长诗《登岳顶呈试可邦直》，更是他嵩山

① 因史料缺乏及记载不一等原因，目前学界对道潜的生平事迹有多种不同的考证结论。本段对道潜的介绍，参照当今学者较为一致的研究成果。

② 《参寥子诗集》卷10《次韵楼试可承议见招》，第70页。

③ 《楼钥集》卷70《跋参寥诗》，第1245页。

④ 《楼钥集》卷70《跋参寥诗》，第1245页。

诗中的佳作。鉴于前文对此诗已有分析，此处不再赘述。

嵩山极大地丰富了宋代文学。上述苏辙、李廌、道潜的嵩山诗，只是其中的一部分。更多的宋人，同样写出了大量有关嵩山的文学佳作，着实令人难以全部收录，例如，魏野的《嵩岳十四韵》①，张耒的《初见嵩山》②，等等。即使是在至元二十三年（1286年），也就是在元朝初年，南宋降臣汪元量来到嵩山降香时，同样叙述了玉女窗等嵩山胜景，并以"莫辩千载事，焉能踏仙辙。徒有感慨怀，脉脉泪不绝"③来结尾他的《嵩山》诗，充分体现出嵩山对文学深远的影响。

本章小结

嵩山的山山石石、草草木木、道观寺庙，是宋代文学取之不竭的宝库，为宋代文学提供了丰富的营养，促进了宋诗语言平淡美、以文入诗和散文化倾向的产生，加速了金石学的兴盛，是引导宋代文学发展方向的重要因素之一。嵩山对宋代文学的影响，是学界尚未注意的新论题。梅尧臣的《同永叔子聪游嵩山赋十二题》和《希深惠书言与师鲁永叔子聪几道游嵩因诵而韵之》，是宋调的开端，是宋诗脱离西昆体的先期之作；欧阳修游览嵩山萌生了金石学的研究，在学术史上具有划时代的意义，委实不该成为沧海遗珠。梅尧臣和欧阳修因为嵩山而得到丰富的文艺创作灵感，逐渐脱离西昆体的浮靡文风，为后来的诗文革新做了铺垫。至于补苴前人对欧、梅两位文学家的研究，尽善宋代文学研究成果，展现嵩山诗在宋代的意义，自是本章应有之意。

---

① （宋）魏野：《嵩岳十四韵》，《全宋诗》第72册，第917页。

② 《张耒集》卷29《初见嵩山》，第511页。

③ （宋）汪元量著，胡才甫校注：《汪元量集校注》卷3《嵩山》，浙江古籍出版社，1999年，第135页。

第八章 宋代嵩山隐士

李唐时期，嵩山隐士络绎不绝，其数量之多，高居隐逸名山榜首，从而被誉为“唐人隐逸第一山”[①]。延至赵宋，嵩山同样是隐士荟萃之地，众多官员一再阐述自己乐隐嵩山的心愿：有钟情嵩山风景，来此纵情山水的；有厌倦官场争斗，来此寻求清静的；有暂退官场，将此作为仕途捷径的。如此等等，不一而足。鉴于目前学界对宋代嵩山的隐士并无关注，笔者不揣浅陋，拟对宋代嵩山的隐士加以钩沉和解析。

第一节 嵩山是北宋官员的归隐圣地

宋代许多官员都多次表白自己有隐居山林之意，其心目中最理想的隐居地就是嵩山。

几经宦场沉浮的孔承恭，“以疾求解官”，选择在嵩山隐居，“早游嵩、少间，乐其风土，愿卜居焉”。宋太宗授予他的儿子在嵩山脚下的登封县任职，“俾就禄养”。可惜他身体孱弱，“未果行而卒”[②]。虽然未曾在嵩山安定下来，但多年前游历嵩山所看到的中岳风土人情却一直令他念念不忘。

与孔承恭一样久居官场的张咏，也曾感慨浮世漫长，期盼过上卧看云卷云舒的惬意日子，专门作诗表达自己归隐嵩山的愿望：

归隐嵩阳

浮世事无限，何须要到头。壮心为客尽，孤迹卧云休。

匣剑已全弃，林僧亦少酬。从来愁恨意，乞待外人愁。[③]

刚正不阿的钱若水，听了宋真宗对宰相王曾给出了贪恋官位的评价后，十分不满。为了证明朝中官员并非全部都是贪图俸禄之辈，他“即日毁裂冠带，被道士服，佯狂归嵩山”[④]。虽然只是假装癫狂，做出弃官归隐的样子，实际并未到达嵩山，但这

---

① 肖妮妮：《嵩山为唐人隐逸第一山论析》，《兰州学刊》2008年第1期。

② 《宋史》卷277《孔承恭传》，第9390页。

③ （宋）张咏著，张其凡整理：《张乖崖集》卷4《归隐嵩阳》，中华书局，2000年，第37页。

④ （宋）韩淲撰，孙菊园点校：《涧泉日记》卷上，上海古籍出版社，1993年，第13页。

已经表明了嵩山是他心目中理想的隐逸宝地。

秘书监张宗诲致仕后退居洛阳，仍然热衷于官场上的来往。他的儿子劝他效法贺知章，像道士一样游历山川美景，不再过问世事：“唐贺监知章以道士服归会稽，明皇赐以鉴湖。今洛中嵩、少佳景虽非朝廷所赐，大人可衣羽服优游其间，何必事请谒？”尚思为国出力的张宗诲很不以为然：“吾作白头老监枕书而眠，何必学贺老作道士服邪？”①虽然张宗诲与嵩山隐士毫不相干，但从其子的话语中不难看出，嵩山已是人们心目中的归隐圣地。

无独有偶，左朝散郎吕宗杰辞官离任后，在闹市建造安老堂作为安度晚年之所，也有人建议他选择嵩山作为归隐之地，“嵩少箕隗，山水佳秀，近列左右，筑室岩下，足以专天下之雄观，奈何蹓踏于闾里之间？”②尽管吕宗杰并不在意身居何地，然而这番话无疑传达了人们心目中的归隐圣地非嵩山莫属。

当宋庠看到秋霁原野的丰收景象后，就梦想归隐嵩山之原，“田庐我亦牵魂梦，归去嵩阳一老瓮”③。他“有薄田数顷，在嵩颍之间”，就是为归隐而做准备，“尽是他年归隐计，更凭猿鹤作前驱”④。

无独有偶，祖无择也期盼自己能在嵩山之中有茅庐一间，以便修身养性，“愿借山居精要术，欲将嵩洛葺吾庐”⑤。

宝元元年（1038年），初入仕途的欧阳修，羡慕京西提点刑狱张驾部服饵修真、回归闾里的情怀，同时也表达自己高蹈出世、归老嵩山的愿望：

职清事简称雅意，蠹书古箧晨装轻。
洛阳花色笑春日，锦衣昼归闾里惊。
自云就欲谢官去，乌纱白发西台卿。
他年我亦老嵩少，愿乞仙粒分余馨。⑥

在庆历新政夭亡时，他决定直言极谏，不惜失去乌纱，故而写诗与妻子谈心，同样表达了归隐嵩山的愿望：

子意其谓何，吾谋今已必。子能甘藜藿，我易解簪绂。

---

① 《渑水燕谈录》卷3，第30页。

② 《济南集》卷7《安老堂记》，第805页。

③ （宋）宋庠：《元宪集》卷13《秋霁观野物》，中华书局，1985年，第131页。

④ 《元宪集》卷14《绝句》，第146页。

⑤ （宋）祖无择：《龙学文集》卷6《题余尚书山居要术》，文渊阁四库全书本，第1098册，台湾“商务印书馆”，1986年，第814页。

⑥ 《欧阳修诗文集校笺·居士集》卷1《送京西提点刑狱张驾部》，第17页。

嵩峰三十六，苍翠争耸出。安得携子去，耕桑老蓬荜。[1]

蜀人苏洵对中原嵩山情有独钟。他“尝有意于嵩山之下，洛水之上，买地筑室，以为休息之馆”。虽然这个愿望并未实现，但当他听说蜀地同乡在中原定居后，毫不掩饰地表达了自己期盼移居嵩山的心声：

经行天下爱嵩岳，遂欲买地居妻孥。
晴原漫漫望不尽，山色照野光如濡。
民生舒缓无夭札，衣冠堂堂伟丈夫。

他盛赞嵩山风景优美，民风淳朴，衣冠鲜明，告诉同乡：“今君南去已足老，行看嵩少当吾庐。”[2]虽然他最终未能实现隐居嵩山的心愿，但苏轼和苏辙去世后都葬在嵩山脚下，或可视为对父亲在天之灵的一种祭告。

曾经参与庆历新政的蔡襄，感念时事艰辛，在梦中呼唤青眼识人的嵩阳居士，纵然万里相隔，也能给予自己心灵的慰藉：

天际乌云含雨重，楼前红日照山明。
嵩阳居士今何否？青眼看人万里情。

此诗中的“嵩阳居士”，指的是司门员外郎王益恭，他“年四十余致政，居洛中，自号嵩阳居士”[3]。蔡襄借梦抒怀，渴望得到嵩阳居士的青睐，寻找到与自己心志相契的同道，同时也将自己忧时愤世的隐逸情怀展露出来。

毕仲游在嵩山脚下的颍阳山中买了田地，并打算日后在嵩山建房居住，“买田颍阳山中，异日嵩少，或可筑庐，此间居之所得也”[4]。

登封知县庞元常在38岁的大好年华，“自云欲弃官隐嵩山”。司马光被他的高风亮节所感，特意为他写诗：

登封庞国博，年三十八，自云欲弃官隐嵩山，
作吏隐庵于县寺，俾光赋诗，勉率塞命
懋德负长才，全牛不足剸。
缠为百里宰，骥足殊未展。
齿发方盛疆，趣尚已高远。

---

① 《欧阳修诗文集校笺·居士集》卷2《班班林间鸠寄内》，第52页。

② 《嘉祐集笺注》卷16《丙申岁余在京师乡人陈景回自南来弃其官得太子中允景回旧有地在蔡今将治园囿于其间以自老余尝有意于嵩山之下洛水之上买地筑室以为休息之馆而未果今景回欲余诗遂道此意景回志余言异日可以知余之非戏云尔》，第450、451页。

③ 《蔡襄集·蔡忠惠集》卷5《梦游洛中十首有序》，第89页。

④ （宋）毕仲游撰，陈斌校点：《西台集》卷10《与吴舍人安诗》，中州古籍出版社，2005年，第175页。

结庵瞰二室，志欲巢绝巘。
贤人心如云，无迹有舒卷。
不须惊俗目，卓荦乃求显。
既知吏可隐，何必遗轩冕。[①]

司马光劝告他，只要心迹淡泊，不以利禄萦心，虽身居官位而犹如隐者，没有必要脱去官服。

宋英宗的驸马王诜，身居都城的豪华庭院，常常在家与文人雅士聚会。一生游历四方的僧人道潜，赞赏了他的豪宅后，提议将来他们一起去嵩山感受耕田和钓鱼的悠闲生活，“嵩阳迤逦川原胜，闻说它时卜钓耕”[②]。这从侧面展示了王诜对嵩山的喜爱，对嵩山隐居生活的向往。

尽管上述官员并未脱离官场，但他们不约而同地表述了自己隐居嵩山的愿望，向世人表明了嵩山是宋代官员的归隐胜地，是他们心灵的一个归宿。

第二节　隐士的活动

五代时期，战争频仍，许多有识之士归隐山水，嵩山以其浓厚的人文气息接纳了大批墨客雅士，舒元就是其中之一，曾和道士杨纳“讲习于嵩阳”[③]。到了宋代，嵩山隐士的数量更多，他们的活动也各不相同。

舒知雄或许是深受父亲舒元的影响，三次隐居的地方都是嵩山。宋太宗时期，他先是以疾辞官，后被皇帝诏令出山。宋真宗初期，他“恳请入道，归嵩阳旧隐”。此后受王嗣宗、李元则的举荐，他第二次出山。最后，他再三辞职，“复求入道”，宋真宗为其精诚所感，“面赐紫冠服”，并赐号“崇玄大师”[④]。他心迹空灵，一心向道，对文字字形有较深的研究，曾因献其著述《字母图》而受到皇帝的褒奖，在81岁高龄时病逝。

少年时期在嵩山攻读学业的韩丕，“质朴刻励”，文采飞扬，最终成为翰林学士。在宋太宗让他举荐遗才时，他举荐了万适、杨朴和田诰。田诰在诏书刚下来的时

① 《司马光集》卷5《登封庞国博，年三十八，自云欲弃官隐嵩山，作吏隐庵于县寺，俾光赋诗，勉率塞命》，第133页。
② 《参寥子诗集》卷11《寄王晋卿都尉》，第75页。
③ 《宋史》卷478《舒元传》，第13864页。
④ 《宋史》卷478《舒知雄传》，第13865页。

候就与世长辞了。杨朴淡泊名利，生性洒脱，“尝杖策入嵩山穷绝处，苦思为歌诗，数年得百余篇而出”[①]。他对宋太宗直言自己不愿步入仕途，而是希望继续留在嵩山、溱洧之间，过隐者的生活，赋诗写作，游山玩水。与前两位召对之人相比，万适远没有杨朴那么潇洒，甚至比田诰的命运还要悲催。他来到都城等待皇帝的召见，却被门人阻拦，不得已而待了半年，穷困潦倒，在皇帝任命他为官之后，还没赴任，就一命呜呼了。

先隐居嵩山紫虚观、后徙济源奉仙观道士贺兰栖真，“自言百余岁”[②]，深于老庄，善于服气，冬不畏寒，夏不怕暑，往往不食，或是纵酒狂饮，一顿能吃好几斤肉。宋真宗对他的声名非常敬仰，宣召他入宫：

> 师栖身岩壑，抗志烟霞，观心众妙之门，脱屣浮云之外。朕奉希夷而为教，法清静以临民，思得有道之人，访以无为之理。久怀上士，欲觌真风，爰命使车，往申礼聘。师其暂别林谷，来仪阙庭，必副招延，无惮登涉。今遣入内内品李怀赟召师赴阙。[③]

景德二年（1005年）他来到宋真宗面前，但没有利用这次扬名的大好时机为己谋私，反而劝告宋真宗以苍生为本，关心百姓的生活。当宋真宗提出让他展示道教“点化”之术时，他巧借“点化”二字，不谈那些利用言语方术使人悟道成仙的“点化”法术，而是劝告皇帝实施尧舜之道，听一些“点化”天下黎民的太平之术，“愿以尧舜之道点化天下，可致太平”[④]。宋真宗对他的言语大为赞赏，赐号“宗玄大师”[⑤]。

同样深受宋真宗宠幸的嵩山道士还有种放，嵩山是他开展政治活动的重要场所。少年时期，他每每往来于嵩山、华山之间，慨然有隐居山林之意。在隐居终南山期间，他坐而论道，聚徒讲学，声名远播。地方官曾向宋太宗推荐他，但他一直称病不出。宋真宗继位后，他终于走出山林，来到求贤若渴的皇帝面前指点江山。此后他不断地奏章规谏，深得宠幸，数次被加官赏赐，过上了亦官亦隐的生活，频繁往来于朝野之间。比如说在景德二年（1005年）五月，宋真宗任命他为右谏议大夫，他“谢病乞游嵩山”，这也正是嵩山距离都城较近，很容易使他随时获得各种信息，进而为出仕做准备。果不其然，几个月后他重返朝堂。随着权势的增长，他恃恩骄矜，腐败奢侈，曾有人劝他放弃官位，再隐岩谷，但他此时已经深陷官场无法自拔了。他“于长

---

① 《宋朝事实类苑》卷42《旷达隐逸》，第551页。

② 《续资治通鉴长编》卷61，景德二年九月癸亥，第1367页。

③ 《宋史》卷462《贺兰栖真传》，第13515页。

④ （宋）王君玉：《国老谈苑》卷2，中华书局，1985年，第14页。

⑤ 《续资治通鉴长编》卷61，景德二年九月癸亥，第1367页。

安广置良田，岁利甚溥。亦有强市者，遂致争讼，门人族属依倚恣横”，知永兴军府王嗣宗屡次指责他的种种不法行为，并提出“赐放终南田百亩，徙放嵩山”的建议。迫于压力，他“自乞徙居嵩山天封观侧”[①]，避世嵩山，从此不再出仕。就在他致仕归隐嵩山时，宋真宗对其“赐号先生”，“置酒资政殿”，为他饯行。同席的还有四个侍臣，宋真宗亲自为他们排定座次，让晁迥西向，王钦若东向，朱巽挨着晁迥西向，戚纶挨着王钦若东向，而特意把种放安置在自己的对面，以示客礼，“时所司不宿具，皆相顾不敢坐，上乃亲定位次：翰林学士晁迥西向，资政殿学士王钦若东向，知制诰朱巽西向，次迥；待制戚纶东向，次钦若，放北面对上，特示客礼”。席间，宋真宗“赋七言诗一章赐放和，侍臣皆赋，士大夫容之”[②]。大中祥符八年（1015年）十一月的一天，他似是预料到自己生命的终结，便将所有的诗文奏疏全部焚烧，又穿上一身道士服，“召诸生会饮与诀。酒数行而卒”[③]，享年61岁。宋真宗闻听讣告，嗟悼不已，亲自制文派内侍前去致祭。

走出太室和少室两山，向南前行，就到了位于颍阳的嵩山余脉石唐山。相传上古高士巢父、许由在颍阳隐居。而石唐山的紫云洞，是唐代颍阳真人邢和璞隐居著书之地。延至宋代，这里依然像是仙人居住之所，“山径极险，扪萝而上者七八里，有大洞，荫数亩，水泉出焉”[④]。治平年间，“早得神仙术”的许昌龄，“杖策来居”。欧阳修曾邀请他对坐畅谈，从而“豁然有悟”[⑤]，还写了很多有关他的诗，如《赠许道人》《送龙茶与许道人》《赠许昌龄》《又赠许昌龄》等。就在去世前不久，欧阳修为他写了《戏石唐山隐者》[⑥]一诗，似是预感到了自己生命的终结，有“云深路绝无人到，鸾鹤今应待我来”之句，而鸾鹤，正是神仙的代称：

戏石唐山隐者

石唐仙室紫云深，颍阳真人此算心。
真人已去升寥廓，岁岁岩花自开落。
我昔曾为洛阳客，偶向岩前坐磐石。
四字丹书万仞崖，神清之洞锁楼台。

---

① （宋）杨仲良撰，李之亮校点：《皇宋通鉴长编纪事本末》卷22《真宗皇帝》，黑龙江人民出版社，2006年，第343、345页。

② 《渑水燕谈录》卷 4《高逸》，第45页。

③ 《皇宋通鉴长编纪事本末》卷22《真宗皇帝》，第346页。

④ 《游嵩山寄梅殿丞书》，《欧阳修全集 · 附录》卷4，第2718页。

⑤ 《蔡絛诗话》卷下，第2507页。

⑥ 《欧阳修全集》中记载此山为“石堂山”，《蔡絛诗话》中称其为“石唐山”。

云深路绝无人到，鸾鹤今应待我来。[1]

这首诗写后不久，似是冥冥之中有仙人的召唤，欧阳修果然就去世了。

“穷经之士”董五经，终年隐居嵩山，“平日未尝出庵”，但他的大名，并未因他的隐居而默默无闻。大儒程颐曾专门来嵩山拜访他。虽然没有人告诉董五经程颐前来的消息，但他却能准确地感觉到程颐前来的迹象，并称程颐此次出访，“信息甚大”。他以前并未见过程颐，但他在嵩山路上与程颐不期而遇时却能准确地感知他面前的这个人就是程颐。从两人面对面的交谈中，程颐感觉他的言语“无大过人者”[2]，但其心境，因为长时间不与外界接触，如同一池净水，毫无杂念，所以才能洞晓他人的意愿，具有先知之明，正所谓：心静之极则明，明则能照见万物。后来有弟子就此问题向程颐请教，程颐同样给出了“静而后能照”的答复：

问：“方外之士有人来看他，能先知者，有诸？”

曰：“有之。向见嵩山董五经能如此。”

问：“何以能尔？”

曰：“只是心静，静而后能照。”[3]

在这一问一答当中，一位心静如水的嵩山隐士便展现在世人面前。

学究范弇隐居嵩山脚下的金店镇。虽然金店位于交通要道之上，经济活动活跃，“虽遇岁时，歌乐喧集”，但范弇丝毫不理会窗外的花花世界，“闭户读书自若也”。范公偁的祖先多次经过金店遇见他，对他的评价是“貌古性直，君子人也”。他并非不问红尘，而是身在红尘不沾尘，毫无世俗气息，并且高人一筹，常常就日常生活中的不良现象来劝诫百姓。他提醒大家不要为了喝酒而浪费粮食，杜绝奢靡之风：

吃酒二升，粜麦一斗。

磨面五斤，可饱十口。

他还曾告诫大家不要为了鸡毛蒜皮的小事而到官府诉讼，以免因小失大：

些小言词莫若休，不须经县与经州。

衙头府底陪茶酒，赢得猫儿卖了牛。[4]

范弇的诗歌，语言通晓易懂，内容贴近百姓的日常生活，对普通民众很有教育

① 《蔡絛诗话》卷下，第2507页。

② 《二程集·河南程氏外书》卷12，第436页。

③ 《二程集·河南程氏遗书》卷18，第194页。

④ （宋）范公偁撰，孔凡礼点校：《过庭录》，中华书局，2002年，第328页。

意义。

和范弇相反，另一位嵩山隐者闵交如[①]，“闭户著书，不接世事”，完全沉浸在自己的学业中，写了《字说》一书。在这本书中，“可”的起源是“方钉‘丁’时，必象其孔之可否”。“母”的起源是“方为女时，未有所乳，为母则两乳垂矣”。他的学问很深，连大儒范纯仁拜访他的时候都以“探道学古”[②]四字为名帖。

北宋末年，宋徽宗尊崇道教，许多道士来到皇宫显灵显圣。王仔昔就是其中之一。他最初学习儒学，自称遇到许逊，得到豁落七元之法，后来出家游历嵩山。在嵩山，他的道行进一步提升，能预测人的未来。政和中期，宋徽宗召见了他，并赐号“冲隐处士”。天旱祈雨之时，宋徽宗每每派小黄门拿着纸去求他的画，听取他的意见。有一个妃子得了眼病，他画了篆符，并要求将此篆符焚烧之后做成汤，用它来浇洗妃子的眼睛。这样的治病方式，大家闻所未闻，但使用后，妃子的眼病立即好了。他被晋封为“通妙先生”，“居上清宝箓宫”。他献言说九鼎神器不能藏在外庭，于是宋徽宗就在宫中建圆象徽调阁存放它们，“九鼎神器不可藏于外。乃于禁中建圆象徽调阁以贮之”。他凭功倨傲，待人轻慢，后来林灵素得宠时，就千方百计地陷害他，期间宦官冯浩出力最多，最终他被下狱处死。他曾写下“上蔡遇冤人”[③]之句，后来也得到了验证：冯浩在上蔡被诛杀。

同样是在北宋末期，具体来说是在蔡京当政期间，不愿与蔡京同流合污的官员便远离朝政，遁居嵩山，田端彦便名列其中。在嵩山隐居期间，他竟然越活越年轻，由耄耋老叟变为活力青年，“年将九十，颜如渥丹，行步可逐奔马”[④]。他的行为也令人瞠目结舌，虽然在山中过着无忧无虑的日子，但他常常来到洛阳城中乞讨，并将讨来的钱财送给贫困之人。看来他还是怀着一颗济世救人的赤子之心，并未忘却人间疾苦。

也是在蔡京当政期间，晁说之为了躲避党祸而隐居嵩山。晁说之，字以道，一字伯以，因仰慕司马光为人，自号景迂生，澶州（今河南濮阳）人，元丰五年（1082年）进士及第。他因学问渊博而得到苏轼、范祖禹、曾肇的极力推荐。崇宁二年（1103年），他出知无极县，在任上颇有政绩，但遭受弹劾，监嵩山中岳庙，遂隐居嵩山，至崇宁五年（1106年）党禁解除方才复出。嵩山隐居的日子是他一生中难以忘

① 闵交如，《过庭录》中称其为敏交时（一作如），然司马光称其为闵交如，嵩山地方志中也称其为闵交如。前文已述，万安山有司马光、闵交如等人的石刻题记，故而本书称其为闵交如。

② 《过庭录》，第328～329页。

③ 《宋史》卷462《王仔昔传》，第13528页。

④ （宋）吴坰：《五总志》，中华书局，1985年，第2页。

怀的日子，这里的一切，深深地留在了他的记忆中。他自称“嵩阳客子”①，并在诗文中屡屡提及“嵩少”“嵩阳”“嵩丘”等。他对嵩山的风景极为热爱，游览嵩山的语句多次出现在他的诗中，“直尔相羊好远游，何不命驾归嵩丘”②，或是“闻道近还思卜筑，好来嵩少共烟霞”③。得知朋友经过嵩山时，他也拜托朋友“烦君去路望离少，猿鹤相思端可怜”④。离开嵩山后，他多次将眼前的事情与当年嵩山的事情联系起来，如听到秋雨时便联想到嵩山的秋雨，“夜雨听沉寂，颇似嵩少时。”⑤听到夜风时称自己“白头嵩客奈此何，他年惯听山之阿”⑥。在离开嵩山二十年后还对嵩山念念不忘，“一别嵩阳县，二纪不得还。几处逢新秋，幽梦著旧山”⑦。从他的文集《嵩山文集》这一命名即可看出嵩山对他的影响。

在晁说之隐居嵩山期间，他的好友，在嵩山脚下阳翟（今河南禹州）隐居的涧上丈人陈恬被人举荐，出任校书郎。得知此事后，晁说之无可奈何地感慨当今隐士的情操下降，不甘于清静自守，而沉迷于花花世界：

东海一生垂钓客，石渠万卷校书郎。
丈人风味今如此，鹤到扬州兴更长。

后来晁说之来到京城，不光看到了身居官位的陈恬，还看到昔日阳翟涧上的赤脚婢女，如今却是“严妆丽服”，跟随在陈恬身边。对此，他难以承受，写了一首讽刺诗：

处士何人为作牙，尽携猿鹤到京华。
可怜岩壑空惆怅，六六峰前少一家。⑧

当看到曾经和自己在岩壑间做伴的隐者出山任职，跻身红尘，追逐功名，只剩下自己一人在少室山三十六峰下，他抑制不住惆怅的情绪，写下了这首讽刺诗。这首诗的流传度很高，不光朱弁收录在诗话中，赵令畤也在笔记中记载下来⑨，后来罗大经也在笔记中记下此诗⑩。这首诗的讽刺意义绝不在于它的内容，更具有讽刺性的是，后来

① （宋）晁说之：《嵩山文集》卷4《书事》，上海书店出版社，1985年，第27页。
② 《嵩山文集》卷4《初秋思旧山》，第28页。
③ 《嵩山文集》卷6《寄韩君表》，第24页。
④ 《嵩山文集》卷5《送知府张路铃还关》，第3页。
⑤ 《嵩山文集》卷4《夜雨》，第24页。
⑥ 《嵩山文集》卷4《夜大风》，第24页。
⑦ 《嵩山文集》卷5《秋适》，第39页。
⑧ 《朱弁诗话》，第2954页。
⑨ （宋）赵令畤撰，孔凡礼点校：《侯鲭录》卷7，中华书局，2002年，第171页。赵令畤的记载与朱弁的记载文字略有不同，意思不变：“处士何人为作牙，尽携猿鹤到京华。新禾满地秋风起，六六峰前只一家。”
⑩ （宋）罗大经撰，王瑞来点校：《鹤林玉露》卷2，中华书局，1983年，第143页。

晁说之也应诏出山做官，这首嘲笑他人的诗，最终成为别人嘲笑自己的笑柄。例如，赵令畤就次韵晁说之的诗写了一首反讽诗：

闻道诸公置齿牙，买鞯卖屐趁年华。

太平起隐无遗策，空尽嵩阳处士家。①

在嵩山隐居长达二十年的刘居中，在嵩山经历了不同于寻常人的生活。他先是和另外两人一起在嵩山最深处的控鹤庵居住，“率一两月辄下山觅粮，登陟极艰苦，往往跻攀葛荔，穷日力乃至”。这两个人忍受不住如此艰苦的生活，先后离他而去，他却泰然自若，清静自守，凡二十年而不改。他曾在峻极峰上看到数百只大蜥蜴，“皆长三四尺”，皮肤如脂般细腻光滑。它们围着水池吸水，但水刚入口就立即吐出。即便如此，它们吐出来的东西也像弹丸一样又圆又结实，不一会就堆积很多。突然一声震雷，弹丸全部消失了。第二天山下来人说昨天山下雨雹大作。如此巧合的大雨，他认为这是那些奇怪的蜥蜴所为。有一次他听到石壁间有老人读书的声音，走近细听却寂静无声了，远离后又传来了。后来石壁被毁，他从里面找到了很多奇异的书籍，“阴阳、方技、修真、黄白之学无所不有”。还有一次他闻到“异香满室，经日乃散”，但却不知从何而来。靖康战乱后，他被迫离开嵩山，游于江表。得益于在嵩山的修炼，此时的他已是颇有名望。宋高宗曾召他入宫，赐号“冲静处士”②。

与刘居中同时生活在两宋之交的王忠民，是嵩山脚下的颍阳（今河南登封西）人，世代以行医为业。不过，作为“幼通经史”、饱读诗书的文人，他关注的不仅仅是个人的生老病死，更有国家的兴衰安危。靖康年间，他“数言边方利害于朝”，一再被朝廷召对却从不赴阙。宋室南渡后，他“隐居不出”，即使是翟兴、张浚等人也未能说服他出山。伪齐皇帝刘豫即位后，他“作《九思图》及定乱四象达之金主，及镂板印图散于伪境，以明天下之义”。绍兴三年（1133年）他被授予宣教郎，奔赴临安面圣时，对宋高宗说：“臣愤金人无道，故三上金主书，乞还二帝，本心报国，非冀名禄。”他将任命诏书“置椟中，藏七宝山下，力恳求去”③，此后一直隐居。

第三节　隐士活动的分析

首先需要指出的是，上述的嵩山隐士，部分人非比平常人，甚至有神异功能。当

① 《侯鲭录》卷7，第171～172页。

② 《夷坚志·乙志》卷13《嵩山三异》，第296页。

③ 《宋史》卷459《王忠民传》，第13462页。

然，终日在嵩山的密林泉石中潜心修炼的隐士，其言行举止和所见所闻，自然与凡夫俗子大不相同，但违背科学的现象，如刘居中所见的蜥蜴吐水兴雨等，肯定是无稽之谈。对于这类记载，后人只需了解其中的背景、表达的内涵即可，而不必、也不应该视其为史实。

其次需要说明的是，宋代嵩山的隐士，绝不仅限于上述人员，还有很多默默无闻或是史载不详的人士，例如，嵩山草泽李退夫，仅知道他“辟谷守道”，在景祐元年（1034年）被宋仁宗赐号“清逸处士”[①]。所谓辟谷，又称避谷、辟毒等，是道家修炼的一种方式，即不吃五谷，而是食气，吸收自然的能量，以达到长寿甚至成仙的目的。再如以制墨而闻名的常和，只知道他“隐居嵩山”，制墨方法精良而特殊，价格不菲，铭为“紫宵峰造”[②]的墨，更是非比寻常。紫宵峰为少室三十六峰之一，或许是他潜心制墨的场所。

如此多的隐士齐聚嵩山，自然有其不尽相同的原因。但整体来看，他们中的大多数人都与政坛有千丝万缕的联系。宋初的舒知雄三次辞官隐居嵩山，反过来也就证明了他一直未曾真正地脱离官场。北宋中期的李退夫，因在嵩山辟谷而声名乍起，被宋仁宗赐予处士的称号，后来离开嵩山，来到京城，“居北郊别墅”[③]，其事迹在士大夫中广为流传。至于北宋末期，田端彦在官场郁郁不得志，也来到嵩山游山玩水。而晁说之，身在山林，心在魏阙，仕途五起五落，始终牵挂京城讯息，一旦有出仕机会，便丢弃隐者的姿态而汲汲营营。两宋之交的刘居中、王忠民，莫不为显达所知，离开嵩山后随即投身官场。虽然这些人的活动并不足以颠覆他们的隐士身份，正所谓隐士有大隐、中隐和小隐之分，但他们毕竟与陶渊明式的隐士有一定的差距。

正如庆历四谏官之一余靖所言：“彼嵩少、终南、中条、太华，枕乎名利之场，故吟咏者日争咀嚼含漱以买名声。”[④]嵩山位于西京洛阳，距东京开封不远，是北宋京畿地区唯一的大山，终南山、中条山和太华山，毗邻重要城市长安，故而一些隐士卜居于这四座名山，为的是在达官贵人的圈子中迅速提高知名度，进而很容易地获取功名利禄。早在李唐时期，终南山以靠近国都长安的特殊地理位置而成为假隐士们托名缘进的地方，有“仕宦捷径”[⑤]之称。北宋立国后，定都开封，作为北宋统治中心地

① 《续资治通鉴长编》卷115，景祐元年九月乙巳，第2701页。

② （元）陆友：《墨史》卷中，中华书局，1985年，第38、39页。

③ 《湘山野录》卷中，第30页。

④ （宋）余靖：《武溪集》卷3《宫师陈相公留题罗浮山诗序》，文渊阁四库全书本，第1089册，台湾“商务印书馆”，1986年，第24页。

⑤ （唐）刘肃撰，许德楠、李鼎霞点校：《大唐新语》卷10，中华书局，1984年，第158页。

区的名山，嵩山取代终南山，成为众多士大夫官员心目中理想的退隐之地。这绝不仅仅是因为嵩山优越的自然风景，更是它接近政治中心的结果：进可以出仕，退可以游山。也正因为如此，士大夫群体中很少人能够放弃功名利禄，但却不断地表达自己归隐嵩山的心愿。

纵观前文所述的隐士，只有许昌龄、董五经、范昪和闵交如，或可配得上隐士的称号。他们在嵩山潜心修行，谨守节操，从不放弃求志达道的人生理想，取得了不俗的成就，或是有神人、先知之誉，或是满腹经纶，才高八斗。虽然他们也具有一定的社会交往，享有一定的知名度，但他们依旧执著于内心的修炼，并不热衷于官场上的走动和名利上的纷争。

不能不说的是，真正的隐士，洁身自好，淡泊名利，与世无争，默默无闻，并不为史家所载，故而他们的事迹，后人不得而知。仅仅依据上述宋人所记的隐士来推论宋代嵩山所有的隐士，极有可能是挂一漏万，以偏概全。然而，这些有记载的隐士，具有强烈的史料优势，为后人了解宋代嵩山以及宋代社会提供了新的切入点，不失为研究宋代历史的新内容。

本章小结

宋代的嵩山，位于西京洛阳，与国都开封的距离并不遥远，是整个京畿地区唯一的大山。宋代官员，如孔承恭、张咏、钱若水、宋庠、欧阳修、苏洵、蔡襄、毕仲游等，纷纷表达自己隐居嵩山的心愿。虽然他们并未脱去官服，但他们的言语，明确无误地向世人传达了嵩山是宋代官员的归隐胜地。舒知雄、韩丕、杨朴、田诰、许昌龄、董五经、范昪、闵交如、田端彦、晁说之、刘居中、王忠民等嵩山隐士，或是潜心修行，取得成就，或是将嵩山作为仕途捷径，借助嵩山来出仕。尽管他们的行为各不相同，但嵩山却是他们相同的居住地点。嵩山在他们的人生中发挥了重要作用，他们在嵩山的隐居生活也丰富了嵩山的人文历史。

第九章　南宋人的嵩山情结

如卧龙般盘旋在中原大地的嵩山，景色壮观，历史悠久，内涵深厚，一直是世人崇敬的圣地名山。古往今来，千千万万的华夏子孙仰望嵩山，其思想情感与嵩山紧密地结合起来。而到了南宋，南宋人对嵩山的感情尤其强烈，产生了浓重的情结。

第一节　嵩山情结的出现

何谓情结？情结是心理学术语，指的是一群重要的无意识组合，或是一种藏在一个人神秘的心理状态中，强烈而无意识的冲动。所谓南宋人的嵩山情结，即指南宋人对嵩山难以割舍的眷恋之情。嵩山，历史上又称崧山（嵩同崧），因其地处五岳之中，故称中岳嵩山。嵩山主要是由太室山和少室山组成，只不过太室山为嵩山主脉，故而古人往往将嵩山与少室山并称为“嵩少”或“崧少”。嵩山是河南府乃至整个京畿地区最为高大、知名的山岳。

南宋人的嵩山情结是在特殊的历史背景下形成的。两宋之交，金兵频频南下，攻城略地，烧杀抢夺，宋徽宗、宋钦宗沦为囚徒，宋高宗颠沛流离，最终偏安东南。山河破碎、妻离子散的悲惨事实，深深地印刻在南宋人的脑海中，成为他们内心深处不可痊愈的伤痛。失去家园的北方人，尤其是洛阳人，背井离乡来到南方，所见的一草一木，都会勾起他们对故乡的思念。而嵩山，正是洛阳的象征[①]，因此，回忆嵩山，即是怀念洛阳。至于南方人，残守半壁江山，眼睁睁地看着北方大地被金国蹂躏，不时发出收复故土的呼声。嵩山，作为昔日京畿名山，作为五岳之一的中岳，在此时成为沦陷国土的代名词，所以，眺望嵩山，寓意收复失地。这两种看似不同的情感，实际上都可归纳为对故土故国的深切思念。

无论是思念家乡的深情，还是一统江山的悲切，都通过嵩山这个显著的地域标识

---

① 因为在古代大部分时期内，嵩山隶属于洛阳，一直有“嵩洛”之称，唐代大诗人白居易有诗云《看嵩洛有叹》，清代书画家黄易绘有《嵩洛访碑图》。宋人依旧有此说法，曾在洛阳任职的欧阳修称自己“徜徉于嵩洛之下”，苏辙有诗云《次韵子瞻送范景仁游嵩洛》。古人多次将嵩山与洛阳并称，将嵩山视为洛阳的象征。

来表达，这并不是某一个南宋人的独创，而是众多南宋人集体无意识的产物。对于文艺创作者集体无意识的问题，心理学家荣格曾做过精辟的解释："文艺作品是一个'自主情结'，其创作过程并不完全受作者自觉意识的控制，而常常受到一种沉淀在作者无意识深处的集体心理经验的影响。这种集体心理经验就是'集体无意识'。"①换而言之，嵩山情结，这种将思乡之情和亡国之痛交织在一起的强烈感情，并不完全被创作者清醒地意识到，但它却是创作者获得灵感和动力的源泉，就像荣格所说的："不是人支配情结，而是情结支配着人。"②这种情结，虽然一直未曾得到学术界的关注，目前尚未出现与此相关的研究著述，但它强烈地震撼着南宋人的心灵，真切地出现在他们的诗词歌赋中，期待后人的采集、分析和重组构建。

需要特别说明的是，南宋人嵩山情结的产生，绝不仅仅出于上述两种原因，还有很多其他原因，这正与嵩山在宋代社会中发挥的重大作用相匹配，但这些原因归根结底都与故土故国有千丝万缕的联系，可以归纳到上述的两个原因之内，其中一个不容忽视的原因是嵩山是北宋永安皇陵所在，嵩山与皇陵密不可分。北宋人在北宋各位皇帝及宗室的挽词中，纷纷不约而同地提到了嵩山。宋祁在《真宗永定陵》诗中称："洛水縈祠外，崧云泊栋端。"③蔡襄在宋仁宗的挽词中说："画翣离丹阙，幽堂对紫嵩。"④王珪在宋仁宗的挽词中说："西葬青嵩道，千秋岂复晨，"还在宋英宗的挽词中提到嵩山："洛自三陵咽，嵩犹万岁呼。"⑤苏轼在宋神宗的挽词中说："余生卧江海，归梦泣嵩邙。"⑥刘弇在宋哲宗的挽词中说："洛照当阳水，嵩回入抱峰。"⑦文彦博在慈圣皇太后的挽词中说："白云何处去，雪涕望嵩丘。"⑧秦观在宣

---

① 朱立元：《当代西方文艺理论》，华东师范大学出版社，1997年，第168页。

② 〔美〕霍尔、诺德贝著，冯川译，陈维政校：《荣格心理学入门》，生活·读书·新知三联书店，1987年，第37页。

③ （宋）宋祁：《景文集》卷22《真宗永定陵》，丛书集成本，中华书局，1985年，第272页。引文中的"崧云"，即嵩云，"崧"同"嵩"。

④ 《蔡襄集·蔡忠惠集》卷7《仁宗皇帝挽词七首》，第118页。

⑤ （宋）王珪：《华阳集》卷2《仁宗皇帝挽词五首》《英宗皇帝挽词五首》，丛书集成本，中华书局，1985年，第14页。

⑥ 《苏轼诗集》卷25《神宗皇帝挽词三首》，第1338页。

⑦ （宋）刘弇：《龙云集》卷10《哲宗皇帝挽词三首》，文渊阁四库全书本，第1119册，台湾"商务印书馆"，1986年，第146页。

⑧ 《潞公文集》卷8《慈圣皇太后挽词》，第642页。

仁圣烈皇后的挽词中说："洛水嵩峰霄汉外，百官西望涕难胜。"[①]如此等等，无不反映出"嵩洛之间，山陵所在"[②]的意味。南宋人同样认为"嵩山祖宗陵寝所。"[③]可惜在南宋，嵩山地区已在金国的管辖范围之内，南宋皇帝无法再葬入此地，只好建设攒宫安放棺椁，"攒"意为收集，"宫"意为梓宫，旨在暂时停放遗体，待日后北方失地收复再归葬永安祖陵。绍兴元年（1131年），隆裕太后病逝，遗诰要求"权宜就近择地攒殡，俟军事宁息，归葬园陵，所制梓宫，取周吾身，勿拘旧制，以为他日迁奉之便"[④]。隆裕太后声明在宋金战争结束后，将她归葬永安皇陵。当时宋政府本欲建山陵，江东转运使曾纡提出："帝后陵寝，今存伊洛，不日恢复中原，即归附矣，宜以攒宫为名。"[⑤]最后按照"嵩少之北、洛水之南"的北宋皇陵的选址方针选择了位于绍兴东南，东南地穹、西北地垂的青龙山脉："今绍兴攒宫朝向，正与永安诸陵相似。"[⑥]绍兴攒宫之名，意味着有朝一日要迁回嵩山、永久安葬棺椁，意味着将来要重回嵩山，光复北方国土，故而，提及嵩山脚下的北宋皇陵，就立即令南宋人联想到失去的国土，产生强烈的统一愿望。南宋皇帝所进行的北伐和灭金战争，都与夺回嵩山祖宗陵寝有一定的关系，重返嵩山有很强的政治象征意义。例如，在绍兴年间，当宋高宗看到出自宋太祖永昌陵的宝物时，"为之出涕"。他的后继者宋孝宗，"日夜不遑，欲恢复故土，志在此也"[⑦]。到了端平元年（1234年），南宋与蒙古联合灭亡金国后，京湖制置使史嵩之呈上《八陵图》[⑧]，宋理宗看了之后，"悲喜交集"，即以"国家南渡之后，八陵迥隔，常切痛心"为由，诏令百官"集议以闻"[⑨]，为端平入洛、收复三京做准备。正因为嵩山与北宋皇陵的密切关系，于是嵩山在宋金战争中具有象征意义，是失去的北方领土的象征，是引导南宋人进行统一战争的一面旗帜。提及嵩山，便令南宋人产生挥师北伐、统一祖国的心愿。

---

① （宋）秦观著，周羲敢、程自信、周雷编注：《秦观集编年校注》卷35《大行太皇太后挽词二首》，人民文学出版社，2001年，第754页。

② 《苏轼文集》卷44《神宗皇帝御容进发前一日奏告诸宫观等处青词》，第1272页。

③ 《贵耳集》卷上，第11页。

④ 《三朝北盟会编》卷146，绍兴元年四月二十四日庚辰，第1060页。

⑤ 《挥麈录·前录》卷1，第8页。

⑥ （宋）赵彦卫撰，傅根清点校：《云麓漫钞》卷9，中华书局，1996年，第150页。

⑦ 《贵耳集》卷上，第11页。

⑧ 嵩山脚下长眠着北宋的七位帝王，宋太祖、宋太宗、宋真宗、宋仁宗、宋英宗和宋哲宗，加上宋太祖的父亲赵弘殷，被尊为宣祖，也埋葬于此，故而被称为八陵。

⑨ 《宋史全文》卷32《宋理宗二》，第2190页。

第二节　嵩山情结的表现

建炎三年（1129年）初冬，曾在嵩山地区居住的吕本中在南迁避难的旅途中颠沛流离，路过醴陵（今湖南醴陵）时，为当地美景所动，忍不住作诗歌颂。只不过，优美的醴陵风光，在他眼中，和嵩山、颍水之地的景致并无二致：

我行天一角，所至尚踌躇。
偶逢胜绝地，不异嵩颍居。①

与吕本中相同，洛阳人陈与义于南宋初年在南方江海之间流浪时，常常令他魂牵梦绕的也是嵩山：

久客不忘归，如头垢思沐。
身行江海滨，梦绕嵩少麓。②

不光在梦中思念自己的故土家园，陈与义来到南岳也念念不忘中岳，认为游览衡山是因为自己曾在嵩山居住而产生的缘分：“野客元耕崧岳田，得游衡岳是前缘。”③

同样是在南宋初期，洛阳人李处权行走在临川（今江西抚州）的道路上，看到这里的景色，有似曾相识之感：

渐远闽中地更平，土风疏爽语言轻。
山浓不减嵩高翠，溪涨浑如洛浦声。④

他乡的湖光山色，在李处权眼中，只不过是洛阳胜景的再现。无论他身在何方，看到何物，都能联想到嵩山。他的文集中保留了很多有关嵩山洛水的诗赋，如在《梦归赋》中，他自述：“予洛人也，既更衰乱，奔窜潜伏，烟尘阻绝，身世相吊，遑遑乎旅之忧，忽忽乎岁月之久也。迟暮良苦，一夕梦归故里，顾经于目而历于耳者，鱴不胜乎其悲也。”在这首赋中，梦回洛阳所看到的景色已与以前大不相同：

梦故国之圮城兮，陟曲隅之欹亭。
俯伊洛之蜿蜒兮，仰嵩少之峥嵘兮。
痛一炬之焦土兮，彻云汉以宵赪。⑤

---

① （宋）吕本中：《东莱先生诗集》卷12《行至醴陵寄故人》，上海书店出版社，1934年，第3页。
② （宋）陈与义撰，白敦仁校笺：《陈与义集校笺》卷27《题长冈亭呈德升大光》，上海古籍出版社，1990年，第771页。
③ 《陈与义集校笺》卷24《衡岳道中四首》，第657页。
④ 《崧庵集》卷5《临川道中寄汪守》，第626页。
⑤ 《崧庵集》卷1《梦归赋并引》，第582页。

在梦中，李处权看到了故国的残垣断壁，登上了亭子俯视蜿蜒的伊河和洛河，仰视高峻的嵩山。曾经繁华富庶的大宋西都，如今全部被付之一炬成为焦土，怎能不令人愤慨！

再如这首《望灵石》，同样展现了洛阳人对嵩山的深切怀念：

畸予家世本伊洛，四时行乐都忘慵。
楼台面面得形胜，锦屏女几鸣皋嵩。
十年戎马断归路，流落江湖今一翁。①

看到灵石，李处权想起了故乡的嵩山山石，以及故国昔日的惬意生活，并感慨现在国破家亡、身在异乡的惆怅。

在和友人饮酒之际，李处权面对暮春雨后的片片落花，怀乡的幽思再一次涌上心头：

人生有酒即佳辰，忽忽园林已暮春。雨后落花浑帖砌，风前飞絮欲沾人。
我如放浪陶彭泽，公是风流贺季真。伊水崧雪在何处，旧衣犹有洛阳尘。②

不只是这首诗，李处权在一首送别诗中也提到了“伊水崧雪”。他用伊水和崧雪，这两处同属洛阳的盛名美景，来形容友人之间的缘分：

一踏红尘又五年，倦游翻作送行篇。
春花秋月谁无分，伊水崧雪自有缘。③

李处权和陈与义，都是生活在两宋之交，在北宋灭亡时，被迫南迁的洛阳人。怀恋故土，是人之常情，是令人难以抑制的潜意识。然而，南宋与金南北对峙、战乱纷争的残酷现实，使他们归乡无望。挥之不去的思乡之情，越来越多地堆积在心头，迫切需要宣泄。既然无法亲身回到故乡，实地感受故乡的山川人物，那么，就只能在口头上肆意表达，在作品中大书特书了。嵩山，当仁不让地成为他们托物寄情的对象。李处权号“崧庵惰夫”，并自编其著述为《崧庵集》，这与北宋洛阳人陆经号“嵩山老人”④，将自己的文集命名为《嵩山老人集》不谋而合。

如果说李处权前几篇怀念嵩山的文章，只是流露出了思乡恋家的个体情绪，那么他的这首诗，则是突破了个人感情局限，以嵩山为切入点，开始畅想国家和民族的前途命运：

---

① 《崧庵集》卷3《望灵石》，第605页。

② 《崧庵集》卷6《春晚简德孺》，第631页。

③ 《崧庵集》卷6《送希真入洛》，第634页。

④ 《文忠集》卷53《陆子履嵩山集序》，第558页。

念昔嵩少步，千层上云麓。政似徐熙图，写生开百幅。

怀归阻兵火，梦想如在目。会当返升平，柴车驾黄犊。①

昔日攀登嵩山的情景，现在只能出现在梦中了。虽然兵火阻断，返还故乡的愿望很难实现，但他还是认为，有朝一日，南宋会统一南北，再现北宋的繁华盛世。

这是李处权作为一个北方人对收复故土家园的积极愿望。比他稍晚的崇安（今福建崇安）人胡宏，也时常大声疾呼南宋政府光复中原，其中有一次是在南岳之巅：

衡岳望嵩少，屹然河汉间。

浮云自来往，谁肯拓关山。②

身在衡山，胡宏却想到了嵩山。此时只有南岳一枝独秀，立于南宋的版图上，正所谓“中原昔分裂，五岳仅存一”③。千里之外的嵩山，却无法令南宋人释怀。胡宏感慨道：衡山和嵩山，现在已如楚河汉界，天各一方。悠悠浮云可以穿越边界，来去自如，可是哪个人愿意扩展南宋的疆土，使南北人民畅行无阻呢？此诗令人回忆起安史之乱时李白在逃亡途中所述的“洛阳为易水，嵩岳是燕山”④。宋代理学家慨叹嵩山远离中央，与唐代诗仙慨叹嵩岳变为边塞有异曲同工之妙。

与胡宏相同，历阳乌江（今安徽和县）人张孝祥在乾道二年（1166年）朝谒衡山之时，也想到了嵩山：

朝谒南岳

泰常嵩华拱神州，玉帛闲来四十秋。

却到朱明回北首，忧时泪作九江流。⑤

诗中的泰常嵩华，所指分别是东岳泰山、北岳恒山⑥、中岳嵩山和西岳华山。本来神州大地，由东西南北中五岳来拱卫，五岳一直享受国家的祭祀，正如抗金名臣李纲在绍兴二年（1132年）祭祀南岳时所说：“天地凝结，五岳环峙，奠镇方维，炎运中微。”然而金人入侵破坏了国家原有的山岳布局，“金戎干纪，俶扰华夏，岱、恒、

---

① 《崧庵集》卷2《翁士特李似表相过小酌分题得踯躅》，第603页。

② （宋）胡宏著，吴仁华点校：《胡宏集》，中华书局，1987年，第80页。

③ （宋）刘克庄：《后村先生大全集》卷5《谒南岳》，四川大学出版社，2008年，第154页。

④ （唐）李白著，瞿蜕园、朱金城校注：《李白集校注》卷22《奔亡道中》，上海古籍出版社，1980年，第1271页。

⑤ （宋）张孝祥著，徐鹏校点：《于湖居士文集》卷12《朝谒南岳》，上海古籍出版社，2009年，第116页。原文“泰常嵩岱”有误，因“泰”与“岱”同指东岳泰山，字义重复，而缺少西岳华山，故应为“泰常嵩华”。

⑥ 宋代为避宋真宗赵恒讳，改称北岳恒山为常山。

嵩、华，或沦夷狄，或污僭窃。独兹衡岳，岿然雄尊”[①]。到了乾道二年，南宋政府已经整整四十年没有亲祭东、西、北、中四岳，所以张孝祥才有“玉帛闲来四十秋”之句。这四十年，即是从靖康二年（1127年），也就是从北宋灭亡的那一年来算。张孝祥登上南岳，回首北望，四岳沦陷，忧思难解，眼泪如江河般流出。这种抑制不住的哀伤，不独涌上南宋初期的张孝祥一人心头，南宋中期的戴复古也诗云：“五岳今惟见南岳，北望乾坤双泪落。”[②]

身在南岳，神思北方四岳的南宋人，除了胡宏、张孝祥和戴复古，还有南宋末期的姚镛。他从衡山遥遥北望，看到中原青山如同丝发，这种隐隐约约的现实所见，如同泰恒嵩华蒙受昏暗积尘笼罩一般，“北望中原青一发，凄其四岳正尘昏”[③]，国土沦陷的凄怆情怀就此展露无遗。

统一南北，亲临嵩山，欣赏壮观的中岳风景，一直是南宋人梦寐以求的心愿。“故国之念，未尝一日去心”的吕祖谦，被授予守亳州明道宫时，想到的却是嵩山崇福宫、兖州太极宫和华州云台观等几个北方的宫观，对友人说：“若更十年不死，则嵩之崇福，兖之太极，华之云台，皆可卧游也。”[④]

淳熙七年（1180年），当朱熹看到一副嵩山图时，不暇论述此图“画笔精深，山势雄伟”，只是看着这幅图，诵读着陶渊明的《赠羊长史》，“为之慨然，掩卷太息”[⑤]。虽然他没有说明自己为何如此，但从他朗诵的这首诗的内容不难看出，他是因为国家的分裂而叹息，因为国家难以统一而感慨。《赠羊长史》是陶渊明在义熙十三年（417年），得知东晋北伐后秦，攻破长安，时任长史的羊松龄奔赴关中道贺时写下的赠别诗。诗中的“岂忘游心目？关河不可踰。九域甫已一，逝将理舟舆”[⑥]等语句表明了此时天下渐趋统一，诗人渴盼游历中原、瞻仰先圣遗迹的夙愿可以达成。然而通读全诗后，却没有发现一句应景道贺的话，只感受到诗人对上古盛世和古代贤圣的思念、仰慕之情。这也就反映出陶渊明对暂时缓和的时局并不看好，依旧是忧心忡忡。此情此景，与朱熹生活的年代何其相似！虽然当时在位的皇帝是被后人普遍认为南宋最杰出的皇帝宋孝宗，但经历了失败的隆兴北伐后，妥协求和之风再次弥漫于朝堂，加之主战派官员日渐减少，尤其是名将虞允文的去世，更是令他对北伐心灰意冷，昔

---

① （宋）李纲著，王瑞明点校：《李纲全集》卷164《祭南岳文》，岳麓书社，2004年，第1516页。

② （宋）戴复古著，金芝山点校：《戴复古诗集》卷1《南岳》，浙江古籍出版社，1992年，第16页。

③ （元）韦居安：《梅磵诗话》卷下，《历代诗话续编》，中华书局，1983年，第573页。

④ （宋）王深源：《卧游录叙》，《吕祖谦全集》第16册，第37页。

⑤ 《晦庵先生朱文公文集》卷81《跋太室中峰诗画》，第3848～3849页。

⑥ （晋）陶渊明著，袁行霈笺注：《陶渊明集笺注》卷2《赠羊长史》，中华书局，2003年，第161页。

日的抗金锐气渐渐消磨下去，整个南宋又陶醉在偏安一隅的升平景象之中。面对如此情景，朱熹忧心如焚却难以释放，然而在看到嵩山图后，隐藏在心中的忧虑之情便借助陶渊明的诗不露痕迹地表现出来了。

吕祖谦和朱熹都生于南宋，故而无缘亲临壮美的嵩山。生于北宋的周紫芝，有幸与总角之交王相如一起在北宋末期游览嵩山。他写诗追忆两人年少时期在嵩山的快乐时光，嵩山成了两人深情厚谊的见证者，以至多年之后，北宋和平时期的深山幽壑美景还历历在目：

抚事思少年，相期在嵩少。
是时海内安，王师未征讨。
尚有邱壑姿，可寄沮溺傲。①

可惜瑰丽的嵩山风景，对于南宋人来说，再也无法亲身目睹，只能用来怀念。整个南宋时期，一直动荡不安，王师虽然多次征讨，却从未成功地收复失地。一次次北伐的失败，使嵩山与南宋的距离越来越远，正如辛弃疾在乾道八年（1172年）镇守两淮重镇滁州（今安徽滁州）时所说："千古怀嵩人去，还笑我身在，楚尾吴头。"②怀嵩人是指唐代洛阳人李德裕，他曾在滁州建立怀嵩楼，表达自己对重返故土的渴盼。辛弃疾在滁州建立奠枕楼却始终滞步于江南，而李德裕在滁州建立怀嵩楼最终如愿返回老家。辛弃疾感慨，如若李德裕泉下有知，肯定会嘲笑自己滞留南方而不北上收复失地的。

第三节　嵩山情结的分析

北宋定都东京开封，洛阳为西京。作为西京洛阳和京畿地区，即北宋王朝的核心统治区域，同时也是中原大地唯一的名山，嵩山被北宋人赋予了深刻的内涵。无论是作为风景胜地，还是作为祭祀圣山，或是作为儒、释、道三教荟萃之地，嵩山都在北宋的政治、文化以及社会生活等方面发挥了重要作用，无法令人忘怀。靖康南渡之后，中原大地战火频仍，由于南宋政府的软弱无能，嵩山就此被纳入金国的版图。重返两京、一统山河的愿望，对于南宋人来说，才下眉头，就上心头。然而宋金交战，

① （宋）周紫芝：《太仓稊米集》卷9《毅果出示次卿诗编中有彭门见寄之作乃追和元韵》，文渊阁四库全书本，第1141册，台湾"商务印书馆"，1986年，第61页。

② （宋）辛弃疾撰，邓广铭笺注：《稼轩词编年笺注》（增订本）卷1《声声慢》，上海古籍出版社，1993年，第22页。

南宋屡屡败北的现实，令他们心中积压已久的悲愤更为沉重。正是在山河破碎的凄惨现实下，南宋人对嵩山的强烈怀念被唤起，嵩山成为诸多爱国人士寄托渴望国家统一收复故地的象征物，成为他们创作文词的重要动机，是他们精神生活中的重要组成部分。

嵩山情结虽然仅限于南宋一朝，但却有惊鸿一现便令人过目难忘的感觉。只有在南宋时期，嵩山，不仅是一个地理概念，更是一种文化符号，具有强烈的指代意义，是古往今来绝无仅有的。探求南宋人的嵩山情结，既可彰显嵩山在历史发展中的重要作用，又可为解读宋代思想提供有益的门径。

本章小结

嵩山作为五岳中的中岳，位于北宋统治的核心区域，在北宋灭亡后，屡屡被南宋人所牵挂。南渡的洛阳人，以嵩山来代表洛阳，以嵩山来代称失去的故土家园。吕本中、陈与义和李处权等洛阳人，面对南方胜景，却不由自主地联想到嵩山。胡宏、张孝祥和姚镛等南方人，以嵩山来代称宋王朝失去的北方领土。众多南宋人一想起嵩山，即想起沦陷的西京洛阳和广大北方领土。南宋人对嵩山的这种深厚感情，形成了嵩山情结。这是南宋人爱国主义的具体象征，是南宋人挥师北伐、统一祖国的重要原因。嵩山情结在山河残缺的特殊情况下，成为南宋人思想中的重要组成部分。

结　语

嵩山是地球上最早露出水面的陆地之一，有36亿年的历史。这里是华夏祖先最早繁衍生息的地方，是华夏文明根的所在，被誉为“天地之中”。远古时期，因为嵩山地区原始部落拥有的疆域不大，视野狭窄，所以在他们的眼里，嵩山是天下最高的山，离天最近；嵩山是天下的中心，处于中原，故而是登天的阶梯，是崇天敬天的圣地。在国家形成之后，嵩山地区成为国家统治的核心区域，是国都所在地。在以五岳为代表的名山中，嵩山因为位居中原，称为中岳，并以此形成了“天地之中”的文化心理优势，最早完成了由原始的山岳崇拜对象到圣山崇拜的转换，确立了民族文化心理上的圣山地位。从远古到近代，一幕幕的历史在嵩山上演，站在嵩山之巅峻极峰极目远眺，顿时令人产生千古兴废之感慨。有资可查的史料显示，从传说中的人文初祖黄帝，到神英威武的周武王，再到锐意改革的北魏孝文帝，再到中国唯一的女皇帝武则天，多位帝王亲自或遣使来到嵩山，举行封禅或祭祀活动。帝王之所以来到嵩山，主要是为了向世人宣布，他们统治的权力和正义性来自上天的赐予，他们正统至尊的地位不可动摇。这种天人合一、君权神授的思想，成就了数千年中国特有的大一统社会结构。嵩山地区作为文明发祥地，在夏商周至宋金3000多年间的大部分时期，一直是我国的政治、经济、文化中心之一，也是全国乃至世界经济文化最为先进、发达的地区之一，几度形成了文明的巅峰与辉煌，有力地推动了中原社会的发展，嵩山文化成为传承中华文明的主干文化之一，引领着东方文明的进程。

宋代的嵩山，隶属于陪都西京，距国都东京近在咫尺，作为两京地区唯一的名山、大山，受到了宋政府的高度关注。这里是宋政府祭祀岳神、岳帝的重要场所，嵩山祭祀屡屡出现在国家的政治活动中。这里是欧阳修、梅尧臣等文学家的游览胜地，嵩山游对他们的文学观产生了重要的影响，进而影响了整个宋代文坛。这里是邵雍、二程等思想家静思悟道的场所，理学思想在这里不断升华。这里是晁说之、刘居中等隐士修身养性的宝地，嵩山作为仕途捷径在宋代政坛赫赫有名。儒、释、道三教荟萃于此地，发端于此时，宋代学术海纳百川的包容精神在这里得以彰显，这在中国的名山中是少见的。这里是南宋人魂牵梦绕的地方，南宋人的嵩山情结是中国古代思想史中绝无仅有的一个特例。通过对这些历史事件的考证和分析，可得出以下几方面的结论。

第一，嵩山在宋代政治中发挥较为重要的作用。宋政府非常注重嵩山在维持政治稳定中的作用，嵩山屡屡出现在国家的祭祀活动中。宋代皇帝多次派遣使者来到嵩山进行祭祀，宋真宗亲自撰写《中岳醮告文》，宋徽宗多次接到洛阳民众请求其封禅嵩山的奏议，至于河南府以及登封县对嵩山的祭祀，更是数不胜数。即使是到了南宋，不在南宋境内的嵩山，依然出现在国家祭祀中。南宋政府对嵩山的祭祀，不仅表明了其政权源于正统，也向民众显示了其不忘收复失地以求一统的态度，是为争取民心之举。在国家祀典中，中岳嵩山与其他岳渎共同承担着调节气候、保证风调雨顺、维护国家安定和平的职能，同时也是政权统治的象征。这些行为，彰显了嵩山在宋代政治中的重要性。

第二，嵩山旅游是宋代旅游业中的突出现象。嵩山壮美的风景，吸引众多游人纷至沓来，钱惟演、梅尧臣、欧阳修、谢绛、尹洙、苏辙、司马光、范镇、李廌、道潜等人纷纷前往嵩山欣赏美景。众多平民在嵩山的旅游活动，表明了嵩山旅游的普及性。嵩山开阔了宋人的眼界，增长了他们的见识，丰富了他们的知识，为他们带来了快乐的心情和高级的精神享受。

第三，嵩山扩充了宋代文学并促进了宋代文学的发展变化。众多文学家欣赏了中岳景观后，心态被嵩山所感染，对日后的创作产生了深远的影响。唐宋八大家之一的苏辙、苏门六君子之一的李廌以及诗僧道潜等人，纷纷以嵩山为主题，写下众多文学作品。作为宋代文学取之不竭的宝库，嵩山为宋代文学提供了丰富的滋养。梅尧臣的嵩山诗改变了宋初诗坛的西昆体现象，促进了宋诗语言平淡美、以文入诗和散文化倾向的产生。欧阳修的嵩山之行，激发了他对金石铭刻的热爱和研究热情，从而有志于古道，为他日后撰写《集古录》、开展金石学的研究打下了坚实的基础，加速了金石学的兴盛，是引导宋代学术发展方向的重要因素之一。文坛、学术的变化，为其后的诗文革新做了一定的准备，也影响了政治的走向。

第四，嵩山是宋代著名的隐居地。将嵩山作为归隐之所，是宋代众多在职官员不约而同的心愿。尽管他们并未完全实现这一心愿，但对嵩山隐逸生活的不断讴歌，证明了位于京畿地区的嵩山是宋代官员的归隐胜地，嵩山是他们心灵的一个归宿。面对巍巍嵩山，一部分隐士潜心修行，取得了不俗的成就，广受世人的称颂，也有一部分隐士将嵩山作为仕途捷径，一方面利用嵩山来提高自己的知名度，另一方面则在嵩山随时打探政治走向，为出仕做准备。宋代嵩山隐士的状况，也可以证明嵩山与宋代政治的密切联系。

第五，嵩山对南宋人的思想产生了深远的影响。北宋灭亡后，大批洛阳人离开西京来到南方，但他们并不曾遗忘洛阳名山嵩山。相反，面对国破家亡的惨状，他们对嵩山的思念之情越来越突出。而南方人，即使从未到过嵩山，也屡屡怀念嵩山。只因嵩山位于京畿的特殊地理方位以及嵩山脚下的皇陵，南方人便将其视为广大北方沦落领土的象征。虽然嵩山不在南宋的实际管辖范围之内，但南宋人依然将嵩山视为皇陵所在地，而位于绍兴的南宋六帝陵，只是攒宫，即暂时的安葬之地，日后还要迁葬嵩山。嵩山是宋代皇陵所在，这是严肃的政治原则。嵩山皇陵的称号，是南宋人的精神支柱，是维系南宋人和北方民众紧密相连的一面旗帜，振奋着南北人民共同的抗金斗志，激励着他们统一祖国的决心。南宋人对嵩山的眷恋之情，形成了浓重的嵩山情结，这是中国古代思想史中绝无仅有的一种情结。只有在宋代，位于国家统治中心区域内的嵩山，与政坛和时局有着千丝万缕的联系，这在嵩山发展史上是较为罕见的，值得世人细细体味。

宋代嵩山的人文状况之所以取得如此发展成就，主要原因有两点，其一是基于嵩山位居中央的特殊位置，其二是得益于宋代政治的开明。宋人推崇嵩山位居天中的地理位置，屡屡在游览嵩山之时歌颂嵩山作为中岳、位居中原、处于天下之中的地理优势，并认为“中”为天下之本，“辰中于天，而列星拱之；嵩中于地，而群岳宗之；极中于屋，而众材辅之。故中者，天下之大本也”①。宋政府在祭祀嵩山之时，多次点明因嵩山位居中天而带来的维持国家和平的作用。宋代政治一向以宽松开明著称，宋政府确立了崇文抑武的基本国策以及睦邻友好的外交原则，保证了国家的和平稳定，采取多项措施刺激和保障经济、文化的发展，使宋朝成为中国古代历史上经济、文化最为繁荣的时代，全国各地呈现出欣欣发展的繁荣景象。位于国家统治中心区域内的嵩山，与其他区域相比较，时间更早、程度更深地感受到了宋代政治发展的结果。

总之，在北宋，位于国家统治中心区域内的嵩山，具备了突出的区域地缘优势，在地理位置优越以及宋代政治特色等因素的综合作用下，人文历史发展迅速，产生了不同于以往的面貌，初祖庵、崇福宫等建筑在宋代开始修建，嵩阳书院在宋代得到大发展，成为宋代四大书院之一，有关嵩山的文学作品在宋代层出不穷，来到嵩山旅游的宋人多不胜数。宋政府更为重视嵩山在国家统治秩序中的作用，多次修订祭祀礼仪，五岳之神被封为帝首次出现在我国历史上。虽然唐代曾在嵩山封禅，彰显了嵩山至高无上的地位，宋代却是在泰山封禅，突出了泰山的名望，但作为五岳之中的中岳，嵩山的正统地位丝毫不受质疑，宋人对嵩山的赞扬从来不曾减弱。特别是到了南

---

① （宋）郑侠：《西塘集》卷2《王供奉字时道序》，文渊阁四库全书本，第1117册，台湾“商务印书馆”，1986年，第386页。

宋，位居中原的嵩山成为广大北方失地的代名词，寄托了南宋人的爱国主义情怀，对宋代历史的发展产生了积极的影响，发挥了重要的历史作用。嵩山屡屡出现在国家的政治、文化以及思想活动中，充分证明了宋代嵩山人文发展的开放性和扩散性，不仅仅影响自身区域的发展，更在全国范围内产生影响，甚至对整个中国思想、文化史的发展都有一定的影响。具体来讲，宋代嵩山人文发展的结果，有以下两方面的影响。

第一，宋代嵩山人文的发展在全国范围内产生影响，区域发挥的作用从地方性向全国性蔓延。宋代嵩山人文的发展进程反映了宋代历史的发展轨迹，折射着宋代历史发展的脉络。北宋初建，百废俱兴，中岳庙和嵩阳书院重新焕发了光彩。北宋建立后的第四年，西京留守就下令修缮庙宇，不仅增进了百姓对岳神的信奉，还带动了中岳庙会的兴盛。中岳庙被赞为“名高祀典，位冠中央”[①]，为其他地区道教的发展做了榜样。宋太宗、宋真宗对嵩阳书院的赐书、赐额，大力支持嵩阳书院的发展，这正是北宋初年官学教育不振的反映。此后嵩阳书院的繁盛和衰败，是北宋教育发展的一面镜子。北宋中期，嵩山游客纷至沓来，说明了宋代旅游业的发达，表现了北宋中期政治的开明和经济的发达。理学在嵩山地区逐渐形成并向四周传播，彰显了宋代嵩山文化的先进性，也是对整个宋代文化先进性的客观反映。两宋之交，京畿地区饱受宋金战争的摧残，嵩山的发展停滞下来。到了南宋，嵩山地区被金国管辖，南迁的洛阳人对嵩山难以忘怀，纷纷以嵩山代称洛阳，表达自己对家乡的怀念。众多南宋人，则以嵩山代称广大的北方失地，表达自己对祖国统一的渴望。南宋政府之所以进行北伐，其中一个重要原因就是收复嵩山脚下的北宋皇陵。宋理宗看到皇陵的惨状后，决意收复皇陵和洛阳，与蒙古联合灭金。当宋军攻占洛阳后，宋蒙战争爆发，为南宋的灭亡埋下了伏笔。由此观之，宋代嵩山人文的发展状况是北宋167年历史的缩影，对南宋历史也产生了深远的影响。

第二，宋代嵩山的人文发展状况对整个中国思想、文化的发展有一定的影响。嵩山是影响中华民族深远的儒、释、道三大宗教的发起地和传播地，而宋代正是嵩山儒、释、道三教荟萃的重要时期。理学大师邵雍、程颐、程颢等人长期在嵩山地区活动，创立了以阐释义理为主的理学，使这里成为程朱理学的发祥中心。世界其他地区的宗教基本都具有排他性，但是作为外来宗教的佛教传入嵩山，却在宋代被本土的儒、道文化所接纳，禅宗由此广为流传，理学得以形成，成为嵩山文化和中华文化的重要组成部分。宋代的嵩山，容纳和吸收了一切外来文化，并在与外来文化的交流与融合中，提升自身的高度，最终将嵩山文化精神远播四周，成为国家的主流文化。在

① （宋）骆文蔚：《重修中岳庙记》，《嵩书》卷21，第486页。

此过程中，嵩山文化具有强大的吸纳力、整合力、凝聚力和辐射力，表现出雍容大度的文化自信气质，具有兼容开放、革故鼎新和正统和谐的特点，体现出博大、创新和中和的精神。南宋人的嵩山情结，正是嵩山文化辐射效应的反映和结果，对强化民族向心力和促进国家统一起到了重要的作用。可以说，宋代是嵩山文化的成熟期。包容三大教派的宋代嵩山，为多元的中华文化奠定了重要的基础，是中华文明的具体体现之一。能够集中体现华夏文明圣地所在的，只有宋代的嵩山，这里涵盖了政治、经济、文化、宗教、艺术等全方位博奥精深的历史文化遗产，处处充盈着华夏文化的和谐之美，张扬着中华文明的独特魅力，不但是嵩山天下奇奥的魅力所在，也是中华文明的魅力所在。即使是在金朝，嵩山地区经历了严重的战争破坏，并且已经不在南宋的管辖范围之内，但嵩山文化依然具有强劲的生命力，在南宋人的思想观念中茁壮成长，生生不息。

宋代嵩山的人文发展取得如此大的成就，目前并未引起学界的重视，主要是因为有关宋代嵩山的史料分散、繁杂，搜集、整理和分析的难度较大，而保存至今的嵩山志书中所涉及的宋代史料相当有限的缘故。此外，嵩山地区作为中华民族的发祥地之一，留下了数不清的古人类遗址和早期中华文明遗址，故而当今的嵩山人文研究，多以史前及三代为重点，秦汉之后的嵩山人文历史研究，则很少被学界所关注。

宋代嵩山的人文历史，是嵩山发展史上异彩纷呈的一页，本书所述的宋代嵩山风貌、宗教、旅游、隐士、南宋人的嵩山情结以及嵩山对宋代文学、政治等的影响，并未囊括宋代嵩山的全部，所谓浩瀚学海，取其一瓢饮之而已，但以此为窗口，可以探知更为广阔的中国古代史研究天地。嵩山与其他四岳在宋代的整个发展历程、宋代嵩山与其他朝代嵩山的对比研究、嵩山在中原历史文化中发挥的巨大作用等，正是本书的可持续研究方向。

附　　录

第一节　宋代嵩山大事年表

时间	事件
乾德二年（964年）	西京修缮中岳庙
淳化元年（990年）	宋太宗遣使祭祀嵩山
至道二年（996年）	宋太宗向太乙书院赐院额及印本九经书疏
景德二年（1005年）	种放隐居嵩山
景德三年（1006年）正月	宋真宗遣使祭祀嵩山
景德四年（1007年）二月	宋真宗遣使祭祀嵩山
大中祥符三年（1010年）四月	宋真宗赐太室书院九经
大中祥符四年（1011年）五月	宋真宗为五岳山神加封帝号，中岳山神为“中天崇圣帝”，帝后号“正明”
大中祥符四年（1011年）	宋真宗遣使祭祀嵩山
大中祥符六年（1013年）	河南府增修中岳庙
大中祥符八年（1015年）十一月	嵩山隐士种放去世
天禧三年（1019年）七月	洛阳人恳请宋真宗封禅嵩山
天圣九年（1031年）春季	钱惟演、梅尧臣游览嵩山
明道元年（1032年）春季	欧阳修、梅尧臣和杨愈游览嵩山
明道元年（1032年）九月	河南府通判谢绛祭祀嵩山
明道元年（1032年）九月	谢绛、欧阳修、杨愈、尹洙和王复游览嵩山
景祐三年（1036年）九月	宋仁宗赐河南府新修太室书院名曰嵩阳书院
宝元元年（1038年）四月	宋仁宗赐嵩阳书院学田十顷
嘉祐五年（1060年）四月一日	登封知县燕若壮为文彦博所撰的《宿少林寺诗》立碑
治平元年（1064年）	中岳庙四位镇库铁人铸成
治平年间（1064～1067年）	登封知县马仲甫修整轘辕道
熙宁元年（1068年）	宋神宗望祭嵩山
熙宁五年（1072年）九月	苏辙与顿起游览嵩山

续表

时间	事件
元丰元年（1078年）	司马光和范镇游览嵩山
元丰元年（1078年）八月	司马光与王尚恭、闵交如游览万安山
元丰二年（1079年）	刘几与张舜民、庞元常等人一道攀登峻极峰
元祐四年（1089年）	宋哲宗遣使祭祀嵩山
绍圣元年（1094年）	苏辙派遣家兵祭祀嵩山
元符三年（1100年） 或是 建中靖国元年（1101年）	初祖庵建成
建中靖国元年（1101年）	道潜游览嵩山
崇宁二年至五年 （1103～1106年）	晁说之隐居嵩山
政和二年（1112年）	洛阳人恳请宋徽宗封禅嵩山
政和三年（1113年）	浮丘庙庭前流出治病的甘泉
政和三年（1113年） 十一月十一日	河南府奏请宋徽宗封禅嵩山
政和四年（1114年） 四月二十五日	洛阳人恳请宋徽宗封禅嵩山
宣和七年（1125年）	初祖庵重修
绍兴十四年（1144年）	宋高宗望祭嵩山
端平元年（1234年）	京湖制置使史嵩之呈献《八陵图》，宋理宗看后决定北伐

注：1. 本年表起自建隆元年（960年），终于祥兴二年，也就是至元十六年（1279年）。

2. 本表所述史实，前文已有考证，不再赘述史料原文及其出处。

3. 凡实有其事而年代不确者，书“某某年间”等，并期待博学者斧正。

第二节　有关宋代嵩山的诗、文、赋、碑记等

一、楼异：《嵩山二十四咏并序》《三十六峰赋》①

嵩山二十四咏并序

楼异　登封令

仆性嗜山水，几成癖。所至虽假馆僦舍，莫不聚拳石环斗池，终日玩观，殆忘食寝。一旦来令嵩阳，正在清泉白石窟中。始至以邑事未果，后数月稍稍伦息，今则讼庭图户几可罗雀。乃芟废圃，凿芙蓉、菡萏二池。取馀土筑台，高可丈许，名之揖仙。北面嵩岳，西顾少室，南望许由，自余诸峰环拥轩槛于是，居高远眺尽山川之形势。暇日既作《三十六峰赋》以自广。然仆旧闻，嵩山二十四峰图经传记所不载。求之土人，亦莫知也。一日，观明太师李得柔胜之自京师来访，乃得其名出道藏《吴天师灵迹记》。历东而西，一一可指。遂命画史图诸峰于仰嵩堂，以证其名，以永其名。仆谓胜之曰：二十四峰之名堙没久矣。今自吾二人者发之，不可无述也。乃作《嵩山二十四咏》，并命胜之作焉。

青童峰

斩新高髻掠云开，翠色罗衣一样裁。
知有真仙此中住，故令天女捧书来。

黄盖峰

一片黄云驻不飞，中天帝子欲何知。
不须更问玉人事，自有嵩高峻极诗。

浮丘峰

谁知方丈与瀛洲，尘世纷纷漫白头。
不到嵩山最高处，世人容易揖浮丘。

三鹤峰

昔有仙翁住此间，炼成青发与朱颜。

① 本节对诗、文、赋、碑记等史料的排序，大致以其在文中出现的先后顺序为序。其中可以归纳在一起的内容，如楼异、梅尧臣、道潜等人的诗，如果严格按照其在文中出现的先后顺序，则难以充分发挥资料汇集的作用，故而将其归纳在一起而排序。

一朝跨鹤参天去，涧草岩花岂复攀。

遇圣峰

汉家天子学神仙，曾遇真人耳过肩。
不待菖蒲长黑发，须知逸乐自延年。

万岁峰

仙仗西来感百神，泥金检玉尚清新。
山灵知是真天子，万岁声中第一人。

玉镜峰

皎皎冰盘营百围，广寒宫殿见依稀。
春山万叠浑如洗，浮翠光中一镜飞。

狮子峰

苍台藤蔓饰须眉，狮子标形是与非。
果解嚬呻作哮吼，窟中狐兔定魂飞。

虎头峰

万里封侯相不如，道人曾此获阴符。
轩牙露舌惊樵采，猛士还当捋尔须。

起云峰

触石孤飞一叶蓬，雷公电母昼鞭龙。
但知四海为霖雨，不道中天第几峰。

凤凰峰

当年翔凤此徘徊，曾为真人览德来。
今日飞鸣天外过，纷纷燕雀不须猜。

金壶峰

相见金壶写墨河，皂林余润郁嵯峨。
伯阳当日传经后，肯向山阴与换鹅。

华盖峰

华盖峰高未易穷，扪参历井到天中。
回头却顾人世间，但见群青似小童。

玄龟峰

玄武名峰古所传，晨昏吐气作云烟。
虽无钻灼刳肠患，岁晚风霜亦可怜。

卧龙峰

头角低回薜蔓封，蜿蜒端似卧真龙。

旱干岁祷多灵应，时见油云出此峰。

会仙峰

鹤乘云軿下九天，玉盘星子竟谁先。

想应汉武题花品，留作人间聚八仙。

子晋峰

当年曾悟镜中形，道骨仙风拟紫冥。

二十四峰明月夜，玉笙须向揖仙听。

玉柱峰

丹楹未羡人间侈，玉柱一峰天外高。

自古大材须大用，扶持广厦岂辞劳。

老翁峰

翳雾埋云皓首翁，难将书传考前踪。

商山羽翼朝家后，化作中天一石峰。

玉人峰

汉武求仙未得仙，玉人何事落岩前。

故知帝主乘云下，神盖峰头启洞天。

玉女峰

玉仙曾此驻云车，日薄纱窗映雪肤。

七字天书人不辨，定知玄女手中符。

独秀峰或云金匮峰

孕玉怀金不待媒，蓊然佳气罩崔嵬。

天教秀拔诸峰上，未信狂飚解折摧。

积翠峰

翠幄笼云自一家，萝梯夜碾七香车。

举头雨过余霞散，绿芰池开菡萏花。

太白峰

仰攀日月风云近，俯瞰岗峦培塿低。

绝顶光芒长不断，人言太白此中栖。[①]

① 《嵩书》卷14，第299～303页。

三十六峰赋

余少闻洛邑之盛，在唐、宋为东西都。而山川形胜之富，视他州为杰观。昔韩退之、白乐天见于歌诗，形容胜概，有咏叹不足之意。后欧阳文忠与梅、谢诸贤相继为僚友，数游嵩山间，至今以为美谈。余幸以不敏得令嵩高，纵观诸境，未有过少室者，而巉岩耸拔，乃在户牖间，朝夕博望，历历可数，因作《三十六峰赋》以自广，非敢窃比古诗之流云。

伊浮云之公子兮，访道于林丘，而栖神于岩谷，超然有游方之志兮，乃东升于岱顶，而西谒于华麓。虽衡阳之南兮，与夫恒山之北，靡不穷探历践兮，游心而骋目。独怡然而忘归兮，内欣然而自足。忽御风而行兮，排空濛而造中域。徐睥睨以四顾兮，意惚恍而有失。遭嵩高之丈人而问津兮，曰：游四方而真有得，何高之不登兮，何危之不陟，今乃西望兮，岌然而耸特。雄柱天网兮，横亘于地轴，连络偃覆兮，龙盘而虎伏。虽华以九而巫以十二兮，曾未睹奇峰之六六。丈人放杖而笑兮，秋水方至而河伯自溢。子乌睹海若之难匹兮，独不闻中天之少室。其高则峣屼嶕崒崟岑郁嵂兮，十有六里而叠有十八。其深则环纡萦绕盘纠纷错兮，上方十里而周围一百。包嵩阳以作镇兮，截轘辕以为郭，眷歌山之所闻兮，观舞水之所乐。其上则有嘉禾甘果兮，神芝与仙药。石柱若承露之盘兮，帝休若杨枝之叶。石脂所滴兮，饮之可以长上古。玉膏在巅兮，服之可以揖羽客。云母之井兮宝所聚，光明之穴兮昼所铄，一丈之钟乳兮可飧，千岁之资粮兮不绝。其中可避兵水之灾兮，自有经书之博。其神异则玉女烂织锦之文兮，金人迷白露之落云。洞警时闻之钟兮，石井泣哀鸣之鹤。王子晋环之以为垒兮，阿育王宝之以为塔。潘岳记曰："少室山有十八叠，周围一百里。"《西征记》曰："少室山上方十里。"《元和郡国图志》曰："少室山其高十六里。"《山海经》曰："少室之山有木焉，名曰帝休，叶如杨，其枝五衢。"郭璞曰："少室山巅有白玉膏，服之得仙。"《郡国志》曰："少室有金像，人往视，则有白雾起迷人。"道书曰："少室之阳可避兵水之灾。"《嵩山记》曰："少室山有云母井，出云母。"《神仙传》曰："少室山有自然五谷、甘果、神芝、仙药。周太子晋学道上仙，有千年资粮留于山中，下有石室，中有自然经书，自然饭食，与世无异。石室前有石井，似承露盘。有石脂滴下，食之一合与天地毕。"《郡国志》又曰："有王子晋垒，犹有九十年资粮在山中。"《河南志》曰："歌山舞水，在诸峰口。阿育王塔在山北，玉女织锦台并堂在东北，堂内石色烂斑，焕如纹锦。钟乳穴在山东南，穴中有钟乳，径头大一丈。光明穴在山东南角，深三里余。直上五百尺，昼夜长明。云钟洞，樵人往，闻钟声。□穴井，昔有二人，得道一人，误伤而死，一人化为鹤，求其死者，哀鸣泣血，滴石成穴。此皆公子之所未知兮，而丈人之所安宅。丈人曰：名生于石兮，义设于适，子知其一兮，未知其二。子识其外兮，未识其内。是徒知六六之所有兮，而乌睹六六之名义。东朝岳祠，俨百神兮。西望洛邑，郁千宫兮。下瞰洛阳，其形如拱揖岳祠。太阳少阳，山之明兮。在山之南、明月峰之左，日月之象，故名太阳，居众峰之南，故云少阳。石城石笋，天所形兮。上有石，天然峭如城壁状，似笋秀拔万寻。檀香丹砂，宝所钟兮。山多出檀峰，皆红色光明，亦云出朱砂。钵盂香炉，状所肖兮。形如钵盂覆其上，状若香炉然。连天紫霄，势之穹兮。以最出群峰，上插于天汉，以差低于连天，亦接云霄。罗汉七佛，像设留兮。上有罗汉洞，隐现莫测，岩中有铜像七尊。灵隐来仙，洞府深兮。皆是圣所隐之处，古老云：此峰是神仙洞，时有见者。清凉宝胜，梵刹标兮。昔有清凉寺居其下。又云：尼寺名宝胜云。瑞应琼壁，祥光纷兮。峰多祥瑞，夜有神人，通体红色，面东一壁，日出而色若银彩。紫盖翠华，烟霭凝兮。色紫秀宛若幢盖，以其翠霭华茂，故云。药堂紫微，花草灵兮。多生奇药，若王屋药匮，峰上生紫微花。白道天德，名字伟兮。昔有道人白道猷隐此，上有天然“帝”字，一云帝字峰。卓剑白云，形实纪兮。状若卓剑。峰上四时多起白云。金牛明月，色像起兮。色若黄金，其状若牛，峰中时现圆像如月。凝碧迎霞，天光聚兮。上多翠碧石，在众峰之东，而迎其朝霞。玉华宝柱，金石莹兮。□皆玉石，华茂于诸峰，而形如柱，皆五色，或云有金玉故。系马白鹿，神仙众兮。下有子晋□马涧，峰如马柱，或云仙人系马于上，峰上多白鹿，或云仙鹿，其色皆白。此则六六之名义兮，而未睹六六之景气。丈人曰：方春阳之盎盎兮，烧痕芜没而青青。纷红紫之绣错兮，引百啭之幽禽。雄楼杰观兮，切星辰而上侵。玉仙神女兮，乘辎軿而下征。朱明草木之扶疏兮，蔽大明之午升。山椒云气之冉冉兮，若覆甑而郁蒸。忽雨声于天外兮，势翻盆而倒倾。唯紫芝与黄鹤兮，舞长空而产英。金飚之惊叶兮，山空落石，若仙人之锻声。夜月白而风冷冷兮，玉笙清澈而弭听。暨元阴林柯之脱尽兮，山形瘦而骨棱棱。冰雪横积于千仞兮，玉龙飞而白虎亭亭。惟四时之出没变态兮，显晦阴晴不可得而尽名，岂特仰观俯听？自辰及酉，应接之不暇兮，以尽朝昏。此虽丈人之所不能形容兮，而岂公子之所可预闻。丈人曰：突兀撑空兮，千变万状。山经地志兮，不可究量。或背若相戾兮，或面若相向。或竦若相斗兮，或揖若相眄。或散若相忘兮，或聚若相访。或后者若和兮，而前者若唱。或卑者若下兮，而尊者若上。或喜兮若相携，或怒兮若相抗。或若秦晋兮相匹，或若楚越兮相望。或耸瘦兮若峨冠，或臃肿兮若挟纩。或蹲伏兮若驼虎，或崇聚兮若瓮盎。或威严兮若壮士，或勇猛兮若枭将。或决聚兮若风马，或浮空兮若舡舫。或若游郊原兮，垒丘坟而包柩椁。或若入宗庙兮，纷豆登而郁巨鬯。戢戢兮森剑戟，落落兮列屏障。势领略兮断而还连，状容与兮宛而复壮。超然若三十六天兮，神仙之洞宅。姹然若三十六宫兮，妃嫔之游燕。昂霄耸壑，冠佩悠兮，泉飞霞倾，爵斝流兮。天阔星荧，玉枰成兮。松篁瑟瑟，钧天迎兮。娇云曲月，鬟眉新兮。烟斜雾蒸，龙麝焚兮。霞舒霓卷，舞袖张兮。雷霆轰轰，宫车还兮。言未既而公子颓然如醉兮，洒然如醒。非丈人无以药之使瘳兮，刮之使明。仆未能穷兹山之胜践兮，究兹山之曜灵。请执杖屐兮，以从后尘。①

二、欧阳修、梅尧臣和范仲淹的同名嵩山诗

欧阳修：《嵩山十二首》②

梅尧臣：《同永叔子聪游嵩山赋十二题》③

范仲淹：《和人游嵩山十二题》④

欧阳修、梅尧臣和范仲淹的同名嵩山诗

作者 诗名	欧阳修	梅尧臣	范仲淹
公路涧	驱马渡寒流，断涧横荒堡。 槎危欲欹岸，花落多依草。 击汰翫游鯈，倒影看飞鸟。 留连爱芳杜，渐下西峰照。	我来袁公溪，断岸犹残垒， 僵柳远临湾，新蒲初出水。 行行古台近，两两惊禽起， 鸡犬何处闻，人家深坞里。	曹公与袁绍常争据此地。 嵩高发灵源，北望洛阳注。 清流引河汉，白气横云雾。 英雄惜此地，百万曾相距。 近代无战争，常人自来去。

① 《全宋文》卷2273，第193～197页。

② 《欧阳修诗文集校笺·居士外集》卷1《嵩山十二首》，第1265～1267页。

③ 《梅尧臣集编年校注》卷2《同永叔子聪游嵩山赋十二题》，第42～45页。

④ 《范仲淹全集·范文正公文集》卷2《和人游嵩山十二题》，第36～39页。

续表

诗名＼作者	欧阳修	梅尧臣	范仲淹
拜马涧	昔闻王子晋，把袂浮丘仙。 金骏于此堕，吹笙不复还。 玉蹄无迹久，涧草但荒烟。	王子昔临霓，国人兹拜马， 依稀日夜笙，声入寒泉泻， 空传七日期，飞鹤何时下。	子晋登仙，遗马于此，乡人见之皆拜。 传闻王子仙，涧边遗逸骥。 当时青云路，鸡犬亦可致。 未必真龙媒，悠悠在平地。
二室道	二室对岧峣，群峰耸巉直。 云随高下起，路转参差碧。 春晚桂丛深，日下山烟白。 芝英已可茹，悠然想泉石。	度岭失群山，千峰出天际， 方欣左右看，屡改萦回势， 胜事谁与同，芬然有兰蕙。	太室何森耸，少室欲飞动。 相对起云霞，恍如游仙梦。 何以宠此行，行歌降神颂。
自峻极中院步登太室中峰	系马青松阴，蹑屣苍崖路。 惊鸟动林花，空山答人语。 云霞不可揽，直入冥冥雾。	税驾绿岩前，攀萝不知倦， 人从树杪来，路向云端转， 忽觉在烟霓，回首峰岭变。	白云随人来，翩翩疾如马。 洪崖与浮丘，襟袂安足把。 不来峻极游，何能小天下。
玉女窗	玉女不可邀，苍崖郁岩直。 石乳滴空窦，仰见沉寥碧。 徒倚难久留，桂树含春色。	玉洞倚霞壁，天窗露微明， 骖鸾去不返，啼鸟空相惊， 万木自亏蔽，扪萝复谁情。	窈窕玉女窗，想像玉女妆。 皎皎月为鉴，飘飘霓作裳。 莫学阳台梦，无端惑楚王。
玉女捣衣石	玉女捣仙衣，夜下青松岭。 山深风露寒，月杵遥相应。 灵踪杳可寻，片石秋光莹。	幽石称捣衣，捣衣人不见， 云缨白飘飖，岩树长葱蒨， 犹应寒夜中，山月来铺练。	但见岩前砧，谁闻月下杵。 金文与铁色，璨璨知千古。 试问捣衣仙，何如补天女。
天门	石径方盘纡，双峰忽中断。呀豁青冥间，畜泄烟云乱。杉萝试举手，自可阶天汉。	古壁何苍苍，穿云玉梯出， 欻然起青冥，却立观少室， 前岩复后峰，阴晴状非一。	天门绝境游，熙然揖灏气。 下顾莽苍间，云雷走平地。 天威不远人，孰起欺天意。
天门泉	旧号救命泉，恶其名鄙，因取美名，书为续命泉，人书一字，立于泉侧。 烟霞天门深，灵泉吐岩侧。 云湿灏气寒，石老林腴碧。 长松暂休坐，一酌烦心涤。	泠泠云外泉，的的岩光入， 静若仙鉴开，寒疑玉龙蛰， 时应下鹿群，迹印青苔湿。	天门有灵泉，埃尘未尝至。 日月自高照，云霞亦辉庇。 惟抱夷齐心，饮之可无愧。
天池	高步登天池，灵源湛然吐。 俯窥不可见，渊默神龙护。 静夜天籁寒，宿客疑风雨。	安知最高顶，清浅水池开， 有时片云出，倏忽生风雷， 谁羡双黄鹄，刷羽来徘徊。	岳顶见天池，神异安可度。 勿谓无波涛，云雷有时恶。 乘此澄清间，吾缨可以濯。
三醉石	三醉石在八仙坛上，南临巨崖，峰岫迤逦，苍烟白云，郁郁在下。物外之适，相与酣酌，坐石欹醉，似非人间。因索笔，目梅圣俞书三醉字于石上，而三人者又各题其姓名而刻之。 拂石登古坛，旷怀聊共醉。 云霞伴酣乐，忽在千峰外。 坐久还自醒，日落松声起。	相期物外游，共醉仙坛石， 举手薄高穹，清风生两腋， 都忘尘世烦，笑傲聊为适。	巍巍八仙坛，上有三醉石。 怜此高阳徒，如乐华胥域。 憔悴泽边人，独醒良可惜。

续表

作者 诗名	欧阳修	梅尧臣	范仲淹
1.峻极寺 2.峻极上寺	路入石门见，苍苍深霭间。 云生石砌润，木老天风寒。 客来依返照，徙倚听山蝉。	山高路已穷，倏尔逢兰若， 落日老僧闲，支颐古松下， 缓步入禅庭，苔苍但萧洒。	徘徊崚极寺，清意满烟霞。 好风从天来，吹落桂树花。 高高人物外，犹属梵王家。
1.中峰 2.登太室中峰	望望不可到，行行何屈盘。 一径林杪出，千岩云下看。 烟岚半明灭，落照在峰端。	日夕望苍崖，崭崭在天外， 及来步其巅，下见河如带， 半壁云树昏，山根已滂霈。	嵩高最高处，逸客偶登临。 回看日月影，正得天地心。 念此非常游，千载一披襟。

三、梅尧臣：《缑山子晋祠》《少林寺》《少姨庙》《天封观》《会善寺》《启母石》《轘辕道》

缑山子晋祠

以下陪太尉钱相公游嵩山七章

王子居玉京，故山空寂寞，犹闻朔月笙，尚想宾天鹤。
翠柏深古坛，丹霞留迥壑，芝庭谁款扉，旌旗穿林薄。

少林寺

红旌过翠岑，林际瞻莲宇，门对几千岩，花开第一祖。
禅庭松色寒，石室苔痕古，寂寂不逢人，空檐燕方乳。

少姨庙

灵祠古殿深，少室群峰碧，行雨欲随车，望岩非化石。
常闻兰气蒸，谁奠椒香液，寄谢洛川妃，淩波定何益。

天封观

车马云外来，衣霞半山雨，弭节扣真居，扪萝笑尘炬。
回溪响石丛，灵茹抽岩坞，玉槛刻年华，应无愧前古。

会善寺

杳蔼随龙节，萦纡历宝山，琉璃开净界，薜荔启禅关。
煮茗石泉上，清吟云壑间，峰端生片雨，稍促画轮还。

启母石

旷哉嵩室阳，神怪所栖宅，苍石不知年，灵熊去无迹。
烟岩想桂宫，苔壁疑椒掖，不学舜娥悲，潇湘竹枝碧。

轘辕道

险绝称汉关，晨跻瞻一室，盘纡石路回，迤逦云峰出。

古壁挂青苍，天风起萧瑟，洛城西首时，望望平烟密。[①]

四、宋徽宗：《西京崇福宫记》

西京崇福宫记

崇高之奠洛邑，望之巍然，峻极于天，号称中岳。夏之兴也广祝融降焉。自三代以来，罔不祀事。深林巨谷，阳舒阴惨。有木有草，食者不昧。变化不测，厥惟福壤。昔我章圣齐明寅畏，格于上下。文思武定，以底丕平。大中祥符间天下无事，祠祀天地山川，举典则以治神人。顾山川之神足以纪纲天下者，非致隆备物以昭崇极，则不足以称，由是册尊嵩岳曰中天崇圣帝。嵩旁观曰太一，唐高宗所立，自唐迄今，历岁数百。天禧中，章献明肃皇后斥奁具，葺而治之，更宫名曰崇福，且置殿曰会元，以严后土元天大圣后之象。仁祖天圣、景祐之际，永怀章圣皇帝建宝祥之殿，以奉晬容，而塑章献明肃皇后于殿之西阁。于是山川之嘉气，爰聚爰宅。而王畿之西，琳宫真馆，神圣所依，崇福为之冠。元丰改元，岁在戊午。钦慈皇后被遇神考，深惟继承之重，天下之大本。夙闻嵩岳多神异之纪，而嵩旁之宫，得太室渡涧之胜，有灵明肸蠁之实，独崇福为第一。乃因阿保富氏，俾族子永和赍持香币，有祷于会元之神。神享其请，赐以吉卜，再卜袭吉。越四年，壬戌冬十月，是生朕躬。明年三月，又遣永和自京师命羽流盛芳，荐以伸昭报。又十有七年，当元符之庚辰，朕人继大统，获承至尊。询谋往昔，留恋秘宇。而增隆之典，废缺弗讲，图像之威，黯昧就灭，榱桷之制，腐剥挠折，殆非所以振显神之大庇。而仰当我烈考钦慈在天之灵，爰敕有司于始生之辰，增度道侣。而本始之元，四序之首，候届炎律，岁遘履端，衍宝篆之徽言，启仙科之静供者阅月而后止。黄金之饰，瑰丽之器，皆尚方所作。百具用修，盖元符庚辰之五月、崇宁癸未之九月也。大观元年丁亥，复诏洛师侈宫楹而大之，革故取新，华洁完固。万役不出于民，一费不取于官，庀工予财，悉自内府。三年三月工告讫，百辟卿士咸曰休哉！必有金石刻，以纪

① 《梅尧臣集编年校注》卷1《缑山子晋祠》《少林寺》《少姨庙》《天封观》《会善寺》《启母石》《轘辕道》，第15～17页。

本末而垂无穷。朕恭念钦慈皇后为天下之母，育天下之君，而不得致天下之养。兹用夙夜，震悼于心。若乃仪式刑神考之训，继其志，述其事，以绍先烈，庶几乎得四海之欢。以事宗庙，于以显亲，于以扬名，孝之本也。眷求庆源，想像嗣服。昭答灵贶，肇新宝构，以示无忘。朕亦安敢忽诸？初新兹宫，灵芝拱谷，产于万岁峰下，实会元殿之背。荐生嘉卉，贯芝同秀，世莫识其名者。凡三本，河南守上其事，宰臣率百官贺于阁门外，天下悉以为瑞应。赖天溥临，于昭孝思。铺张声诗，传之百世，非朕孰宜？为辞曰：

覆载定位，融结以类。维山岩岩，惟嵩中峙。爰有琳宫，在嵩之旁。佳气萃止，福源穰穰。在昔章圣，衣冠出游。惟时仁宗，世德作求。睟仪穆穆，宝构奕奕。以安以宁，百神受职。于皇神考，克肖天德。既受帝祉，子孙千亿。钦慈方幼，长发其祥。神斯顾享，锡羡用光。念兹皇祖，厥猷翼翼。以保以承，是荷是式。缅怀钦慈，永言孝思。凡我有今，钦慈之为。作兹新宇，以报以祈。孝奉神明，天且弗违。灵芝拱谷，异名同秀。于昭瑞应，自天之祐。追惟罔极，敢怠永久。刻文兹石，以昭厥后。[1]

五、骆文蔚：《重修中岳庙记》

重修中岳庙记

骆文蔚　乡贡进士

恭闻聪明正直者神，于是乎封五岳命四渎，以主天地之柄；温良恭俭者人，于是乎位三公侯万户，以序君臣之政。神之灵，雪霜风雨，应其候；人之正，士农工商，乐其生。是知神正则福善，人贵则通神。既感应以相符，在影响而斯契。嵩岳庙者，名高祀典，位冠中央。南汝川而北洛川，地封灵镇；左太室而右少室，天设神宫。国家祭享之外，留守祷祈之暇，每至清明届候，媚景方浓。千里非遥，万人斯集。歌乐震野，币帛盈庭。陆海之珍，咸聚于此。或日非礼，然事涉余论，且理亦存焉。使人畏其神，则暗室之中有所思也；使人畏其法，则康庄之内有所惧也。若畏其神、惧其法，成政之道，亦在兹乎?其如所献，不可胜纪。虽云庙用，未日精专。历政以来，罕革厥事。不有明略，无由立功。留守侍中，禀岳之英，得河之灵，许国忠贞，施政肃清。于是奉君之余，爱民之暇，乃偾斯邑，备聆厥由。一日，命

① 《宋朝事实》卷3《西京崇福宫记》，第47～49页。

寮佐日："食君之禄，岂徒然哉?今欲务本成拐政，如斯可乎?"四座咸曰："善。"于是选彼公人，监之于庙。未逾期月，所献宝货币帛，充溢廊庑。仍令掌馆，伫俟修崇。乃差军将孙禧相度，又差登封镇将郭武等，日："以尔早亲左右，听吾指踪。"择彼梓人，臻其必葺。杂用二十三处，行廊一百余间，莫不饰以丹青绘之。部从栽松植木，去故就新。不可一一尽纪。俄而吏不敢欺，告厥成功。仍听民歌，靡敢弗录。歌日："时之泰兮圣人功，政之清兮君子风。睹庙宇兮严洁，赖明帅兮修崇。"足使谒者生肃然之礼，祭者敦如在之恭。则明神贵人感应之兆，信不虚耳。文蔚夺箪无能，编苫自许。徒寄化风之内，幸窥修饰之功。是罄芜词，直书盛事。虑年代以杳邈，勒贞珉而斯在。①

六、张挺：《浮丘公庙灵泉记》

浮丘公庙灵泉记

张挺　永安县尉

崧高之下，曰缑氏山。昔周灵王太子子晋吹笙之地也。子晋受道于浮丘公。公接而仙去。距山不远，遗冢俱存。民俗传为浮丘藏剑之所。即其巅，构祠以祀焉。俯瞰道周，更为别庙。里民岁时祈报。逮至政和三年夏六月，泉出庭下。澄澈象鉴，醴甘过饴，映带清流。人初易之，俄鸥凫泳者辄死，众乃惊悟始识景贶。病者请祷，饮之即愈。于是相与谋，甃以文增，疏为方沼，溧饰丹膜，祈向云来。洪惟永安为邑，肇自大宋，圣祖神宗，弓剑所闼。而崧高之岳，作镇中土，介邑之间，真仙所宅，灵显辈出。宜有福泽，惠施于民。稽考传记，塞表国之祥。比年而来，朝廷清明，百度修举。综名核实，礼制乐成。河清海宴，芝禾并秀。木石荐祉，元善奇功。珍符嘉瑞，史不绝书。盖由皇天眷韦占，上德昭明，格致休美，以懋大业。顾不伟欤!则儒学之士，竞为词章。揄扬盛事，播诸声诗，以荐郊庙，实惟时也。今灵泉出于福地，神异焯然，莫之殚载。挺虽不才，承乏州县。歌咏圣德，矧臣子之职，敢以菲陋而辞?谨著大略，以告来者。其辞曰：

崧山之阳，复岫重冈。山维缑氏，作镇其旁。蒸为卿云，舒成景光。仙圣之宅，其神无方。在昔帝子，系自周王。浮丘挹袖，绛阙扶将。夜月吹

① 《嵩书》卷21，第485～486页。

笙，乘云帝乡。鹤驭莫返，风睑松篁。遗宫庙食，宝剑珍藏。后千馀年，醴流其唐。蠲痾疗疾，起痼愈赶。惟神之惠，表国之祥。帝德广运，修明馨香。地不爱宝，天锡会昌。年谷顺成，降福穰穰。本支百世，万寿无疆。如山之崇，如泉之长。小臣作诗，德音不忘。①

七、王著：《嵩山会善寺碑》

嵩山会善寺碑

王著　翰林学士

夫日月运行，因太虚而显象；山河骈列，自不宰以成形。惟通幽以洞微，乃依空而立实。如来之道，妙用归真，盖凭有相之宗，方悟无为之理。何名有相，度人烦恼之流？孰日无为，舍筏涅槃之岸？伽蓝所设，像教如然。雒邑旧都，嵩山胜概。蒸腾云雾，呈奇于三十六峰；栖止圣贤，垂化于百千万劫。会善寺者，基构资始本后魏孝文之离宫。栋宇相循，为澄觉禅师之精舍。恭陵王乃一时哲士，施作福田。澄觉师则六祖名流，净其一地。出于宿种，同植善根。隋开皇年中，赐名“会善”。逮及唐室，增饰梵宫。率堵波上戛彤霞，琉璃坛下镇金地。贤才纪其灵迹，宸翰降其标题。岁成具戒者盈千，日受洁供者数百。灵山之内，寺为首焉。顷属梁祚始兴，神京久圮。彻深严之宝殿，增壮丽于国门。甲子再周，坏而弗葺。聿兴盛事，必有良时。我国家化洽九围，道隆千古。薄俗增厚，浇风变淳。印土僧来献龙宫之贯缇，梁园起刹比鹫岭之开莲。兹寺住持僧奉言，故坛长赐紫大德敬温之门人也。戒行珠圆，律仪冰洁。扣大雄之法鼓，洞至妙之言筌。后有憩鹤山崇庆禅院，僧全审者，树下三衣，虎尝隈纳；冢间一饭，鬼每分餐。巡礼而来，于焉至止。睹遗基而浩叹，与众意以同符。各励丹诚，誓修绀宇。冒风尘于千里，历寒暑于九衢。众乃降心，人皆夆善。或捐重货，或舍奇珍，数稔之间，净财告足。乃于旧址，特创新规。盖成大殿，一座七间。石柱森罗，宝阶萦绕。丹楹刻桷，下捧上承；绣栋云楣，外华内实。鸳鸯逐瓦，得侣还来；蝣炼随梁，逢时复见。荧煌熠煜，台山金烛之明；凿奉巍峨，阆苑瑶峰之势。列数筵之宝座，俨三世之晬容。众讶奇功，甲诸灵境。矧况明神宅于兹岳，巨福异于他山。中天王昔备信心，硅禅师曾受净戒。移高峰之松

① 《嵩书》卷21，第486～487页。

桧，用尔变通；抑上界之雷霆，聿明昭报。所以王之享祀，今弗食薰。将榛栗以易牲牢，陈茗舜而代酒醴。谅惟玄贶，别济群生。每至林壑秋凉，烟花春煦，车马络绎，丝竹和鸣。士人奔凑于灵祠，蹊径皆由于厥寺。罔不开襟藓石，濯足珠泉。月照松轩，共起清虚之思；云归乳洞，皆生寂灭之心。利乐有情，不言而信至矣。善逝化诸后来，足蹑解脱之门以方便，故人自弗知；身沉苦恼之津以冥暗，故人终不觉。惟会善之灵应如彼，惟佛殿之兴隆如此。非言公等与审公精进化导，犹涉海以无舟；非白众与黑众等勇猛修行，若冲虚而乏翼。誓愿已足，功德再圆。如是则结施名檀，必具恒沙之福；因心阐法，将为登地之流著也。居含识中，仰菩提道。初闻创制，愿为裁文。不敢妄言，谨为铭曰：

兴云雨兮会神龙，峙嵩岳兮天之中。惟会善之圣地，继天竺之真风。有率堵波兮栖灵骨，有琉璃坛兮镇梵宫。寺由贤哲兮立规制，殿遇昏狂兮为坏空。今景化兮淳和浃洽，有苾刍兮精进修崇。寺载隆兮殿载建，美哉享福德兮无穷。①

八、陈知微：《增修中岳中天崇圣帝庙碑铭并序》

增修中岳中天崇圣帝庙碑铭并序

陈知微　比部员外郎

臣闻融结斯分，岩峣列峙。秀出奠方之势，财成育物之功，岳镇之炳灵也。阴阳靡测，变化难穷，周大块以无方，助鸿钧而不宰，至神之妙用也。交修享祀，对越神祇，望秩于山，荐馨于簋簋，有国之茂典也。尊崇显号，增葺殊庭，备物以致严，祈禠而庇俗，帝王之精意也。四者还相为用，然后能馨昭事而膺纯锡矣。非圣人抚运，则何以臻于是乎？

岩岩维嵩，作镇中夏。控制辑辕之域，连延郏鄂之区。拳石流形，自胚浑而特起；土圭测影，验寒暑之无愆。舜典纪乎时巡，周诗壮其峻极。加以功宣化育，德辅沉潜。四象相生，惟土也，周流乎八卦；群山既列，惟崧也，磅礴乎三川。居然神秀之姿，莫测崇高之状。是使真仙攸托，珍瑞沓臻。石坛腾金壁之辉，天井浚蛟龙之穴。凤笙鹤驭，嘉子晋之嬉游；石髓玉浆，见茂先之博识。草木以之而效异，峰峦由是而标奇。贝叶扶疏，疑生于

① 《嵩书》卷21，第487～489页。

净土；神芝菌蠢，几秀于中林。许由韬晦而不还，汉武封崇而有自。三台峭拔，想翠辇以曾临；二室穹隆，顾赤霄而可接。宜乎配天而比峻，镇地而称雄者也。洪惟至灵，宅兹胜壤。居中正位，受命于紫清；毓粹含章，显仁于博厚。体妪煦生成之造，茂聪明正直之傅。得一生三，冥符于道妙；知来藏往，莫究乎几微。丕应屡彰，群情斯属，眷惟历代，率励明诚。顾名级以是分，亦典章而尽在。衮衣煌耀，视公爵于成周；羽盖葳蕤，进王封予天宝。虽申仰止，未极推崇。允契昌辰，弥昭盛则。烈祖以建邦立极，禁暴胜残。革五代之浇漓，副万方之爱戴。启炎灵之祚，本自一戎；宣震耀之威，咸清九服。荡除僭伪，驯致治平。言念珍词，实居温洛。式奉苾芬之祀，聿增轮奂之规。正乎信辞，介我殊祉。神宗以时膺下武，化洽同文。彻烽燧于边陲，列胶庠于郡国。干戈载戢，美播乎声诗；俎豆斯陈，动遵乎典礼。瞻彼靖冥之馆，素繁阴骘之仁。寅奉有加，修营靡怠。资绵长于永历，耸壮观于黎氓。诞集蕃厘，爰钟浚哲。

崇文广武感天尊道应真佑德钦明上圣仁孝皇帝，抚重熙之景运，嗣二圣之元基。观乙夜之书，详求治本；布阳春之泽，溥浸含生。鉴沿革于前王，洽讴谣于庶品。参天两地，法亭毒以无私；一日万机，示躬亲而靡倦。威加卉服，德被鸿荒。颛顼絜诚，必先乎祭祀；唐尧稽古，用广乎文思。温恭既迈于有虞，勤俭更逾于伯禹。好问则裕，成汤唯务于永图；建官惟贤，周武于焉而大定。升王猷于八表，式帝命于九围。钦恤刑章，命辜酋轩于列郡；昭宣德化，赐束帛于高年。睦邻遂息于征徭，教学遄臻于友悌。下劝农之诏，冀力穑而有秋；精取士之科，以得人而为盛。仁心格乎动植，孝感达于幽遐。按跸诸陵，肃展奉先之志；燔柴吉土，虔伸报本之仪。一变淳风，爰臻净治。然犹兢兢驭朽，翼翼持盈。端委向明，茂对重离之位；储精垂思，深穷众妙之门。黄屋非心，紫虚降鉴。元离之位；储精垂思，深穷众妙之门。黄屋非心，紫虚降鉴。元夷之使，戒之以先期；绿字之书，授之于献岁。谕以大中之旨，崇乎清净之风。同河洛之秘文，冠皇王之嘉瑞。钦承宝命，迭举鸿仪。检玉岱宗，仰答庆灵之祫；莫琮雅壤，止祈丰楙之祥。秘祝无闻，蒸黎是赖。既毕颂祇之礼，仍覃在宥之恩。禹会斯严，俾诸侯之肆觐；秦川载览，饬万乘以言旋。惟法御之经涂，追祠官之举职。皆申洁祭，成秩无文。矧彼崧高，镇兹京邑。宅中图大，斯惟定鼎之郊；生甫及申，实乃降神之岳。夙存庙貌，多历岁时。厥制未隆，斯民何仰。道不终否，时逢会昌。粤惟守土之臣，实奉保厘之寄。因崇祀事，周览庭除，露奏以闻，冀加必葺。况升名帝籍，早奉于徽章；列像神皋，载严于恭馆。重以覃研圣虑，彪炳乾文。奉神既折于微言，垂世永存于懿铄。而宅灵之地，栋宇未崇。增肃宸襟，特颁明诏。大中祥符纪号之六年癸丑岁季夏月，于是乎命中使登高丘，造严祠，敷睿旨，涓吉日，协灵辰。梓匠授其全谟，林衡度其贞干，因乎旧制，焕以新规。砻巨石以瑰琦，广馀基而显豁。风斤载运，云锸偕兴。鸠功靡夺于农时，经费咸资于御府。崇墉缭绕，屹若云连；秘宇深沉，呀如洞启。文榱镂槛，灿琳碧以相辉；银牓斑题，对烟霞而绚彩。而又神灵之迹，应见之征，假绘事以章施，俾民瞻而竦畏。聿成壮丽，愈洽丰融。龙衮珠旒，端晬仪于正寝；袆衣阙翟，昭盛服于中闱。羽卫骈罗，簪裳拱侍。以至会同四岳，森列群神，环像设于回廊，赫威容于福地。严警巡之次，盖法周庐；敞斋宿之宫，爰资洁志。若乃牲牷克备，鼎俎惟寅，嘉荐尚乎吉蠲，至诚通于盻蚃。垂鸿不朽，率礼无违。至乙卯岁季夏月，载历炎凉，厥功告毕。增修殿宇，并创造碑楼等，共八百五十间；移塑尊像，及装修新旧功德画壁等，共四百七十所。至矣哉！荐兴云构，载拥神休，真介福之奥区，乃集灵之邃宇也。宜乎茂昭纯嘏，丕冒黎元。跻荟蔚之容，涵滋品集，峻巍峨之质，等固萝图。必资鸿硕之流，式志修崇之美。而臣才非颖曜，学本空疏。徒尘切近之司，莫著揄扬之效。遽承芝检，辄叩芜音。征黄绢之辞，诚惭丽藻；刻翠珉之字，曷畅徽猷。但谨岁时，敢为铭曰：

太极肇判，二仪乃分。草木丽地，山川出云。风雷喷薄，气象絪缊。惟兹列镇，实焕前闻。崧高峨峨，蟠亘千古。如毂处中，如日当午。远控伊洛，挺生申甫。群岳之宗，列真之府。崛起隆阜，削成奇峰。崔嵬既结，纯粹攸钟。山声表瑞，汉益户封。土德符庆，唐致时雍。灵壤开基，明神是宅。庙貌斯存，威严有赫。云帷高张，严扉巨辟。辅彼柔祇，居为胜域。粤惟往古，咸励钦崇。轩裳孔异，爵秩增隆。国章虽盛，臣位攸同。允属昌运，爰推至公。缛典有加，鸿仪载肃。浚发天衷，昭升帝箓。康座斯皇，珠旒允穆。备极寅恭，惟新戬谷。祠庭夙设，历岁滋深。金铺雨驳，玉户已苔侵。宜崇伟观，式契灵心。守臣飞奏，宸旨遐临。乃降辅轩，爰征梓匠。即旧谋新，重规大壮。架险陵虚，称雄四望。神化难名，翚飞莫状。虹梁偃蹇，藻井芬敷。云罗掩映，霞绮萦纡。高齐绝蛾，永镇名区。刊诸琬琰，禁以樵苏。笾豆有楚，牺牲是荐。策祝陈信，樽彝致奠。能事斯毕，明灵乃眷。祚我皇图，弥钟锡羡。[1]

[1] 《嵩书》卷21，第482～485页。

九、王曾：《中岳中天崇圣帝碑铭并序》

中岳中天崇圣帝碑铭并序

王曾　右仆射、沂国公，谥文正

皇上登封岱宗之四年，有事于汾阴后土。亲奠黄玉，对越柔祇。乃并洪河，抵太华，经涂温、洛，望秩维嵩。言旋上都，诞受丕祉。无德不报，靡阙不思。于是尊五岳之祠，备加等之礼。分命近列，祇荐徽称。诏遣册礼，使摄太尉、右谏议大夫、龙图阁直学士陈彭年，副使摄司徒、光禄少卿沈继宗，奉玉书衮章，加上中岳中天崇圣王曰“中天崇圣帝”，申殊典也。

粤若刚柔既位，形器肇分。上则圆盖左旋，星辰为之纪；下则黄图俯察，山岳奠其方。卑高之序以陈，翕辟之精攸托。是放昭彰景纬，实参化育之权；错峙崇峦，式表神明之壤。用能妥绥厚载，磅礴无垠，宣一气以施生，降列真而主治。事光虞典，备五载之时巡；绩著夏王，正九州之封略。惟中崧之绝巘，直关塞之奥区。京邑在其旁，经渎流其域。万邦辐辏，霜露之所均；二室天开，风云之所蓄。仙馆靖冥宅其下，玉浆渣溢湛其问。频木记其幽径，紫芝擢乎灵薮。晗呀万壑，始终乎鹑火之墟；煨蝎群峰，包举乎坤元之纽。龙辔、月童之陟降，浮丘、子晋之游遨。画野逶迤，干霄挺拔，寓彼至刚之质，洪惟不测之神。至于辅德降祥，祝融由其兴夏；生贤命世，申伯以之审周。霈膏润于原田，殖宝藏于邦国。博大崇高而可仰，聪明正直以无私。兹所以盛尸祝之仪，首殿沉之法。岁时祈报，垂往载以不刊；牲币吉蠲，走殊方而胥暨者也。

遐观秘纪，博考灵踪，自书契之云兴，即等威之斯辨。异轩冕服章之数，为山林川泽之宗。既秩视于三公，亦礼均于四望。汉孝武之代，爰启户封；唐天册之年，聿遵时迈。洪猷益茂，昭荐惟寅。逮乎土德重熙，坤珍荐委，乃特疏于王爵，用溥洽于神休。虽事焕弥文，而名非极挚。污隆在运，消长从时。若乃钜宋之有天下也，仗黄钺以开阶，建朱旗而统历。扫僭伪荒□之迹，追皇王揖让之风。烈祖以功格上曼，赫威灵于九服；神宗以德绥群品．薄文轸干四遐。翼子诒孙，首规叠矩。卜年有永，奕世其昌。崇文广武感天尊道应真事占德上圣钦明仁孝皇帝，躬浚哲之姿，抚鸿明之运。出乎震而齐乎巽，就如日而望如云。宣九德以在躬，定一戎而纂业。慎恤刑典，鄙凝脂之烦苛；寅布政经，同驭朽之兢畏。绝滥巾于丘壑，宽盍溉于农桑。宫罔饰于采椽，泽必周于行苇。万民以察，庶绩伊凝。破觚为圜，返群情于太素；怀远以德，笃交聘于殊邻。按历以朝诸陵，志敦不匮；被衮而郊上帝，神享克诚。故得时协混同，岁臻丰穰。高穹委鉴，真驭戒期。荐锡宝符，丕昭元历。登岱举封崇之礼，临汾展合答之祠。刻翠崖之郁苍，践隆雕之崛岉。升烟瘗玉，明察之义交修；垂象资生，应见之祥绍志。遂成先志，对越纯休。洎乎五玉会朝，六飞旋轸。夤缘二陕，旷望三川。既并走于祠官。亦周爰于土□。瞻言翠峤，增肃皇情，方饮至以策勋，益为民而储祉。顺时行庆，大赉及于幽遐；恭己向明，寂虑周乎冲漠。爰稽往诰，肇易鸿名，亟下诏于司存，俾讲仪于置蕝。用伸昭报，罄达清衷。以为在天者五精，既隆称谓，丽地者列镇，当极推崇。焘载之义则均，傚助之功曷爽。登于帝策，允契灵心。先是东巡之年，已加崇圣之号，逮兹间岁，愈洽徽章。于时孟冬戒辰，辅轩饬驾。俨法坐，辟端闱，临遣以示乎必躬，信辞以申乎有恪。公卿就列，使介奉涂，拥翠叫之车，载温珉之册。山龙盛服，羽卫多仪，备物孔昭，归尊斯在。戊申发轫于京阙，辛酉致飨于庙庭。四牡趋风，六樽登荐。其始至也，凝雾布濩，色晦平林。其将升也，霁景晏温，光含邃宇。嘉气吐蜿蜒之状，蔼云呈彩绰之姿。及清醮之肃陈，复素羹之纷洒；焕殊祯于史牍，浃馀润于农畴。昔者三境登晨，乃灵氛之协兆；五车受职，亦时雪之先期。千古同符，万邦攸仰。矧复铺皇睿训，细绎微言，发为垂象之文，显述奉神之旨。颁于著位，告厥多方。同星日之耀芒，冠典坟而擅美；启朦昏之耳目，示制作之楷模。遂令率土承流，盈庭献议，口刊翠琰，遍揭严祠。众欲上通，俞音诞布，琢佗山而列踌，摅缛藻以相辉。文籍以还，莫斯为盛。而又壶闱之式，像设攸存。懿号未彰，群黎安仰。思举正名之典，用昭作合之崇。像服有加，讳衣允穆。即以其年十二月，遣使致告，特尊为贞明后。莫不义敦咸秩，曲尽于精虔；庆洽惟新，永光于仪矩。且夫昊苍有成命，我实受之；神祇有常奉，我实主之。礼文之废坠，惟圣人修之；典册之徽数，惟哲后行之。然则出云播气，福善庇民，启纷沓之殊征，保延洪之景祚。镇静坤轴，探压都畿，纯佑之功，斯为至矣。怀柔之道，庸可阙乎!得不罄昭事之仪，懋寅威之志?翠旒玉藻，饬如在之晬容；驿犊明粢，展惟馨之洁祭。采物于焉而大备，格思由是而可期。赫伟观于八纮，奋景炎于亿载。事存因革，礼浃幽明。煌煌焉，秩秩焉，真竹素之英蕤，而帝皇之盛则者矣。

是宜发扬懿铄，篆刻丰碑，俾民听之弗迷，协山声而共永。允资丽藻，焕彼殊庭。而臣猥以琐才，滥膺明诏。属辞比事，虽慕于阳秋，相质披文，惧遗于德美。旁稽旧典，以为斯铭。其辞曰：

沉潜定位，块虬殊形。或融或结，为纪为经。奠方作镇，含泽储灵。生物不匮，得一以宁。节彼崧高，峙兹中土。帝宅开疆，仙台胥宇。霜露所均，梯航攸聚。四国是维，千畿式序。奚其主治，邈矣清真。宣功博载，授职高曼。财成庶类，阴骘齐民。列辟严奉，牲栓有伦。乃视公爵，隆周集庆。乃启王封，皇唐累盛。奉若贞期，对扬景命。将极推崇，聿求元圣。炎精抚运，苍震承基。天临赤县，风偃遐圻。祀事肃增，祠官允厘。勤恁大宝，交修上仪。谒款隆雕，经涂太室。期慕仙馆，裴回云跸。何以致诚，予焉望秩。明诏诞敷，微言有述。温珉载刻，羽卫斯皇。登于帝篆，饬以衮章。信辞郁郁，鸾车锵锵。法坐临遣，缛礼具扬。四牡于征，殊庭戾止。洁志旁达，灵心谧喜。霰雪霏洒，卿云蔚起。硕德歆馨，发祥锡祉。昔在治古，祇惕明威。道苟中否，神亦靡依。赫赫我后，聿彰鸿徽。祭则受福，先而不违。显号克崇，丕猷允穆。流咏琬珉，飞英笑祝。竣屺盂安，高岩云矗。巩固瑶图，永绥坤轴。[①]

一〇、宋真宗：《中岳醮告文》

中岳醮告文

维大中祥符八年岁次乙卯二月壬子朔二十五日丙子，皇帝稽首言，伏以列辟之规。有邦之典，必依凭于神化，用保祜于生民。《礼》存大享之言，《书》著咸秩之训。上下之祀，必在于交修；神人之和，乃臻于多福。所以励明诚于鉴寐，奉嘉荐于苾芬。庶使不测之灵，诞昭于忽侃；无疆之应，允洽于希微。窃念猥以眇躬，昭兹大宝。荷监观于穹旻，承积累于祖宗。致百福之来同，由三神之储祉。向自交驰玉帛，倒载干戈，尉候聊存，风俗无外。古先盛德之事，罔不繁兴；圆清眷佑之心，由其丕显。发春戒序，吉日协期；夕梦先通，秘文嗣降。既而徇邹鲁之望幸，修云岱之上封。绿错之图，叠承于锡羡；紫烟之燎，言获于升中。以至辑玉于魏雎，旋轸于郏鄏，款后祇而躬祈穑事，朝山园而再展孝思。飙驭下临，培源逖悟；珍台肇葺，

① 《嵩书》卷21，第478～481页。

宝宇奉安，将以伸适追，罄乾巩。定国阳之位，方答乎天祺；诣涡曲之庭，先朝乎道秘。历平台而驻跸，尊艺祖而建都。盛则继扬，弥文悉举。率土修贡，舆诵多欢。律吕回环，未盈七载；礼容首冠，俄已三成。自先置之辰，汔饮至之日，鸿猷景铄，既已有融；美贶祯图，抑复无算。尔乃甘泉滋液，神草纷披；珍木交柯，灵禽接羽。肴云柄蔚，嘉气氤氲，日月扬于荣辉，星宿应于瑞谍。考于曩古，盖文史之未传；萃于方今，乃耳目而咸熟。至若齐旋巩之七政，和玉烛之四时，通范围之□文，惠海域之黎猷，千仓之积，盈储峙于大农；三尺之繁，措刑辟于司寇。顾惟眇薄，成此治平。欲□□于百灵，用永安于九寓，乃询甲令于掌礼之官，乃访秘科于修真之士。载念始缮仪于岱岳，俄饮至于谯都，或丰厥牲栓，或挈斯蘋藻，或崇坛而斯建，或靖馆而斯临。虽复钦翼内增，斋明上达，然而茫茫曾宙，杳杳方舆，其载无声，其功不宰。高也明也，岂裨灶之所详知；经之纬之，岂竖亥之所遍步。穹壤之表，非可以臆论；鬼神之形，莫谐乎缕见。寒门所会，既秩序而靡彰；涂山所朝，亦堰宇而曷识。璇台珠阙，邈处于鸿濛之中；金简琅函，莫尽于杳冥之际。其有默熙妙用，幽赞丕功，或命历之云毗，或造化之攸辅，烈风迅雨，仰其节宣。精气游魂，资其陶冶。或高处于清都紫府，或下居于名山秘洞；或德及庶物，世罔之闻；或力济群生，人弗之喻。虽茂承于纯嘏，而终阙于丰棰。兹谓弗钦，何伸大报，由是内怀颙若远考，遍于庶达寅威，以畤况施矧复载，稽地志缅眺灵区。挺乔岳以尊方，号下都而分治。神乡福地，咸纪宝章；乘烟御风，常回茹次驾。是以择扬和之序，瞻峻极之峰，衹遣辅车，遐修醮席，缕形善祷，罄达至虔。夫国之所保者民，民之所尚者，生；生之所切者，食；食之所丰者，岁。倘或疵疠靡作，富庶允登，寿考可期，顺成常洽。然后八荒之外，俗变风移：九服之中，导德齐礼。衣冠不异，何止于缓刑；文告靡施，孰烦于用武。是则天之佑也，神之顾也，敢不励乃志，惩乃心，以保乎盈成，以戒乎逸豫。兢兢为务，庶协于永图；翼翼在怀，实期乎来格。无任恳倒之至，谨言。[①]

① （清）叶封、焦贲亨撰，陈斌、李红岩校点：《嵩山志》卷14，嵩岳文献丛刊本，中州古籍出版社，2003年，第282～283页。

十一、陈师道：《面壁庵记》

面壁庵记

禅人祖圆觉老师，自天竺来，居嵩高少林道场，盖面壁者九年。二祖禅师断臂立雪，世举知之而昧其处。自少林行殿而西，林篁荫郁，千步而近，度密越阻，群山四临。前则少室诸峰，嵱嵷连层；后则五乳崒兀，拥掩如举。手内向中，峰之下乃其故处。有泉冷然，始至无水，以杖刺地，随举而涌，引而东出，世号以“锡杖”。而丛榛族棘，荒秽翳塞，兔蹊雉域，蛇䖻所舍，樵牧避焉。元祐几年，留守简翼张公求而得之，始往过焉，使作亭以识其处，除地得趾，层甓宛然。后十有余年，知登封县楼异复往过之，谓长老清江：“襄棘开道，始有人声。马迹再至，则治矣，盍复其故？”对曰：“下南山之木，西谷之竹，伐薪以陶，率少而役，可立具。其所乏者，财尔。”异请任之。于时众治泰陵休于次，异敬以请，自监司与百局之执事及郡县之令丞佐尉，下逮工贾士庶役，不挽而同，于是智者谋，仁者施，壮效其力，工献其技，为堂为室，图像陈焉，守卫有次，门庑有列，盖十朝而具，既月而成。而林出芝十有二本，华各异色，茎如漆饰。甘露雨于泉池，夜有光气，四起属天，合为大练，东西数十里。呜呼!其兴可量乎？耶夫道一，而今之教者三，三家之后相与诋訾。盖世异则教异，教异则说异。尽己之道，则人之道，可尽究其说。则他说，亦究其相訾也。固宜三圣之道非异，其传与不传也耶。子孔氏之门，颜、闵、冉皆无传，仲弓之后则有荀卿，曾舆之后则有孟轲，端木赐之后则有庄休，而荀、孟、庄之后则无传焉。李氏之传关尹，尹之传复无闻焉。释自能仁二十八世而为初祖，祖之东六世而为曹溪，至于今又十有五世。而儒老子之徒欲与校其源委，误矣。呜呼!道之不传，善始于此，历岁千百，逮今而兴，岂有待于异耶。建中靖国元年九月十八日，居士陈师道撰，比丘昙潜书。[①]

① 《后山集》卷12《面壁庵记》，第634～635页。

十二、楼钥：《嵩岳图有序》《跋先大父嵩岳图》

嵩岳图有序

先祖太师齐国公，元符中知河南府登封县。建炎兵毁，先集故物煨烬无遗。儿时犹及见扬州伯父藏《嵩山图》，丹青仅存，虽传录廿四峰诗，以生晚既不逮事，不知有石刻也。张致远为京西漕属，寄登封旧碑。得之惊喜，唐律为谢。

先世前踪不可追，君从何处得全碑。上横嵩岳三千丈，下列齐公廿四诗。
室号揖仙怀旧事，菴名面壁认遗基。青毡真是我家物，欲以琼瑶厚报之。①

跋先大父嵩岳图

嵩高维岳，峻极于天，巍然居四岳之中，盖天下之绝境也。大父为登封宰，家间旧有《嵩山图》，丹青故暗。扬州伯父设于云岫堂屏间，而书大父《二十四峰》诗于左右，某幼时犹及诵之。先是，建炎中四明遭兵毁最酷，诸父仅得生全，故庐焚荡，一物不遗，亦不知尝刻之石也。嘉定三年，某叨居政地，乡人张致远翼仕京西。一日得书，谓北客有以杂碑至榷场贸易，忽见《嵩山图》碑下有序文及诗，知其为大父遗迹，远以见寄，如获拱璧，真我家旧物也。惜其岁久，细字欲漫，乃敬书之，移于乐石。于是某年七十有四矣，不能更作注字，使第三子治书之。碑不载岁月，知县伯父生于元符二年，小名曰嵩，家藏诗序书元符庚辰。大父又于少室山达磨面壁处作菴其上，后山先生陈无已为记，今在集中云。建中靖国元年，则辛巳岁也。昙潜书，潜即参寥子。以二者考之，在县首尾凡三年。大父字试可，参寥集中多有倡和，如《登嵩山绝顶》等诗。大父遗文顾无传焉，《三十六峰赋》亦不知何在，故此碑尤当宝之。呜呼，大父薨于宣和五年甲辰，后十四年，是为绍兴七年丁巳，而某始生，既不获逮事，而登封旧治尚沦于胡尘中，北望慨然，何能自已！大父登元丰八年乙科，文气政术过人远甚，读此碑者，可以想见大概。受知祐陵，官至徽猷阁直学士。尝守乡郡，再任涉五载，其详见

---

① 《楼钥集》卷10《嵩岳图》，第239页。笔者窃以为，“大父又于少室山达磨面壁处作菴其上，后山先生陈无已为记，今在集中云。建中靖国元年，则辛巳岁也。”这两句话，似可断句为“大父又于少室山达磨面壁处作菴其上，后山先生陈无已为记，今在集中云建中靖国元年，则辛巳岁也”。这样断句的话，意思较为明朗，即后山先生陈师道所记载的楼异建造面壁庵（初祖庵）的时间为建中靖国元年，这也与前文所引陈师道《面壁庵记》的意思一致。

于《神道碑铭》中。后诸父累赠至少师，某始追赠太师齐国公云。[①]

十三、卢多逊：《新修嵩岳中天王庙碑铭》

新修嵩岳中天王庙碑铭

卢多逊 平章事、兵部尚书

《广雅》称，山高而大者，嵩也。诗人谓，峻极于天者，岳也。名义昭著，布在文籍。齐德泰华，而独峙于中方，俯视河洛，而助成其秀气。唯神是宅，炳灵孔昭。以太史旋玑察乾文，知其协星辰之定域；以阳城土圭测日景，知其居天地之正中。万山四顾而来向，峭壁高耸而直立。太室、少室，左右之势通；朝阳、夕阳，东西之分正。神仙秘洞府，则浮丘、子晋隐别馆于岩峦；帝王会众神，则秦皇、汉武著古迹于坛庙。眇观历代，厥有祭法。播在典故，垂诸礼文。四篇六□，崇其仪制；一祷三祀，著为彝章。

我应天广运圣文神武明道至德仁孝皇帝，平一六合，澄清四海，精诚贯于白日，德教加于百姓。凝旒顾问，侍臣预对。谓："天设神府，阴主人事者，何也?"曰："岳神也。""地迩王畿，位正中土者，何也？"曰："嵩高也。""嵩高何神也？""中天王也。""中天之封何代也?"曰："唐玄宗天宝五载也。"帝曰："吁，我其念哉!尝闻天垂玄鉴，神助阴骘。合道则事占之，反是则祸之。神以我为有道之君，故祈祷应；神以我为求理之代，故风雨调；神以我有爱民之心，故稼穑丰穰；神以我有惠物之志，故烟尘扫荡。我今虔意，思有报者。夫祀事，恒典也，何以加焉；封爵，旧制也，无以增焉。将欲隆万人之瞻仰，莫若严缋塑；必欲垂永世之崇重，莫若阐庙貌。"乃命尽轮奂之美，先列于厕图；又命择贞干之臣，就护其力役。厥功告毕，有司上言复命。勒铭贞珉，以尽纪录。盛矣哉!圣人之德，冠古无伦。以乾覆坤载为楷模，申之以周物；以尧步舜骤为轨躅，益之以缓辔。犹能不以运祚自大，而让德于玄功；不以治平自高，而推谢于神贶。不以丰登开拓骄其志，每志务乎允恭；不以祠祀斋庄邀其福，欲福臻于黎庶。修建既备，瞻奉有所，牲牢蠲洁，甑俎罗列，使四望之礼，焕赫于典章；绵彼岁月，垂诸碑碣，俾百王之道，无偕于法则。夫如是，则每言执大圭登泰坛，柴燎一

① 《楼钥集》卷74《跋先大父嵩岳图》，第1335～1336页。

举而天神下降者，信矣。则知岳神奉上天以安物，因我皇而昭应。惟仁是助，潜契宽恕之德；惟明是赞，默协和平之道。是故言必从，祈必应，泰吾国，安吾民者，岂徒然哉?盖人神交感之若是也。上古称以待风雨，易之以宫室。后世谓既勤朴断，惟其涂丹雘。本以纯素，渐崇壮丽。以至左平右城，著为礼容；范金合玉，穷其华饰。先生或留心祠祷，崇奉虚诞。望仙作宫，遂极土木之费；梦蛇立峙，大设庙堂之飨。虽纪在方册，而无所取法。今之建岳庙、奉岳神，大增其华，而不在奢侈；曲尽其美，而曾无劳役。严殿宇，崇门垣，雕梁彩栋，连甍接庑，庭轩洞邃，瞻之肃然。有以见我皇稽古守正，为民崇祀之心，形容于斯庙也。不假探策，知神有延洪之贶；不俟磨崖，知我有永久之法。然而冠古立制，敷事占垂德，不有撰录，其何宣著?微臣职备禁署，目睹盛事。奉命叙述，文不逮意。岂独使四海一统，汉臣传华岳之碑；百堵九成，周史颂终南之庙。敢用实录，而为铭云：

惟天保民，在乎岁功。惟圣治民，畅乎时风。奉天助圣兮，感而遂通。昭昭岳神兮，镇于寰中。备物有秩兮，祀事是崇。所以古礼之垂文兮，五岳视三公。惟民戴君，尊乎宝位；惟神秸君，伸乎大义。爱民奉神兮，洁诚以祭。皇皇圣王兮，重彼明祀。昭以灵贶兮，显乎嘉瑞。所以汉帝之告功兮，嵩山呼万岁。视三公兮，表崇重于荐神。呼万岁兮，告延洪于圣人。天地之中兮，嵩高磷磷。寰海一统兮，景福无垠。我之圣德兮，超彼前闻。我之祈福兮，在于生民。岂比夫献寿之殆声兮，标汉史而徒云。①

十四、随州大洪山报恩禅师

随州大洪山报恩禅师

卫之黎阳刘氏子，世皆硕儒。师未冠举方略，擢上第。后厌尘境，请于朝，乞谢簪绂为僧。上从其请，遂游心祖道。至投子未久，即悟心要。子曰："汝再来人也。宜自护持。"辞谒诸名宿，皆蒙印可。丞相韩公缜请开法于西京少林。未几，大洪革律为禅，诏师居之。

上堂："五五二十五。案山雷，主山雨。明眼衲僧，莫教错举。"

僧问："九鼎澄波即不问，为祥为瑞事如何？"师曰："古今不坠。"曰："这个且拈放一边，向上还有事也无？"师曰："太无厌生。"曰：

① 《嵩书》卷21，第476~478页。

“作家宗师。”师曰：“也不消得。”

上堂：“如斯话会，谁是知音？直饶向一句下，千眼顿开，端的有几个是迷逢达磨。诸人要识达磨祖师么？”乃举手作捏势，曰：“达磨鼻孔在少林手里，若放开去也，从教此土西天说黄道黑，欺胡谩汉。若不放过，不消一捏。有人要与祖师作主，便请出来与少林相见，还有么？”良久，曰“果然。”

上堂，拈起拄杖曰：“昔日德山、临济，信手拈来，便能坐断十方，壁立千仞。直得冰河焰起，枯木花芳。诸人若也善能横担竖夯，遍问诸方。苟或不然，少林倒行此令去也。”击禅床一下。

僧问：“一箭一群即不问，一箭一个事如何？”师曰：“中也。”曰：“还端的也无？”师曰：“同声相应，同气相求。”曰：“恁么则石巩犹在。”师曰：“非但一个两个。”曰：“好事不如无。”师曰：“穿却了也。”

问：“三玄三要即不问，五位君臣事若何？”师曰：“非公境界。”曰：“恁么则石人拊掌，木女呵呵。”师曰：“杓卜听虚声，熟睡饶谵语。”曰：“若不上来伸此问，焉能得见少林机？”师曰：“放过即不可。”随后便打。

上堂，横按拄杖曰：“便与么休去，已落二三。更若忉忉，终成异见。既到这里，又不可弓折箭尽去也。且衲僧家远则能照，近则能明。”乃拈起拄杖曰：“穿却德山鼻孔，换却临济眼睛；掀翻大海，拨转虚空；且道三千里外，谁是知音？于斯明得，大似杲日照天。苟或未明，不免云腾致雨。”卓一下。

问：“祖师西来，九年面壁，最后一句，请师举唱。”师曰：“面黑眼睛白。”

师尝设百问，以问学者。其略曰：“假使百千劫所作业不忘，为甚么一称南无佛，罪灭河沙劫？”又作此○相曰：“森罗万象，总在其中。具眼禅人，试请甄别。”

上堂，拈拄杖曰：“看！看！大地雪漫漫，春来特地寒。灵峰与少室，料掉不相干。休论佛意祖意，谩谓言端语端。铁牛放去无踪迹，明月芦花君自看。”卓拄杖，下座。

师素与无尽居士张公商英友善，无尽尝以书问三教大要，曰：“《清凉疏》第三卷，西域邪见，不出四见，此方儒道，亦不出此四见。如庄、老计自然为因，能生万物，即是邪因。《易》曰：‘太极生两仪。’太极为因，亦是邪因。若谓‘一阴一阳之谓道’，能生万物，亦是邪因。若计一为虚无，则是无因。今疑老子自然与西天外道自然不同。何以言之？老子曰：‘常无欲以观其妙，常有欲以观其徼。’无欲则常，有徼则已，入其道矣。谓之邪因，岂有说乎？易曰：‘一阴一阳之谓道，阴阳不测之谓神。’神也者，妙万物而为言，寂然不动，感而遂通天下之故。今乃破阴阳变易之道为邪因，拨去不测之神，岂有说乎？望纸后批示，以断疑网故也。”

师答曰：“西域外道宗多途，要其会归，不出有、无四见而已。谓有见、无见、亦有亦无见、非有非无见也。盖不即一心为道，则道非我有，故名外道。不即诸法是心，则法随见异，故名邪见。如谓之有，有则有无。如谓之无，无则无有。有无则有见竞生，无有则无见斯起。若亦有亦无见，非有非无见，亦犹是也。夫不能离诸见，则无以明自心。无以明自心，则不能知正道矣。故经云：‘言词所说法，小智妄分别。不能了自心，云何知正道。’又曰：‘有见即为垢，此则未为见。远离于诸见，如是乃见佛。’以此论之，邪正异途，正由见悟殊致故也。故清凉以庄老计道法自然，能生万物。《易》谓‘太极生两仪’，‘一阴一阳之谓道’，以自然太极为因，一阴一阳为道，能生万物，则是邪因。计一为虚无，则是无因。尝试论之，夫三界唯心，万缘一致，心生故法生，心灭故法灭。推而广之，弥纶万有而非有，统而会之，究竟寂灭而非无。非无亦非非无，非有亦非非有。四执既亡，百非斯遣。则自然因缘，皆为戏论，虚无真实，俱是假名矣。至若谓太极阴阳，能生万物。常无常有，斯为众妙之门；阴阳不测，是谓无方之神。虽圣人设教，示悟多方。然既异一心，宁非四见。何以明之？盖虚无为道，道则是无。若自然，若太极，若一阴一阳为道，道则是有。常无常有，则是亦无亦有。阴阳不测，则是非有非无。先儒或谓妙万物谓之神，则非物，物物则亦是无。故西天诸大论师，皆以心外有法为外道，万法唯心为正宗。盖以心为宗，则诸见自亡。言虽或异，未足以为异也。心外有法，则诸见竞生。言虽或同，未足以为同也。虽然，儒道圣人，固非不知之，乃存而不论耳。良以未即明指一心，为万法之宗，虽或言之，犹不论也。如西天外道，皆大权菩萨示化之所施为。横生诸见，曲尽异端，以明佛法是为正道。此其所以为圣人之道，顺逆皆宗，非思议之所能知矣。故古人有言，缘昔真宗未至，孔子且以系心。今知理有所归，不应犹执权教。然知权之为权，未必知权也。知权之为实，斯知权矣。是亦周、孔、老、庄设教立言之本意，一大事因缘之所成始、所成终也。然则三教一心，同途异辙。究竟道宗，本无言说，非维摩大士，孰能知此意也。”①

十五、谢绛：《游嵩山寄梅殿丞书》

游嵩山寄梅殿丞书

圣俞足下。近有使者东来，付仆诏书并御祝封香，遣告嵩岳，太常移文，合用读祝捧币二员，府以欧阳永叔、杨子聪分摄。会尹师鲁、王几道至自缑氏，因思早时约圣俞有太室中峰之行，圣俞中春时遂往，仆为人间事所窘，未遑也。今幸其便，又二三子可以为山水游侣，然亟与之议，皆喜见颜色，不戒而赴。

十二日昼漏未尽十刻，出建春门，宿十八里河。翌日，过缑氏，阅游嵩诗碑，碑字甚大而未镌。上缑岭，寻子晋祠。陟轘辕道，入登封，出北门，斋于庙中。是夕寝既兴，吏白五鼓有司请朝服行事，事已，谒新治宫，拜真宗御容。稍即山麓，至峻极中院，始改冠服。却车，徒从者不过十数人，轻赍遂行。是时秋清日阴，天未甚寒，晚花幽草，亏蔽石壁，正当人力清壮之际，加有朋簪谈燕之适，升高蹑险，气豪心果。遇磐石，过大树，必休其上下，酌酒饮茗，傲然者久之。道径差平，则腰舆以行，崭崒斗甚，则芒蹻以进。窥玉女窗、捣衣石，石诚异，窗则亡有。迤逦至八仙坛，憩三醉石，遍视墨迹，不复存矣。考乎三君所赋，亦名过其实。午昃，方抵峻极上院，师鲁体最溢，最先到，永叔最少最疲。于是浣漱食饮，从容间跻封禅坛，下瞰群峰，乃向所企而望之，谓非插翼不可到者，皆培塿焉，邑居、楼观、人物之夥，视若蚁壤。世所谓仙人者，仆未知其有无，果有，则人世不得不为其轻蔑矣。武后封祀碑故存，自号大周，当时名贤皆□姓名于碑阴，不虞后代之讥其不典也。碑之空无字处，睹圣俞记乐理国而下四人同游，镌刻尤精。仆意古帝王祀天神、纪功德于此，当时尊美甚盛，后之君子不必废之坏之也。

---

① （宋）普济辑，朱俊红点校：《五灯会元》卷14《随州大洪山报恩禅师》，海南出版社，2011年，第1218～1222页。

又寻韩文公所谓石室者，因诣尽东峰顶，既而与诸君议，欲见诵《法华经》汪僧。永叔进以为不可，且言圣俞往时尝云斯人之鄙，恐不足损大雅一顾。仆强诸君往焉，自峻极东南，缘险而径下三四里。法华者，栖石室中，形貌，土木也；饮食，猿鸟也。叩厥真旨，则软语善答，神色睟正。法道谛实，至论多矣，不可具道，所切当云：古之人念念在定，慧何由杂；今之人念念在散，乱何由定。师鲁、永叔扶道贬异，最为辩士，不觉心醉色怍，钦叹忘返，共恨圣俞闻缪而丧真甚矣。是夕，宿顶上，会几望，天无纤翳，万里在目，子聪疑去月差近，令人浩然绝世间虑。盘桓三清，露下，直觉冷透骨发，赢体将不堪可。方即舍，张烛，具丰馔醇醴。五人者相与岸帻褫带，环坐满引，赋诗谈道，间以谑剧，然不知形骸之累、利欲之萌为何物也。夜分，稍就枕以息。

明日，访归路，步履无苦，昔闻鼯鼠穷技能上而不能下，岂近此乎。午间，至中院，邑大夫来逆，其礼益谨。申刻，出登封西门，道颍阳，宿金店。十六日晨发，据鞍纵望，太室犹在后，虽曲，南西则但见少室。若夫观少室之美，非繇兹路则不能尽，诸邑人谓之冠子山，正得其状。

自是行七十里，出颍阳北门，访石堂山紫云洞，即邢和璞著书之所。山径极险，扪萝而上者七八里，上有大洞，荫数亩，水泉出焉。久为道士所居，爨烟熏燎，又涂塓其内，甚渎灵真之境。已戒邑宰，稍营草屋于侧，徙而出之。此间峰势危绝，大抵相向，如巧者为之。又峭壁有若四字，云“神清之洞”，体法雄妙，盖薛老峰之比，诸君疑古苔藓自成文，又意造化者笔焉，莫得究其本末，问道士及近居之民，皆曰向无此异，不知也。稍留数十刻，会将雨而去。

犹冒夜行二十五里，宿吕氏店。马上粗若疲厌，则有师鲁语怪，永叔、子聪歌俚调，几道吹洞箫，往往一笑绝倒，岂知道路之短长也。十七日，宿鼓婆镇，遂缘伊流陟香山，上上方，饮于八节滩上。始自峻极中院未及此，凡题名于壁于石于树间者，盖十有四处。

大凡出东门极东而南之，自长夏门入，绕崧轘一匝四百里，可谓穷极胜览，切切未满志者圣俞不与焉。今既还府，恐相次便有尘事侵汩，故急写此奉报，庶代一昔之谈，不宣。绛顿首。[1]

---

① 《欧阳修全集·附录》卷4，第2716～2718页。

十六、梅尧臣：《希深惠书言与师鲁永叔子聪几道游嵩因诵而韵之》

希深惠书言与师鲁永叔子聪几道游嵩因诵而韵之

闻君奉宸诏，瑞祝钦灵岫，山水聊得游，志愿庶可就。
岂无朋从俱，况此一二秀，方蕲建春陌，十刻残昼漏。
初经缑氏岭，古柏尚郁茂，却过轘辕关，巨石相撑斗。
夕斋礼神祠，法衮被藻绣，毕事登山椒，常服更短后，
从者十数人，轻贳不为陋。是时天清阴，力气勇奔骤，
云岩杳亏蔽，花草藏涧窦。傍林有珍禽，惊聒若避彀，
盘石暂憩休，泓泉助吞漱。上窥玉女窗，崭绝非可构，
下玩捣衣砧，焜燿金纹透。尹子体雄恢，攀缘逾习狃，
欧阳称壮龄，疲软屡颠踣，竞欢相扶持，芒屩资践蹂。
八仙存故坛，三醉孰云谬。鄙哉封禅碑，数子昔镌镂，
偶志一时事，曷虞来者诟。绝顶瞰诸峰，隘然轻宇宙，
遥思谢尘烦，欲知群鸟兽。韩公传石室，闻之固已旧，
当时兴稍衰，不暇苦寻究。东岩暗壑中，释子持经咒，
于今二十年，饮食同猿狖。君子聆法音，充尔溢肤腠，
尝期蹑屐过，吾侪色先愀，遂乖真谛言，兹亦甘自咎。
中顶会几望，凉蟾皓如昼，纷纷坐谈谑，草草具觞豆。
清露湿巾裳，谁人苦羸瘦，便即忘形骸，胡为恋缨绶。
或疑桂宫近，斯语岂狂瞀。归来游少室，峭崒殊引脰。
石室迢递过，探访仍邂逅。扪萝上岑邃，仙屋何广袤，
乳水出其间，涓涓自成溜。凡骨此熏蒸，灵真安可觏。
霞壁几千寻，四字侔篆籀，咸意苔藓文，诚为造化授，
标之神清洞，民俗未尝遘。忽觉风雨冥，无能久瞻扣，
匆匆遂宵征，胜事皆可复。俚歌纵喧哗，怪说多驳糅，
凌晨阙塞阳，追赏颜匪厚，穷极四百里，宁惮疲左右。
昨朝书报予，闻甚醉醇酎，所嗟滞远方，心焉倍如疚。[①]

---

① 《梅尧臣集编年校注》卷2《希深惠书言与师鲁永叔子聪几道游嵩因诵而韵之》，第36～37页。

十七、苏辙：《登封道中三绝》《登嵩山十首》《蹇师嵩山图并引》《嵩山祝文》

缑山祠

飞仙不返周王子，重阜相连少室孙。
夜静笙声兼鹤下，回看惟有故山存。

轘辕道

青山欲上疑无路，涧道相萦九十盘。
东望嵩高分草木，回瞻原隰涌波澜。

少林寺赠顿起

一径乔林下黄叶，三山翠壁绕禅居。
共君将住还归去，欲问安心知已疏。

少林东接少室，北倚石城，南临凤凰山。凤凰山上有初祖庵，二祖问法于此。

石径

苍壁上参天，微径随流水。聱牙石齿乱，纷薄黄叶委。
牵攀不得上，颠仆几将止。勉强终此行，更老知难至。

玉女窗

岩窦有虚明，昽昽发晴晓。真人无俦匹，窗下晨妆早。
门开秋雨入，室静长风扫。绝迹杳难寻，朱颜未尝老。

捣衣石

玉女云为衣，飘摇不须捣。空传岩下石，夜杵知谁抱。
清泉供浣濯，素月铺缯缟。人世迫秋寒，处处砧声早。

醒心泉

上山苦饥渴，中道得寒泉。举瓢石窦响，入口烦疴痊。
洑流去不见，落涧声锵然。莫归复相值，相従下平川。

峰顶寺

重重山前峰，上上终非顶。行登众岭彻，始得山门迥。
高风惨多寒，落日侧先暝。却视向所经，眇如在深井。

登封坛

登封事已遥，大碑摧风雨。灵坛久销秃，古木中梁柱。

峰峦至此尽，苍石无寸土。俯视万仞高，悲辛但狂顾。

法华岩

飞桥走岩居，茅屋今已破。何年避世僧，此地常独卧。

秋风高鸟入，夜月寒猿过。自非心已灰，静极生悲惰。

将军柏在天封观，观即唐避暑宫。

肃肃避暑宫，石殿秋日冷。凛然中庭柏，气压千夫整。

风声答万壑，云色通诸岭。材大难为工，甘与蓬蒿屏。

吴道子画四真君在精思观。

浮埃古壁上，萧然四真人。矫如云中鹤，犹若畏四邻。

坐令世俗士，自惭污浊身。勿谓今所无，嵩少多隐沦。

启母石

神夫化黄熊，神母化白石。婴儿剖还父，涕泣何暇恤。

尔来三千岁，往事谁复识。惟有少姨存，相望居二室。①

蹇师嵩山图并引

葆光法师蹇君，未尝至嵩山，欲往游焉。元祐九年春，磐桓都下，得古画一幅，以示其客。客曰："此嵩山图也。予昔尝游焉。峰、岭、径、遂、观、刹皆是。"君喜曰："此将以导予也。"吾昔熙宁中，自陈之洛，往来皆出嵩少之间。时方重九，与偕行者约曰："与子于此登高乎？今筋力尚强，可以一往，异日复至，或不能矣。"今年三月，以罪出守汝州，闻此州在嵩少之阳，登城北望可以尽得其胜。君何时为此游？吾将举酒与子相望，虽不能同，亦庶几焉。系之以诗曰：

峻极登高二十年，汝州回望一依然。

君行亦是高秋后，试觅神清古洞天。②

嵩山祝文

辙昔缘吏役，自陈如洛，道出嵩少，秋雨方淫，繁云如絮，缠复山上。究观近麓，莫瞩诸岭。据鞍默祷，庶几一见。俯仰未几，豁然云移，如卷重帷，却置山后，连峰角立，草木可数。惊顾窃叹，莫知其由。昔韩愈南征，

① 《苏辙集·栾城集》卷4《登封道中三绝》《登嵩山十首》，第74～76页。

② 《苏辙集·栾城后集》卷1《蹇师嵩山图》，第886页。

有感于衡。岂以无似，克配前烈。默然惭惕，不以语众。至于今日，十有八年，永怀畴昔，有不能已。谨遣家兵以茶酒香烛及佛经疏，伸导毕，神鉴不昧，景飨昭答。谨告。[①]

十八、李廌的嵩山诗

宿峻极中院

晨游开母祠，暮抵紫虚谷。千峰挂夕阳，犹指中寺宿。
山空无人声，暝色满草木。乱石碍饥马，荒榛走惊鹿。
深林怪禽号，绝壑山鬼哭。照涂藉流萤，呻吟愧僮仆。
乙夜扣禅扉，孤灯耿幽绿。犹疑梦寐中，对榻眠空屋。[②]

丙子岁三月十有二日游嵩山宿峻极中院时

天气清朗，山月甚明，因以“阴壑生虚籁，月林散清影”为韵，诗各六句。

阳崖转窅窕，层林蔽重阴。披榛过舆马，缘云得幽寻。
坐觉真境寂，兹焉悟赏心。平时峥嵘想，局蹐在城郭。
言登诸峰胜，幽情散寥廓。焉能乘海桴，终期老丘壑。
日背西岭没，月向东岭生。殷霞未隐彩，皓露已舒明。
斗柄坐可挹，政恐河汉倾。微云起前础，出山忽纡余。
风吹去何之，闲意满太虚。倚柱聊目送，我生何滞愚。
廛居倦喧卑，区中憎狭隘。游目宇宙间，山河真砺带。
一啸万林端，呼风作天籁。风回荔萝香，意与尘气别。
杳杳云际钟，皎皎松上月。触焉感幽处，蜡屐俟明发。
阴磴顽雪积，老崖白云深。扪萝陟鸟道，扬尘落乔林。
下方有粟场，俯见归飞禽。舍鞅陟层巘，老步独多叹。
笑谈谷传响，松声递萧散。欲寻草堂池，土室无僧赞。
松风憩俗驾，抚心愧营营。登临念胜土，乌用千载名。
愿与妇子俱，终焉住神清。穿云上虚无，彷佛凌倒景。
微茫鸿鹄背，指点众山顶。出日上扶桑，徘徊万林影。[③]

① 《苏辙集·栾城后集》卷19《嵩山祝文》，第1093页。

② 《济南集》卷1《宿峻极中院》，第703页。

③ 《济南集》卷1《丙子岁三月十有二日游嵩山宿峻极中院时天气清朗山月甚明因以阴壑生虚籁月林散清影为韵诗各六句》，第703～704页。

卢岩

徵君邈已远，旧隐锁云扃。欲知敬遗德，岩以姓为名。
永言配此山，千岁为德星。虽无猿鹤在，空余泉石清。
想昔居此地，笑傲轻冠缨。入居伯夷室，出效子真耕。
种德如古人，养育达周京。惟能抱永正，是岂其用卿。①

天封观将军柏

卫懿恃昌富，乘轩鹤有禄。贵鹤贱用民，身残国颠覆。
楚子惜名马，终焉葬人腹。爵封东山松，侯比渭川竹。
时轻官秩紊，辟妄作威福。无益害有益，褒赏逮禽畜。
所美非美然，恩泽及草木。或讥将军柏，无乃狃此俗。
曷膺千锺养，曷被三品服。不为朝廷力，窃号委空谷。
余知将军心，非悦世人目。千年抱贞操，劲节无屈曲。
不为岁寒凋，守此万仞绿。天武累此名，冥不知宠辱。
虽不助柏敬，岂意慕轸毂。吾侪之小人，悟主惟欲速。
盗功仍苟容，岂耻无道谷。潭潭居紫府，沉沉据华屋。
贪恩谋子孙，占俸及僮仆。膏肓病天下，天下思食肉。
朝为四辅重，莫作三危逐。笙箫金谷宴，翣柳北邙哭。
尚方属镂赐，朝服东市戮。君看古功臣，牖下死为祝。
将军如有心，应哭世愈蹙。拔萃真不群，虚名岂其欲。
胡不观其旁，满山皆朴樕。②

启母庙

帝武启宗周，玄鸟浚哲商。
涂山配神禹，独不嗣娥姜。
异时天与贤，嗣子繄匪良。
欲肇天与子，是用开厥祥。
钧台享群后，有扈诛叛方。
谁令讴与讼，帝畀有夏昌。
推此方朱均，巍巍真令王。
伯阳指株李，阿衡降空桑。

① 《济南集》卷1《卢岩》，第704页。
② 《济南集》卷1《天封观将军柏》，第705页。

龙踞生汉祖，龙漦诞褒娼。

石裂何足问，世语多荒唐。

若比望夫山，虽怪犹有光。①

捣帛石

婺女织玄绡，欲作六铢衣。

空山捣寒月，传声彻云闺。

可笑绮縠女，不识砧与机。②

神松岭即岳神为珪禅师一夕自北岭移者

初闻百梁村，拔自天池井。

今知万松冈，一夕趋北岭。

顾兹挟山威，何心罔知警。③

三醉石诗

伊昔三逸人，醉卧扪白云。

其间欧醉翁，翊戴建殊勋。

山灵岂羡尔，应复勒移文。④

过具茨诸山始达嵩少

初踰千峰时，千峰各呈秀。抵兹嵩高前，始觉众山陋。

恃此一柱力，天地敢分剖。四维既张弛，穹壤托高厚。

卿云幂上国，秀色连楚薮。众峰无耸峭，配此真培塿。

固将倍十百，何止吞八九。余身一草木，乃欲擅去取。

出类复何言，聊贻涧滨叟。⑤

登嵩顶

丈夫有奇气，坐井直郁郁。竭来古嵩州，携手登太室。

中峰到绝顶，北岭太峭壁。山河在股掌，带砺何足述。

星分九州野，块列七雄埸。放怀宇宙间，想见天地辟。

下观云雷变，愍尔龙鬼役。下方万仞底，草树霭蒙密。

愈知天下小，助我浩气直。平生四方志，登临聊感激。

① 《济南集》卷1《启母庙》，第713～714页。

② 《济南集》卷2《捣帛石》，第715页。

③ 《济南集》卷2《神松岭即岳神为珪禅师一夕自北岭移者》，第715页。

④ 《济南集》卷2《三醉石诗》，第717页。

⑤ 《济南集》卷2《过具茨诸山始达嵩少》，第718页。

嗟嗟封禅媪，游豫朝百辟。诬辞与惭德，可笑乎四峄。
庙社尚不阅，财用遑肯恤。万兵树丰碑，数丈压崤崒。
岂知市朝变，辇路蔽荆棘。同登八仙坛，再题三醉石。
君无笑余怯，登临常股栗。为宝千金躯，夷路犹恐失。
存我厚苍生，岂效伯昏逸。归卧听天鸡，扶桑观日出。①

天门泉诗

俗名救命泉，今已涸。

昔闻天门泉，石窦注澄澈。
行人口生烟，可救万夫渴。
为惠胡不竟，吾来值源竭。②

上山

登山盖有道，迂叟真名论。不困在徐行，不跌由足稳。
斯言可铭佩，万事为节撙。推之为躬行，天下国家本。③

嵩阳书院诗

束发从政事，佩绶曳长裾。守令有民社，裂地皆分符。
问之尔何由，必曰因业儒。自致或世赏，因儒升仕涂。
一朝希斗禄，辄与故步殊。佞夫专媚灶，要路事驰驱。
俗夫抗尘容，勾校迷墨朱。自谓尚市道，不若效贾区。
何必念故业，易地有蘧庐。嵩阳敞儒宫，远自唐之庐。
章圣旌隐君，此地构宏居。崇堂讲遗文，宝楼藏赐书。
赏田逾千亩，负笈昔云趋。劝农桑使者，利心巧阿谀。
飞书檄大农，鬻此奉时须。垣墙聚蓬蒿，观殿巢鸢乌。
二纪无人迹，荒榛谁扫除。桑羊固可烹，县令亦安乎。
今主尚仁政，美利四海敷。仁贤任阿衡，天地一朝苏。
已责复蠲敛，肉骨生膏腴。疲民悉按堵，此地尚荒芜。
淮西高夫子，为政多美誉。百里政肃雍，民不困追胥。
愤彼释老子，遗宫遍山隅。吾儒一何衰，废迹可嗟吁。
连笺叩洛尹，移文讽使车。义有子衿耻，功将泮水俱。

① 《济南集》卷2《登嵩顶》，第718页。
② 《济南集》卷2《天门泉诗》，第721页。
③ 《济南集》卷2《山上》，第723页。

兴衰虽在天，此意良可书。却思鬻此者，於儒与何诛。

又思昔县令，亦昔儒之徒。兴儒有美意，无忘高大夫。①

回心岭

万仞嵩峰接天远，妖武登封艰步辇。初登峻岭已回心，何事艰难能黾勉。

亦似徽之泛剡溪，想见王阳临蜀坂。老子山林兴不浅，兴尽中涂犹欲返。

古人戒在末路难，九十常为百里半。世上风波更可憎，心不可回聊自劝。②

自山中归至登封遂讽高宰令取峻极中院厨前石

吴砧已碎乐生论，京江昔沈瘗鹤铭。

半栽紫阳立砆石，考击化度求金籯。

乃知金石有厄会，名碑旧叠长安城。

顷年醴泉有贤令，政誉蔼蔼多流馨。

为怜文星足人杰，昔皆祔葬陪昭陵。

坏垣粪壤得颜碣，榛丘棘坂求魏徵。

史讹遂正冲远字，石阙再树六骏形。

板图列籍示过客，龟趺螭首罗齐廷。

後来谬令类俗子，辄去其籍人皆惩。

昔到般舟访遗迹，季海寺记今雕零。

晓闻晨钟呼僧粥，石声嘹亮穿云清。

往观乃是唐短碣，大穷索缚乘前楹。

字形峥嵘笔萧散，远过名殿诸题经。

劝僧拂拭置高壁，安知野僧不我听。

十年再游尚如昔，击拊刻划将俱平。

急归入城讽县令，立使舁至无久停。

此碑复立非我力，奇物久废天须兴。③

真君观

嵩山胜地神仙宅，真君独作嵩山伯。

昔闻解职扣帝阍，厌此尘寰年已百。

天上百年一瞬间，下土衮衮多腥膻。

---

① 《济南集》卷2《嵩阳书院诗》，第728页。

② 《济南集》卷3《回心岭》，第733页。

③ 《济南集》卷3《自山中归至登封遂讽高宰令取峻极中院厨前石》，第737～738页。

劳神应念日月走，瞑目深哀膏火然。
潘公欲代复谁举，仙籍题名今几传。
忆昔元丰己未游，僊泉犹作雨深湫。
十年新事还堪笑，庙貌今祠灵惠侯。①

崇福宫

崇福乃古太一所治，今有太一殿存焉，其后有太一泉，今此宫颇摧毁。

上都太一临天街，千乘万骑频往回。
神崧太一古所治，曷日属车游豫来。
昔年章圣奉玄寂，离宫万堵临崔嵬。
定陵弓剑隔重岭，金碧渝暗翚骞摧。
重门铜兽闭永日，灵囿御坐生苍苔。
达官乞开奉祠事，肉食罔知真可咍。
小臣作诗非望幸，欲写万壑松风哀。②

精思观崔道士授剑柏中剑常吼若雷

阴阴老柏森庭牖，外脱中空若虚缶。崔仙授剑柏遂神，剑气腾天剑声吼。
顷年天师受丹诀，此地精思岁华久。玉函金匮发灵崖，因使阴符诬虎口。
殿中真人道玄笔，笔妙飞扬传不朽。霜发羽人逢白叟，间岁已闻踰九九。
神游八极吾所愿，道骨仙风愧无有。欲赋大鹏思子微，恐尔年龄亦为偶。③

大雨中游岳寺

忽见微云别峤生，急缘危磴下峥嵘。势倾海岱千岩黑，力卷江湖万叶声。
碧瓦依稀人暗喜，急溪湍涨马初惊。老僧宴坐朱门底，应笑狂夫冒险行。④

嵩顶六月芍药初发

谁言天地一无私，底事阳和到顶迟。暑气已交五六月，云中初见两三枝。
可怜下土炎蒸日，却是青霄烂漫时，第有荣心莫嗟晚，物情先盛复先衰。⑤

雨中游法王寺诗

雨脚如麻未肯收，雨中还作法王游。云埋辇路烟初合，水溅松岩雪乱流。

---

① 《济南集》卷3《真君观》，第738页。
② 《济南集》卷3《崇福宫》，第739页。
③ 《济南集》卷3《精思观崔道士授剑柏中剑常吼若雷》，第742～743页。
④ 《济南集》卷4《大雨中游岳寺》，第752页。
⑤ 《济南集》卷4《嵩顶六月芍药初发》，第753页。

心畏险途常恐失，寒侵病骨已知秋。群峰耸峭犹无畏，为语山僧不用留。①

少林寺诗

禅老家风古少林，道场遗迹蔽烟岑。山遮石脚斜阳早，云碍钟声出谷深。
只履度关天杳杳，九年面壁海沉沉。欲知苗裔能传法，柏树犹明圣主心。②

谒中岳祠

岳镇中天司下土，名山宫殿锁云扃。固知正直作威福，岂徇往来惟醉醒。
封禅今无秦汉侈，降生谁是甫申灵。何当弭节朝双阙，一曲钧天梦帝庭。③

将至嵩山远观瀑布

晚晴紫翠溢平川，三十六峰凝霁烟。匹练依稀分秀岭，玉虹摇曳舞危巅。
寒光定是连明汉，清气都疑贯九渊。可笑夜来风吹来，乱沟斜涧亦涓涓。④

和人游嵩韵

嵩高峻极压三川，周视方舆见广员。绝顶固知天下小，泰山为占海隅偏。
白云散尽千林月，急雨收回万壑烟。莫笑层峦高似岸，举头一握是玄天。⑤

二士石榻在中院之北巨石如榻有自然石枕可卧二士和大受韵

忆昔登封日，山蹊困六飞。
我来犹舍杖，共坐拂云衣。⑥

题峻极下院列岫亭诗

早讶年年狂士来，每来亭上独徘徊。山应又喜添知己，去後山容似死灰。
山色满亭亭倚空，与君俱在画图中。解道龙腾青壁断，令人却忆漫浪翁。
圣俞诗云：绝壁龙腾青壁断，极天神降白云空。⑦

十九、道潜的嵩山诗

次韵试可见访峻极遇雨

都城尘土倦茫茫，独喜西来策甚长。避暑禅房依亢爽，可人溪雨作清凉。

---

① 《济南集》卷4《雨中游法王寺诗》，第754页。
② 《济南集》卷4《少林寺诗》，第754页。
③ 《济南集》卷4《谒中岳祠》，第757页。
④ 《济南集》卷4《将至嵩山远观瀑布》，第757页。
⑤ 《济南集》卷4《和人游嵩韵》，第757页。
⑥ 《济南集》卷4《二士石榻在中院之北巨石如榻有自然石枕可卧二士和大受韵》，第758页。
⑦ 《济南集》卷4《题峻极下院列岫亭诗》，第763页。

飞蚊斗绝檐间闹，乱燕时拳砌下篁。县令风流真晋客，谈余玉麈自挥扬。①

揖仙亭

崧阳古令尹，制锦夸妙手。鸣弦对高堂，坐使风俗厚。
政成思考盘，觞豆宴宾友。开亭面缑岭，佳致昔未有。
云烟霭葱昽，青壁冠星斗。王子果真仙，揖君千载后。
鸾车驻缥缈，彷佛容暂偶。天风吹箫笙，凄响落户牖。
纷纷惊坐客，往往为回首。相顾弗复言，且进杯中酒。②

次韵试可同游法王岳寺

两山修径尽榛芜，谩诧当年幸翠舆。
空睹宸文藏宝构，不逢衲子话真如。寺久无僧。
林深想见灵根茂，地胜宜多隐者居。
凉月照人归路好，傍溪嘉树影扶疏。③

次试可喜雨

东阡北陌久黄埃，天遣神龙讵用媒。云似涛头山半起，雨如银竹望中来。
奔输涧谷时颓岸，喷激龟鱼或曝腮。民物有秋真可喜，池莲从此更须栽。④

峻极夏夜

广庭无凡株，郁郁两佳树。扶疏饶美荫，盘错根本固。
朝披叶底风，夜泫衣上露。禅余自循绕，百匝未忍住。
月华中天来，左右发挥素。清景非人间，冷然洗吾虑。
缅彼大梁下，炎蒸毒朝暮。朱门晓未开，马足已驰骛。
摧眉事权要，幸彼一盼顾。素标插君头，扰扰独不悟。⑤

次韵试可岳祠祭土宿斋

神祠斋馆卧耽耽，五鼓星河屡起瞻。剑佩森森趋帝右，衣冠肃肃奉宸严。
风传远壑松千树，人拥回廊月一帘。四岳旌幢初会散，晨乌声动庙竿尖。⑥

① 《参寥子诗集》卷10《次韵试可见访峻极遇雨》，第72页。
② 《参寥子诗集》卷10《揖仙亭》，第72页。
③ 《参寥子诗集》卷10《次韵试可同游法王岳寺》，第72页。
④ 《参寥子诗集》卷10《次试可喜雨》，第73页。
⑤ 《参寥子诗集》卷10《峻极夏夜》，第73页。
⑥ 《参寥子诗集》卷10《次韵试可岳祠祭土宿斋》，第73～74页。

次韵试可同谒子晋祠

古柏连冈三万株，朝烟破日翠扶疏。投鞭下马得幽径，共谒宾天帝子居。
遗荣少海径无双，便逐浮邱出帝乡。可笑而今居富贵，亦思高举上苍苍。①

寄王晋卿都尉

主第耽耽冠北城，位居侯伯固尊荣。肯将踏月趋朝脚，来伴穿云渡水行。
池上红渠应渐老，山中紫笋尚抽萌。嵩阳迤逦川原胜，闻说他时卜钓耕。②

登岳顶呈试可邦直

伟哉中国擅五岳，巍巍崧高据其尊。
四时百辟尽朝会，云幢烟盖来追奔。
自余众阜何足数，扰扰罗列真儿孙。
秋霖乍开原野净，隆曦破海浮朝暾。
渊明旷达不事事，胜日结客游山樊。
山腰下马蹑风磴，杖屦诘曲跻巑岏。
窗经玉女援鸟寂，石漱飞浏鸣潺湲。
长松吟风和哀响，肌肤凛栗凄神魂。
行穷绝顶已晡侧，云烟为我开余昏。
昂头去天惊尺五，星斗历历俯可扪。
超然拟与人世绝，仿佛有路通昆仑。
洛阳奇峰三十六，领略并入一眼吞。
平生方寸喜壮观，兹游气豁殊轩轩。
二豪词笔有余地，请赋杰句留山巅。
风流便可付千载，欧梅尹谢相与传。③

---

① 《参寥子诗集》卷10《次韵试可同谒子晋祠》，第75页。

② 《参寥子诗集》卷11《寄王晋卿都尉》，第75页。

③ 《参寥子诗集》卷11《登岳顶呈试可邦直》，第76页。

参考文献

古　籍

（汉）司马迁：《史记》，中华书局，1959年。

（汉）班固撰，（唐）颜师古注：《汉书》，中华书局，1962年。

（汉）韩婴撰，许维遹校释：《韩诗外传集释》，中华书局，1980年。

（汉）刘向：《列仙传》，上海古籍出版社，1990年。

（晋）陶渊明著，袁行霈笺注：《陶渊明集笺注》，中华书局，2003年。

（北魏）杨衒之：《洛阳伽蓝记》，中华书局，1991年。

（北齐）魏收：《魏书》，中华书局，1974年。

（梁）萧统编：《文选》，上海古籍出版社，1986年。

（唐）李延寿：《北史》，中华书局，1974年。

（唐）李白著，瞿蜕园、朱金城校注：《李白集校注》，上海古籍出版社，1980年。

（唐）刘肃撰，许德楠、李鼎霞点校：《大唐新语》，中华书局，1984年。

（唐）道宣：《续高僧传》，文殊出版社，1988年。

（唐）杜甫著，高仁标点：《杜甫全集》，上海古籍出版社，1996年。

（唐）王维撰，陈铁民校注：《王维集校注》，中华书局，1997年。

（唐）宋之问著，陶敏、易淑琼校注：《宋之问集校注》，中华书局，2001年。

（后晋）刘昫等：《旧唐书》，中华书局，1975年。

（五代）王仁裕：《玉堂闲话》，杭州出版社，2004年。

（宋）尹洙：《河南先生文集》，上海商务印书馆，1929年。

（宋）吕本中：《东莱先生诗集》，上海书店出版社，1934年。

（宋）李攸：《宋朝事实》，中华书局，1955年。

（宋）司马光：《资治通鉴》，中华书局，1956年。

（宋）刘斧：《青琐高议》，古典文学出版社，1958年。

（宋）陆游：《陆游集》，中华书局，1976年。

（宋）程颢、程颐著，王孝鱼点校：《二程集》，中华书局，1981年。

（宋）洪迈撰，何卓点校：《夷坚志》，中华书局，1981年。
（宋）江少虞：《宋朝事实类苑》，上海古籍出版社，1981年。
（宋）王辟之撰，吕友仁点校：《渑水燕谈录》，中华书局，1981年。
（宋）苏轼著，（清）王文诰辑注，孔凡礼点校：《苏轼诗集》，中华书局，1982年。
（宋）苏辙撰，俞宗宪点校：《龙川别志》，中华书局，1982年。
（宋）方勺撰，许沛藻、杨立扬点校：《泊宅编》，中华书局，1983年。
（宋）刘克庄撰，王秀梅点校：《后村诗话》，中华书局，1983年。
（宋）罗大经撰，王瑞来点校：《鹤林玉露》，中华书局，1983年。
（宋）邵伯温撰，刘德权、李剑雄点校：《邵氏闻见录》，中华书局，1983年。
（宋）苏轼：《仇池笔记》，华东师范大学出版社，1983年。
（宋）周密撰，张茂鹏点校：《齐东野语》，中华书局，1983年。
（宋）石介著，陈植锷点校：《徂徕石先生文集》，中华书局，1984年。
（宋）文莹撰，郑世刚、杨立扬点校：《湘山野录》，中华书局，1984年。
（宋）文莹撰，郑世刚、杨立扬点校：《湘山野录续录》，中华书局，1984年。
（宋）文莹撰，郑世刚、杨立扬点校：《玉壶清话》，中华书局，1984年。
（宋）宗泽：《宗泽集》，浙江古籍出版社，1984年。
（宋）晁说之：《嵩山文集》，上海书店出版社，1985年。
（宋）宋祁：《景文集》，中华书局，1985年。
（宋）宋庠：《元宪集》，中华书局，1985年。
（宋）王珪：《华阳集》，中华书局，1985年。
（宋）王君玉：《国老谈苑》，中华书局，1985年。
（宋）吴处厚撰，李裕民点校：《青箱杂记》，中华书局，1985年。
（宋）吴炯：《五总志》，中华书局，1985年。
（宋）叶梦得：《避暑录话》，中华书局，1985年。
（宋）陈师道：《后山集》，台湾“商务印书馆”，1986年。
（宋）黄榦：《勉斋集》，台湾“商务印书馆”，1986年。
（宋）李处权：《崧庵集》，台湾“商务印书馆”，1986年。
（宋）李廌：《济南集》，台湾“商务印书馆”，1986年。
（宋）刘弇：《龙云集》，台湾“商务印书馆”，1986年。
（宋）释道潜：《参寥子诗集》，台湾“商务印书馆”，1986年。
（宋）苏轼著，（明）茅维编，孔凡礼点校：《苏轼文集》，中华书局，1986年。

（宋）文同：《丹渊集》，台湾“商务印书馆”，1986年。
（宋）文彦博：《潞公文集》，台湾“商务印书馆”，1986年。
（宋）余靖：《武溪集》，台湾“商务印书馆”，1986年。
（宋）赵鼎臣：《竹隐畸士集》，台湾“商务印书馆”，1986年。
（宋）郑侠：《西塘集》，台湾“商务印书馆”，1986年。
（宋）周必大：《文忠集》，台湾“商务印书馆”，1986年。
（宋）周紫芝：《太仓稊米集》，台湾“商务印书馆”，1986年。
（宋）邹浩：《道乡集》，台湾“商务印书馆”，1986年。
（宋）祖无择：《龙学文集》，台湾“商务印书馆”，1986年。
（宋）胡宏著，吴仁华点校：《胡宏集》，中华书局，1987年。
（宋）王应麟：《玉海》，江苏古籍出版社、上海书店，1987年。
（宋）徐梦莘：《三朝北盟会编》，上海古籍出版社，1987年。
（宋）苏颂：《苏魏公文集》，中华书局，1988 年。
（宋）周密撰，吴企明点校：《癸辛杂识》，中华书局，1988年。
（宋）陈与义撰，白敦仁校笺：《陈与义集校笺》，上海古籍出版社，1990年。
（宋）苏辙著，陈宏天、高秀芳校点：《苏辙集》，中华书局，1990年。
（宋）张耒著，李逸安、孙通海、傅信点校：《张耒集》，中华书局，1990年。
（宋）王明清撰，朱菊如校点：《投辖录》，上海古籍出版社，1991年。
（宋）张舜民：《画墁录》，中华书局，1991年。
（宋）赵明诚：《金石录》，中华书局，1991年。
（宋）戴复古著，金芝山点校：《戴复古诗集》，浙江古籍出版社，1992年。
（宋）韩淲撰，孙菊园点校：《涧泉日记》，上海古籍出版社，1993年。
（宋）苏洵著，曾枣庄、金成礼笺注：《嘉祐集笺注》，上海古籍出版社，1993年。
（宋）辛弃疾撰，邓广铭笺注：《稼轩词编年笺注（增订本）》，上海古籍出版社，1993年。
（宋）周煇撰，刘永翔校注：《清波杂志校注》，中华书局，1994年。
（宋）蔡襄著，吴以宁点校：《蔡襄集》，上海古籍出版社，1996年。
（宋）赵彦卫撰，傅根清点校：《云麓漫钞》，中华书局，1996年。
（宋）蔡絛著，刘德重、张培生编纂：《蔡絛诗话》，江苏古籍出版社，1998年。
（宋）胡仔著，蔡云祥、田志刚校点：《胡仔诗话》，江苏古籍出版社，1998年。
（宋）许顗著，吴贤泽编纂：《许顗诗话》，江苏古籍出版社，1998年。

（宋）朱弁著，韦海英编纂：《朱弁诗话》，江苏古籍出版社，1998年。
（宋）汪元量著，胡才甫校注：《汪元量集校注》，浙江古籍出版社，1999年。
（宋）张咏著，张其凡整理：《张乖崖集》，中华书局，2000年。
（宋）黄庭坚著，刘琳、李勇先、王蓉贵校点：《黄庭坚全集》，四川大学出版社，2001年。
（宋）秦观著，周羲敢、程自信、周雷编注：《秦观集编年校注》，人民文学出版社，2001年。
（宋）欧阳修著，李逸安点校：《欧阳修全集》，中华书局，2001年。
（宋）王明清：《挥麈录》，上海书店出版社，2001年。
（宋）赞宁：《大宋僧史略》，佛陀教育基金会，2001年。
（宋）范公偁撰，孔凡礼点校：《过庭录》，中华书局，2002年。
（宋）范仲淹著，李勇先、王蓉贵校点：《范仲淹全集》，四川大学出版社，2002年。
（宋）王称：《东都事略》，齐鲁书社，2002年。
（宋）赵令畤撰，孔凡礼点校：《侯鲭录》，中华书局，2002年。
（宋）朱弁撰，孔凡礼点校：《曲洧旧闻》，中华书局，2002年。
（宋）朱熹撰，朱杰人、严佐之、刘永翔主编：《朱子全书》，上海古籍出版社、安徽教育出版社，2002年。
（宋）李纲著，王瑞明点校：《李纲全集》，岳麓书社，2004年。
（宋）李焘：《续资治通鉴长编》，中华书局，2004年。
（宋）毕仲游撰，陈斌校点：《西台集》，中州古籍出版社，2005年。
（宋）张端义撰，梁玉玮校点：《贵耳集》，中州古籍出版社，2005年。
（宋）梅尧臣著，朱东润编年校注：《梅尧臣集编年校注》，上海古籍出版社，2006年。
（宋）杨仲良撰，李之亮校点：《皇宋通鉴长编纪事本末》，黑龙江人民出版社，2006年。
（宋）欧阳修著，李之亮笺注：《欧阳修集编年笺注》，巴蜀书社，2007年。
（宋）朱彧撰，李伟国点校：《萍洲可谈》，中华书局，2007年。
（宋）刘克庄：《后村先生大全集》，四川大学出版社，2008年。
（宋）吕祖谦：《吕祖谦全集》，浙江古籍出版社，2008年。
（宋）欧阳修著，洪本健校笺：《欧阳修诗文集校笺》，上海古籍出版社，2009 年。
（宋）张孝祥著，徐鹏校点：《于湖居士文集》，上海古籍出版社，2009年。

（宋）楼钥：《楼钥集》，浙江古籍出版社，2010年。
（宋）邵雍著，郭彧整理：《邵雍集》，中华书局，2010年。
（宋）司马光撰，李文泽编：《司马光集》，四川大学出版社，2010年。
（宋）马端临著，上海师范大学古籍研究所、华东师范大学古籍研究所点校：《文献通考》，中华书局，2011年。
（宋）普济辑，朱俊红点校：《五灯会元》，海南出版社，2011年。
（宋）正受辑，朱俊红点校：《嘉泰普灯录》，海南出版社，2011年。
（元）脱脱等：《宋史》，中华书局，1977年。
（元）韦居安：《梅磵诗话》，中华书局，1983年。
（元）陆友：《墨史》，中华书局，1985年。
（元）方回选评，李庆甲集评校点：《瀛奎律髓汇评》，上海古籍出版社，2005年。
（元）佚名撰，李之亮点校：《宋史全文》，黑龙江人民出版社，2005年。
（元）胡祗遹：《胡祗遹集》，吉林文史出版社，2008年。
（明）赵崡：《石墨镌华》，中华书局，1985年。
（明）傅梅撰，向东、关林校点：《嵩书》，中州古籍出版社，2003年。
（清）徐松辑：《宋会要辑稿》，中华书局，1957年。
（清）吴之振、吕留良、吴自牧选编，管庭芬、蒋光煦补编：《宋诗钞》，中华书局，1986年。
（清）焦循：《孟子正义》，上海古籍出版社，1993年。
（清）严可均辑，金欣欣、金菲菲审订：《全后魏文》，商务印书馆，1999年。
（清）耿介撰，李远校点：《嵩阳书院志》，中州古籍出版社，2003年。
（清）景日昣撰，周树德、吴效华校点：《说嵩》，中州古籍出版社，2003年。
（清）叶封、焦贲亨撰，陈斌、李红岩校点：《嵩山志》，中州古籍出版社，2003年。
（清）叶封撰，宋学清校点：《嵩阳石刻集记》，中州古籍出版社，2003年。
（清）耿介撰，梁玉玮、孙红强、陈亚校点：《敬恕堂文集》，中州古籍出版社，2005年。
《玄天上帝启圣录》，文物出版社、上海书店出版社、天津古籍出版社，1988年。
傅璇琮等主编，北京大学古文献研究所编：《全宋诗》，北京大学出版社，1998年。
周绍良主编：《全唐文新编》，吉林文史出版社，2000年。
苗书梅等点校，王云海审订：《宋会要辑稿·崇儒》，河南大学出版社，2001年。
曾枣庄、刘琳主编，四川大学古籍整理研究所编：《全宋文》，上海辞书出版社、安徽教育出版社，2006年。

今人著作

列宁：《列宁全集》，人民出版社，1955年。
顾颉刚：《史林杂识初编》，中华书局，1963年。
张家泰：《少林寺》，中州书画社，1981年。
谭其骧主编：《中国历史地图集》，中国地图出版社，1982年。
无谷、刘志学：《少林寺资料集》，书目文献出版社，1982年。
赵宝俊：《少林寺》，上海人民出版社，1982年。
张国臣、李鄂荣、吕江水：《嵩山》，地质出版社，1983年。
无谷、姚远：《少林寺资料集续编》，书目文献出版社，1984年。
河南省登封县地方志编纂委员会：《登封名胜文物志》，河南省登封县地方志编纂委员会，1985年。
〔美〕霍尔、诺德贝著，冯川译，陈维政校：《荣格心理学入门》，生活·读书·新知三联书店，1987年。
德虔编著：《少林武僧志》，北京体育学院出版社，1988年。
登封县志办公室编：《新编少林寺志》，中国旅游出版社，1988年。
柳诒征：《中国文化史》，中国大百科全书出版社，1988年。
中国美术全集编辑委员会编：《中国美术全集》，人民美术出版社，1988年。
钱伯城主编：《中华文史论丛》（第48辑），上海古籍出版社，1991年。
洪本健编：《宋文六大家活动编年》，华东师范大学出版社，1993年。
徐长青：《少林寺与中国文化》，中州古籍出版社，1993年。
程大力：《中国武术——历史与文化》，四川大学出版社，1995年。
周维权：《中国名山风景区》，清华大学出版社，1996年。
河南省文物考古研究所编：《北宋皇陵》，中州古籍出版社，1997年。
朱立元：《当代西方文艺理论》，华东师范大学出版社，1997年。
程杰：《宋诗学导论》，天津人民出版社，1999年。
马茂军：《北宋儒学与文学》，暨南大学出版社，1999年。
温玉成：《少林访古》，百花文艺出版社，1999年。
朱东润：《朱东润传记作品全集》，东方出版中心，1999年。

崔炎寿：《中岳嵩山》，黄河水利出版社，2000年。

李德身：《欧梅诗传》，吉林人民出版社，2000年。

方健：《范仲淹评传》，南京大学出版社，2001年。

宫嵩涛著，登封市文物管理局编：《嵩阳书院》，当代世界出版社，2001年。

吕宏军：《嵩山少林寺》，河南人民出版社，2002年。

张国臣：《神奥嵩山》，河南大学出版社，2003年。

邓洪波：《中国书院史》，东方出版中心，2004年。

寒声主编，《黄河文化论坛》编辑部编：《黄河文化论坛》（第11辑），山西人民出版社，2004年。

王雪宝：《嵩山、少林寺石刻艺术大全》，光明日报出版社，2004年。

徐长青：《文明之光》，大象出版社，2004年。

游琪、刘锡诚主编：《山岳与象征》，商务印书馆，2004年。

顾颉刚：《秦汉的方士与儒生》，上海世纪出版集团，2005年。

郑州市人民政府、中国古都学会编：《郑州商都3600年学术研讨会暨中国古都学会2004年年会论文选编》，中州古籍出版社，2005年。

耿直主编、河南省嵩山风景名胜区管理委员会编：《嵩山志》，河南人民出版社，2007年。

王福鑫：《宋代旅游研究》，河北大学出版社，2007年。

张翼、洪国良：《嵩山》，中华地图学社，2007年。

中国古都学会、郑州古都学会主编：《中国古都研究》（第21辑），三秦出版社，2007年。

登封市地方志编纂委员会编：《登封市志》，中州古籍出版社，2008年。

任伟：《嵩山古建筑群》，河南人民出版社，2008年。

王少辉：《嵩山历史建筑群读本》，河南人民出版社，2008年。

徐长青：《少林历史与文化》，河南人民出版社，2008年。

张维华、吴凤池、贾敏仁：《嵩岳——中华文明的摇篮》，河南人民出版社，2008年。

赵富海：《嵩山艺术大观》，中国工人出版社，2008年。

郑兢业：《嵩山文化遗存》，中国工人出版社，2008年。

郑州市嵩山古建筑群申报世界文化遗产委员会办公室：《嵩山历史建筑群》，科学出版社，2008年。

范敬中主编：《中国范仲淹研究文集》，群言出版社，2009年。

郭黛姮：《中国古代建筑史》，中国建筑工业出版社，2009年。
刘培：《北宋辞赋研究》，山东人民出版社，2009年。
齐岸民：《嵩山古建》，中华书局，2009年。
孙玮、常松木：《历代名人与嵩山》，河南人民出版社，2009年。
温玉成：《少林史话》，金城出版社，2009年。
张惠芬主编：《中国古代教化史》，山西教育出版社，2009年。
张如安：《北宋宁波文化史》，海洋出版社，2009年。
周昆叔、齐岸青主编：《中华文明与嵩山文明研究》（第1辑），科学出版社，2009年。
刘凌：《反思传统 重识泰山》，线装书局，2010年。
释德建、陈瑞燕主编：《少林禅武医精要》，上海人民出版社，2010年。
王寿元：《嵩山七十二寺探秘》，大象出版社，2010年。
温玉成等：《河洛文化与宗教》，河南人民出版社，2010年。
夏当英：《中国传统社会宗教的世俗化研究——以金元时期全真教社会思想与传播为个案》，巴蜀书社，2010年。
张爱图主编：《嵩山文化丛书》，河南文艺出版社，2011年。
莫砺锋主编：《继往开来的东南学术——南京大学中国古代文学学科》，南京大学出版社，2011年。
朱大勇等主编：《中华文化软实力——2011年嵩山论坛文集》，红旗出版社，2011年。
方永江、刘清泉主编：《苏辙研究——全国首届苏辙学术研讨论文集》，四川大学出版社，2012年。
张祥云：《北宋西京河南府研究》，河南大学出版社，2012年。

学位论文

刘磊：《北宋洛阳钱幕文人集团与诗文革新》，陕西师范大学2000年硕士学位论文。
张显运：《简论北宋时期的河南书院》，华中师范大学2003年硕士学位论文。
张文瑞：《宋仁宗朝士大夫旅游活动研究》，河南大学2006年硕士学位论文。
张英俊：《北宋西京地区景观资源与旅游活动研究》，河南大学2006年硕士学位论文。
荆建璞：《唐宋时期嵩山地区景观资源与旅游活动研究》，河南大学2007年硕士学位论文。
汪国林：《宋仁宗朝文人雅集唱和与宋诗变革》，西北师范大学2007年硕士学位论文。

李珊珊：《嵩阳书院研究》，河南大学2008年硕士学位论文。
刘云军：《两宋时期东岳祭祀与信仰》，北京师范大学2008年博士学位论文。
王延东：《从游记视角探寻嵩山的旅游开发》，复旦大学2008年硕士学位论文。
杨柳：《北宋的北岳研究》，河北大学2009年硕士学位论文。
范文娟：《嵩山古建筑群研究》，郑州大学2010年硕士学位论文。
金洁：《宋代泰山的政治文化功能》，山东大学2011年硕士学位论文。
韦怡：《梅尧臣早期诗歌与韦应物诗歌异同研究》，西南交通大学2011年硕士学位论文。
张冬：《宋金、元时期的少林拳研究》，河南大学2011年硕士学位论文。
王书荣：《地域文化与洛阳钱幕文人集团唱和诗研究》，广西大学2012年硕士学位论文。

期刊报刊

程民生：《论宋代神祠宗教》，《世界宗教研究》1992年第2期。
林法：《天王簋“王祀于天室”新解》，《史学集刊》1993年第3期。
王水照：《北宋洛阳文人集团与地域环境的关系》，《文学遗产》1994年第3期。
程民生：《宋代洛阳的特点和魅力》，《河南大学学报》（社会科学版）1994年第5期。
王曾瑜：《宋辽金代的天地山川鬼神等崇拜》，《云南社会科学》1997年第1期。
陈光崇：《司马光与〈洛游录〉》，《辽宁大学学报》1998年第6期。
安国楼：《嵩阳书院与二程理学》，《郑州大学学报》（社会科学版）2000年第5期。
叶宪允：《浅论嵩阳书院的教育及其影响》，《开封大学学报》2004年第4期。
王福鑫：《试论范仲淹的旅游实践》，《贵州文史论丛》2005年第1期。
赵国权：《宋代河南书院制度的确立与经营管理模式》，《大学教育科学》2005年第3期。
周昆叔等：《论嵩山文化圈》，《中原文物》2005年第1期。
于茂世：《大哉嵩山》，《大河报》2006年7月30日。
〔马来西亚〕陈湘琳：《记忆的场景：洛阳在欧阳修文学中的象征意义》，《西南民族大学学报》（人文社科版）2007年第3期。
杨挺：《宋代讲摩风气及其对文学的影响》，《内江师范学院学报》2007年第5期。
肖妮妮：《嵩山为唐人隐逸第一山论析》，《兰州学刊》2008年第1期。

唐力行：《超越地域的疆界：有关区域和区域比较研究的若干思考》，《史林》2008年第6期。
郭黛姮：《“天地之中”的嵩山历史建筑群》，《中国文化遗产》2009年第3期。
汤文博：《宋代区域史研究的现状及其特点》，《中州学刊》2009年第5期。
邱延波、张朝晖：《〈道德经〉在嵩山写成？登封纪念〈道德经〉2580周年》，《东方今报》2009年11月23日。
周保平：《简论北宋时期河南书院的教学与管理》，《安阳师范学院学报》2011年第3期。
方彦寿：《“程门立雪”的文献考察》，《合肥学院学报》（社会科学版）2012年第1期。
陈庆艳：《论梅尧臣与西昆体的关系》，《长城》2012年第6期。
李晓光：《中岳庙与镇库铁人》，《郑州日报》2015年3月13日。

网络资料

新华网河南频道《洛阳偃师市发现司马光石刻遗迹》，http://www.ha.xinhuanet.com/fuwu/kaogu/2005-04/26/content_4128890.htm.

后　　记

本书是我博士学位论文的升华，是我的第二本书。虽然我的硕士学位论文已于2014年出版，但对于本书的写作，我依然非常紧张和谨慎，正所谓“文章千古事，得失寸心知”。个中滋味唯自知。所幸的是，出没于中岳嵩山，沾染了圣山深厚的文化底蕴。日拱一卒，功不唐捐，其中的艰辛略去不提。然而本书的面世以及这些年我所取得的些许成就，与师长、朋友和家人的深切关怀息息相关，是我必须要说的。

本书是在我的导师程民生先生的悉心指导下完成的。在六年的学习过程中，先生学问的高度、广度和深度给了我深深的震撼。先生不厌其烦地教导我如何进行史学研究，如何成为合格的科研工作者，毫无保留地与我分享他丰富的工作经验和做人处事原则，为我提供了很多锻炼自己的机会，即便是我离校之后，背后仍有先生默默关注的目光。忝列程门，实属三生有幸。

本书承蒙郑州市文物局局长任伟先生的大力斧正。任局长平日公务繁忙，牺牲了春节假期与家人团聚的宝贵时间为我完善书稿，提出了许多富有启发性的问题，嘱咐我结合自身工作，开拓学术视野。任局长认真工作的态度、严谨治学的风范、儒雅内敛的气质，为我今后的工作树立了典范。在此，向任局长深表谢忱与敬意。

本书承载了河南省及郑州市众多历史研究专家、文物部门领导的思想智慧和关心支持。郝本性、阎铁成、孙新民、张得水、李丽娜、郝飞雪、张翼、张贺君、王跃广、张建华、陈英、张振明、阎书广、孟祥柱、王文华、胡继忠、吕宏军、杨计国、王羿等先生，或是为我答疑解惑，或是给予我鼓励与支持。在此，向诸位先生致以深深的谢意。

本书在写作过程中，我学习和借鉴了许多研究者的著作与观点，在此，向有关作者致以诚挚的谢意。

感谢科学出版社的郝莎莎、徐若冰编辑，是她们认真、细致的工作，减少了书稿中的错漏，使书稿得以顺利出版。

这些年来，自己在外求学、工作，为家人增添了诸多担忧和辛劳。本应颐养天年的父母，为了不成器的我还要不断奔波，对此我一直愧疚于心。亲爱的姐姐、姐夫，因我常常不在家中，无怨地承担了本应由我来做的家务。在此我向父亲、母亲、姐姐、姐夫说一句对不起！说一句谢谢！

在书稿即将付梓之际，对于帮助我的师长、好友，对于爱护我的家人，我心中的感激与歉疚，又岂是这一二句话、这几百字所能表达？每念及此，羞愧不已，谨以斯文，聊表吾心。